각성으로의 여행

Maitreya
RAEL

RAEL
THE MAITREYA

마이트레야
라엘의 지혜

마이트레야

라엘의 지혜

서문

예언자의 역할

오늘날 지구상에서 예언자의 역할은 엘로힘의 메시지에 담겨있는 우리 인류의 기원에 관한 비밀을 밝히거나 과학이 이루어낼 놀라운 미래의 전망을 예측하는 것뿐만이 아니라 사람들, 특히 과거 한때 운 좋게 다른 나라들보다 약간 더 발전했던 나라들의 이기심과 잔인함에 가장 큰 고통을 받았던 사람들의 삶을 향상시키기 위해 정치적인 분야에 간여하는 것도 포함합니다.

세계평화를 이룰 수 있는 유일한 방법은 전 세계의 통일입니다. 그렇기 때문에 예언자는 정신적 및 종교적 역할만 하는 것이 아니라 정치적인 역할도 하는 것입니다.

이러한 역할로 인해 나에게 많은 적들이 생기고 또 그들이 언젠가 나를 죽이려고 할지라도 나는 내가 해야 할 말을 할 것입니다.

2001년 12월 13일
라엘

제1장

사랑

*"사랑은 주는 것입니다.
아무런 대가도 기대하지 않고 자신을 주는 것입니다."*

"사랑은 모든 것을 주는 것입니다."

사랑하세요, 있는 힘을 다해 열렬히 사랑하세요. 사랑한다는 것은 완전히 결합되고, 모든 것을 주고 싶고, 완전히 주는 것을 의미합니다. 우리가 주는 상대에게 인정받기 위해 주는 것이 아니라 그냥 주는 기쁨 때문에 주는 것입니다. 그러므로 정말로 선물을 주는 사람은 선물을 제공하는 사람이 아니라 선물을 기꺼이 받아주는 사람입니다.

선물을 주는 가장 좋은 방법은 아무도 눈치 채지 못하게 남몰래 주는 것입니다. 이것이 바로 진정한 "존재"의 선물입니다. "소유"의 선물과는 다르지요. "소유"의 선물은 상대로부터 인정받기 위한 것일 뿐이며 감사의 말을 듣기 위한 것입니다.

"나는 당신에게서 감사의 말을 듣기를 기대하며 이 선물을 드립니다. 당신의 감사는 나를 기쁘게 하고 나 자신이 중요한 사람처럼 느끼게 만들어 줄 것입니다." 이런 것은 겸손과는 정반대입니다!

가장 많이 사랑하는 사람은 가장 많이 주는 사람이며, 다른 사람에게 항상 행복을 주려고 노력하는 사람입니다. 이렇게 하는 사람은 또 가장 많은 사랑의 혜택을 받게 됩니다. 이것은 돈과는 정반대입니다. 돈은 다른 사람에게 줄수록 점점 줄어들지만, 사랑은 줄수록 많아집니다.

사랑을 움켜쥐고만 있으면 우리는 사랑을 잃게 됩니다. 사랑은 점점 줄어들며 쇠약해지고 말라버리지요. 그러나 사랑을 주면 마치 마법과도 같이 사랑은 커지고, 우리도 더욱 더 사랑을 받게 됩니다. 여러분의 사랑을 받는 사람이 마음껏 행복해질 수 있도록 그들에게 사랑을 주세요.

다른 사람들에게 행복을 주어 그들이 조화감을 느낄 수 있게 해주세요. 그들의 행복을 더욱 크게 만들어주어 그들이 여러분보다 더 행복해질 수 있도록 해주세요.

여러분 주위로 행복을 퍼뜨리세요. 언제나 작은 행복의 선물을 주위에 나누어주세요. 매일 매일을 행복을 주는 날로 만들어나가세요.

사랑은 의식의 열매

사랑은 지구에서 가장 부족한 것입니다. 사랑한다는 것은 인간의 두뇌가 올바로 기능하고 있다는 의미입니다. 사랑을 발산하지 않는 두뇌는 고장 난 두뇌입니다. 미움과 폭력을 만들어내는 두뇌는 호르몬 대사와 전기화학적 작용에 이상이 있는 두뇌입니다. 더 이상 사랑을 느낄 수 없기 때문에 두뇌는 의식이 점차 약해지고 심지어는 의식이 완전히 사라져버리기도 합니다. 의식 또한 두뇌의 물리화학적인 작용입니다.

폭력과 미움과 살인 등은 우리 두뇌의 분비선 기능에 물리화학적인 혼란이 생겨 호르몬의 균형이 깨어짐으로써 일어나는 현상입니다. 이 호르몬 분비선이 바로 우리로 하여금 사랑이나 미움을 느끼게 만들어주는 것입니다.

의식과 사랑은 같은 것입니다. 사랑을 생각하고 사랑을 상상하며 주위 사람들에게 사랑을 나눠주는 행동을 통해 두뇌를 훈련시킬 수가 있습니다. 그리고 두뇌가 사랑을 주게 하는 연습을 함으로써 우리 두뇌가 더 잘 기능할 수 있도록 훈련시킬 수 있습니다.

어떻게 하면 두뇌를 훈련시킬 수 있을까요? 우리 내부의 모든 것들과 우리 외부의 모든 것들이 모두 서로 연결되어 있음을 느끼는 것입니다. 특히 대중이 하는 대로 따르지 말고 다른 사람들과 다르게 생각해야 합니다. 일반적인 기준과 반대되는 관점을 생각해내도록 노력해야 합니다. 반대되는 관점이란 무엇을 말할까요? 어떤 것에 대해 모든 사람들이 나쁘다고 말할 때 그것의 좋은 면을 발견하기 위해 노력하는 것이지요. 이렇게 다른 사람들과 똑같이 생각하는 것을 그만 둘 때 여러분의 두뇌는 발달하기 시작합니다.

첫눈에 알 수 없었던 것들에 대해 이해하려고 항상 노력해야 합니다. 왜 그런지 의문을 품어야 합니다. 바로 이렇게 해서 이 세상의 모든 위대한 발명품, 훌륭한 음악, 기타 모든 아름다운 것들이 존재하게 되었기 때문입니다. 여러분의 두뇌를 강화하고 여러분의 지성을 강화하세요. 그렇게 하면 두뇌의 사랑을 관장하는 영역이 비옥해지고 사랑이 성장할 것입니다.

어떤 사람을 미워하는 것이 정치적으로 옳을 경우, 진정한 사랑이란 이럴 때 그 사람을 사랑할 수 있는 방법에 대해 항상 생각하는 것입니다. 언제나 "왜?" 라고 스스로 질문하는 습관을 가져야 합니다. 이것이 바로 여러분의 의식을 강화시키는 방법입니다. 의식을 강화시킴으로써 여러분은 사랑을 발달시킬 수가 있습니다. 이해하려고 노력할수록 미움은 약해집니다. 그리고 마침내 사랑과 동정심만을 느끼게 되는 것이지요.

사랑은 언제나 해답을 담고 있습니다. 심지어 가장 흉악한 범죄자나 가장 나쁜 일에 있어서도 우리가 사랑할 수 있는 점은 항상 있습니다. 이것이 바로 음양의 법칙에서 말하는 것이지요. 검은 물방울 속에 작은 흰 원이 있으며, 흰 물방울 속에도 작은 검은 원이 있는 것입니다. 가장 검은 것에도 항상 어떤 좋은 점이 있고, 가장 흰 것에도 항상 어떤 나쁜 점이 있기 마련이지요. 검은 것이 악이고 흰 것이 선이라고 단정 짓는다면 우리는 항상 틀리는 것입니다.

"우리는 사랑의 열매입니다."

2002년 3월, 캐나다

우리는 지구의 먼지로부터 태어났습니다. 만약 먼지를 다른 것으로 바꾸기로 결정한 우리 창조자들이 없었더라면 우리는 여전히 한줌의 먼지로 남아 있겠지요. 그렇다 하더라도 무한에 비교한다면 별반 차이는 없겠지만 말입니다. 그러나 어쨌든 우리의 창조자들은 이 먼지들을 모아 의식이 있게 만들었습니다. 다른 말로 표현하자면, 창조자들은 먼지에게 의식할 수 있는 능력을 부여했다는 것이지요.

그 차이는 엄청납니다. 의식할 수 있는 능력을 사용하면 우리는 더 이상 떠도는 먼지가 아니기 때문이지요. 어떤 의미에서는, 만약 우리가 단지 시간과 공간을 헤매기 위해서만 의식을 사용한다면 그대로 먼지로 남아있는 것이 더 나을지도 모릅니다. 왜냐하면 먼지가 움직일 때는 오염이 발생할 뿐이기 때문입니다.

엘로힘이 우리를 창조한 까닭은 우리에게 먼지가 의식을 갖도록 만드는 능력을 전해주어 우주의 다른 먼지 조각들도 나중에 의식을 가질 수 있게 하기 위해서입니다. 우리 인간은 생명을 창조하는 임무를 갖고 있을 뿐만 아니라, 이보다 더욱 중요한 일은 생명에 의식을 불어넣는 사명도 갖고 있다는 것입니다. 이것이 바로 우리가 존재하는 가장 중요한 이유입니다.

아이를 낳는 것이 부모에게는 크나큰 기쁨이기는 하지만 그 아이에게 의식을 전달하는 것은 훨씬 더 큰 기쁨입니다. 그러므로 우리의 창조자들이 처녀지였던 지구에 와서 미래에 수십억 명으로 불어날 의식의 존재들을 탄생시켰을 때 얼마나 기뻐했을지 상상해보세요. 그들은 참으로 벅찬 행복을 느꼈을 것입니다. 왜냐하면 의식을 퍼뜨리는 것이야말로 이 우주에서 가장 아름다운 사랑의 표현이기 때문입니다.

나는 한줌의 먼지에 지나지 않습니다. 그러나 내가 내 옆의 다른 먼지나 내 발 밑의 먼지들과 다른 점은, 나는 내 발을 느낄 수 있고 또 내가 차지하는 물리적 공간을 느낄 수가 있다는 사실입니다. 나는 내가 무한의 일부임을 느낄 수 있는 것입니다. 이것이 바로 의식이 나에게 해주는 것입니다. 내가 딛고 있는 땅은 아무것도 느끼지 못합니다. 왜냐하면 그것은 의식이 없기 때문이지요. 그것은 내가 그 위를 딛고 걷는 것 외에는 달리 존재할 목적이 없는 한줌의 먼지에 불과한 것입니다.

내가 나 자신의 존재를 인식하게 되고 또한 내 주위에 다른 의식의 존재들이 있음을 인식하는 순간부터 사랑이 구체화되기 시작합니다. 그러면 나는 내 옆의 사람이 나 자신의 연장일 뿐이며 우리는 모두 서로의 연장이라는 사실을 깨닫게 됩니다. 사랑이란 영원의 시간 속에서 동일한 순간에 함께 여행하고 있는 다른 먼지들을 더 이상 이방인으로 여기지 않는 것을 의미합니다.

내 옆이나 또는 멀리서 살고 있는 사람들을 생각할 때, 또 그들도 나와 함께 시간과 공간을 여행하고 있음을 생각할 때, 그리고 우리는 모두 과학을 이용하여 우리의 의식을 영원히 확장시킬 수 있는 동일한 기회를 갖고 있음을 생각할 때, 그럴 때 나는 오직 사랑만을 느낄 수 있습니다.

그러나 우리에게는 겸손이 너무나 부족하여 이런 사랑에 눈뜨기가 매우 어렵습니다. 우리는 서로를 "먼지 각하" 라고 부르면서 우리가 이 지구의 먼지에 불과하다는 사실을 항상 상기할 필요가 있습니다. 모든 것을 다 알고 있다고 생각하는 대신 우리는 아직 배워야할 것들이 무한히 많이 있다는 사실을 겸손하게 깨달아야만 합니다. 이와 같은 겸손 또한 사랑입니다.

언젠가 우리는 사랑의 수준을 측정할 수 있게 될 것입니다. 우리는 사랑으로 둘러싸여 있고 사랑 속에서 살고 있지만 아직 사랑을 측정할 줄은 모릅니다. 사랑이 인간들을 서로 결합시키는 측정단위라는 사실을 곧 발견하게 될 것입니다.

그리고 우리들 사이에는 아무런 간격도 없다는 사실을 이해하게 될 것입니다. 우리는 모두 생체 덩어리로서 그 속에 깃들어 살고 있습니다. 여러분이 다른 사람으로 되거나 다른 사람이 여러분으로 되기 위해 그다지 많은 부분을 바꿀 필요는 없습니다. 조그만 차이로 여러분은 여러분인 것입니다. 여러분이 지금 옆 사람이라고 생각해보세요. 그의 몸속에, 그의 머리 속에 들어가 있다고 상상하는 것입니다.

그를 주의 깊게 관찰해보세요. 그의 신발 속에서는 어떤 느낌이 듭니까? 만약 그가 여러분이라면 어떻게 그를 미워하고 때릴 수가 있겠습니까?

"나는 나이고 너는 너이다."라는 식으로 우리를 구분 짓는 것은 전적으로 인위적이며 크나큰 잘못입니다. 우리는 모두 하나입니다. 무한한 우주 속에서 그의 몸에 있던 분자가 내 몸의 일부로 안 될지 누가 알겠습니까? 우리는 모두 이 우주적 의식의 일부입니다. 공간과 시간을 여행하는 짧은 순간 동안 살아 있음을 인식하는 한 조각 무한인 것이지요. 그러나 단순한 먼지는 자신의 존재를 인식하지 못합니다.

우리는 다 함께 이 무한의 시간을 여행하고 있습니다. 그러므로 우리는 서로 친밀함을 느껴야 합니다. 왜냐하면 우리는 모두 "지구"라는 같은 배를 타고 여행하고 있으니까요.

"진정한 사랑은 친구보다
적을 더 사랑하는 것입니다."

2001년 7월, 이탈리아 세미나에서

가장 위대한 예언자들의 지혜나 철학적 가르침보다 우리의 존재를 가장 잘 밝혀주는 것은 바로 사랑입니다. 사랑은 우리가 많은 방식으로 사용하는 말입니다. 우리는 "육체관계를 맺다"'라고 할 때 흔히 "사랑을 나눈다"라는 말을 하는데 이 말은 적절하지 않습니다. 이런 행위는 사랑이라기보다는 유희라고 할 수 있습니다. 우리의 손과, 몸과, 성기를 가지고 놀면서 서로 기쁨을 주는 행위이지요. 이것은 "놀이"이지 사랑이 아닙니다.

반면에, 나 자신을 중심으로 생각하는 대신 다른 사람들과의 관계를 의식할 때 우리는 "사랑"을 할 수가 있습니다. 우리는 가까이 있는 사람들에게 사랑을 줄 수 있습니다. 그러나 더욱 중요한 것은 우리에게서 멀리 있는 사람들에게 사랑을 주는 것입니다.

가까이 있는 사람이거나 멀리 있는 사람이거나 우리가 다른 사람에게 사랑을 주려면 우선 자신을 사랑하는 법을 알아야만 합니다. 나 자신과 사랑을 나누는 법, 나 자신을 이해하는 법, 나 자신을 아는 법, 나 자신에게 동정심을 갖는 법을 먼저 알아야만 하는 것이지요. 다른 사람들을 사랑하기 전에 우리 자신을 사랑해야만 합니다. 만약 내가 나를 위해 가지고 있는 사랑이 없다면 어떻게 다른 사람에게 사랑을 줄 수 있겠습니까? 우리는 자신이 갖고 있지도 않은 것을 다른 사람에게 줄 수가 없습니다.

가까운 사람을 사랑하는 것은 좋은 일입니다. 멀리 있거나 우리와는 다른 사람들을 사랑하는 것은 더욱 좋은 일입니다. 예수 시대에는 이웃을 사랑하는 것이 중요한 일이었습니다. 그것은 매우 절박했습니다. 사람들은 생명을 소중하게 생각하지 않았기 때문에 이웃을 죽이는 데 아무런 가책을 받지 않았습니다. 그러나 오늘날 우리는 문명화되었습니다. 이제 다음 단계로 넘어갈 때가 되었습니다. 나 자신의 이익보다 다른 사람들의 이익을 먼저 생각하는 것이지요.

우리는 이웃보다 이방인을 더 사랑해야 합니다. 전쟁은 항상 이방인들보다 이웃을 더 사랑해야 한다는 명목으로 시작되었습니다. 인간들은 자신의 부족은 사랑했지만 강 건너편에 사는 사람들은 사랑하지 않았습니다. 그리고 국경 저 너머에 있는 사람들을 사랑하지 않았기 때문에 전쟁과 학살이 벌어졌던 것입니다.

인류를 변화시키는 유일한 길은 자신의 이웃보다 이방인들을 더 사랑하는 것입니다. 우리가 백인이라면 백인보다 흑인을 더 사랑해야 합니다. 우리가 동성애자라면 동성애자보다 이성애자를 더 사랑해야 합니다. 우리가 후투족이라면 후투족보다 투치족을 더 사랑해야 합니다. 자신의 종교를 믿는 사람들보다 다른 종교를 믿는 사람들을 더 사랑해야 합니다.

여러분은 모두 이제까지 살아오면서 지리적이거나 인종적이거나 어떤 그룹의 일원이라는 데 대해 자부심을 느껴왔습니다. 프랑스인임을 자랑스러워하고, 일본인 또는 캐나다인임을 자랑스러워했습니다. 어떤 사람들은 인간으로 태어났음을 자랑스러워했을 수도 있겠지요. 이것은 자연스러운 일입니다. 모든 사람들이 성장과정에 겪는 일이니까요. 우리는 이것을 뛰어넘어야만 합니다. 그러나 그러려면 시간이 필요합니다.

좀 더 넓은 안목으로 생각해보세요. 차별에 기초한 이런 분리형 사랑을 버려야 합니다. 한 마을과 다른 마을, 한 나라와 다른 나라, 지구와 다른 행성, 이런 구별을 버리고 모든 것을 끌어안는 우주적 사랑을 추구해야 합니다.

인종차별을 뛰어넘으세요. 이것을 지워버린다는 것은 신체적 차이든, 행동양식의 차이든, 성적 차이든, 어떠한 차이도 더 이상 보지 않는다는 것입니다. 자신을 한정시켜서는 안 됩니다.

내가 정말로 보고 싶은 것은 나의 의식과 교감하는 다른 의식이라고 자신에게 말해보세요. 민족주의, 사랑 결핍, 차별 같은 것은 모두 우리 자신을 제한시켜 다른 의식들과 교류하는 것을 막습니다. 자신을 제한시킬 때마다 우리는 중요한 것을 놓치게 됩니다.

내가 모르는 사람을 사랑하고 싶다는 욕구를 키우세요. 놀라운 사람들을 만날 수 있는 멋진 기회를 차단하고 있는 장벽을 제거하세요. 원초적인 증오를 잘라내 버리고 여러분의 문화에서 한 발짝 나와 바깥세계를 탐험해보세요. 그리고 미움이 생길 때마다 한걸음 뒤로 물러서보세요. 그러면 사랑이 보일 것입니다.

서로 교류하는 것, 이것이 바로 사랑의 모든 것입니다. 사랑을 만드는 것이 아니라 사랑이 되는 것이지요. 그리고 이웃보다 이방인들을 더 사랑하는 것이며, 자신을 사랑하듯이 그들을 사랑하는 것입니다.

우리는 모두 사랑과 의식의 욕조 속에 들어 있습니다. 그러나 어떤 사람들은 흑인과 백인과 황인종을 구분하며 욕조에서 몸을 빼고 멀어지려 합니다. 욕조에서 나가지 마세요! 여러분은 사랑과 우주적인 우애와 의식의 목욕을 하고 있습니다. 사랑과 우애와 의식은 여러분 주위의 다른 사람들이 드러내고 있을 뿐 아니라 여러분 내부에도 있습니다. 여러분 안에 있는 것을 느껴보세요.

우리는 하나입니다. 우리는 함께 사랑의 욕조 속에 잠겨 있습니다. 우리는 하나이며 우리를 갈라놓는 것은 없습니다. 다른 사람들과 멀어지게 하는 장벽을 우리 스스로 만들지만 않는다면 말입니다. 우리는 하나이며 그 외의 것은 단지 착각일 뿐입니다.

제2장

행복

"행복을 위해서는 한 순간도 허비하지 마세요.
행복을 내일로 미루면 내일은 없을지도 모릅니다."

유희의 중요성

2001년 7월, 이탈리아

놀기 좋아하는 마음을 가졌다는 것은 노는 것이 얼마나 중요한지를 안다는 것입니다. 웃지 않고서는 놀 수가 없습니다. 웃음은 매우 중요합니다. 잠시 동안의 웃음 속에는 몇 시간 동안의 강의에서보다 훨씬 더 많은 지혜가 담겨있을 수 있습니다. 웃음은 모든 것의 기본입니다. 아주 오래 전부터 "웃음이 있는 곳에 부처가 있다."라는 말이 전해져오고 있습니다.

우리의 삶이 멋진 놀이가 되게 합시다. 이 세상은 놀이터입니다. 여러 생명체들을 보세요. 웃음이 터져 나옵니다! 너무 웃깁니다! 부채처럼 펼친 공작의 꼬리, 새들이 겅중겅중 뛰면서 구애하는 모습, 옆으로 기어가는 게 등을 자세히 본 적 있습니까? 한번 보세요. 탄성이 나올 것입니다! 이런 것들을 제대로 볼 수 있는 사람들에게는 창조란 해학으로 가득 찬 작품들이지만, 그러나 대부분의 사람들은 잘 보지 못합니다. 세상은 거대한 놀이터이며 우리의 인생은 단 한 번 있는 게임입니다.

여러분은 현재 하고 있는 게임이 성공적이고 멋지며 또 선물과 상품이 가득하기를 바랍니까? 핀볼게임에서처럼 많은 점수를 얻고 싶습니까? 점수를 따는 공에는 사랑, 의식, 베품이라는 이름이 붙어 있습니다. 내가 "사랑"이라는 이름의 공을 누군가에게 "딩동" 하고 던지면 점수가 1점 올라갑니다.

여러분이 죽을 때까지 충분한 점수를 따면 공짜 게임을 할 수 있는 자격이 주어집니다. 이 공짜게임은 영원히 계속되는 것으로서, 여러분은 영원히 웃으며 즐길 수 있을 것입니다.

그러나 여러분은 게임을 잃을 수도 있습니다. 빗나가는 공에는 이기심, 어리석음, 악의라는 이름이 붙어 있습니다. "딩동" 빗나갔습니다. 점수가 1점 줄어듭니다. 그리고 어느 날 점수가 다 소진되면 게임은 끝납니다. 그러나 너무 늦어버렸지요. 먼지에서 왔던 여러분은 먼지로 돌아가야 합니다.

다음 라운드에서는 점수를 따고 싶습니까? 그렇다면 한 발 뒤로 물러서서 여러분의 삶을 객관적으로 바라보세요. 한 발 뒤로 물러서면 더 잘 볼 수 있고 또 더 큰 그림을 볼 수가 있습니다. 자신을 관찰하세요. 웃으면서, 특히 자신에 대해 웃으면서 자신을 관찰하는 연습을 해야 합니다. 유머는 지혜와 각성의 기초입니다.

또한 사물을 보는 데는 여러 가지 방식들이 있다는 사실을 항상 명심해야 합니다. 다이아몬드에는 많은 면이 있습니다. 우리는 제일 윗면만을 보며 다이아몬드의 광채와 빛의 반사를 감상합니다. 그러나 다이아몬드의 전체 모습을 제대로 보고 싶다면 한 발 뒤로 물러나서 보다 큰 그림을 봐야 합니다. 그러면 완전한 모습을 볼 수가 있지요.

올바른 생각과 말과 행동

현자는 올바로 지각하고 또 올바로 생각하고 행동하기 위해 한 걸음 뒤로 물러설 줄 압니다.

우리의 생각이 어디서 나왔는지, 그리고 무엇이 그 생각을 결정했는지를 탐색해보면 올바른 생각을 찾아낼 수 있습니다. "나체는 나쁘다."라고 결정한 사람은 여러분 자신이었습니까? 아니면, 다른 누군가가 여러분에게 그렇다고 믿게 만들었습니까?

올바른 생각을 했다면 올바른 말을 해야 합니다. "나체는 좋은 것이다."라고 올바로 생각하는 사람들도 많을 것입니다. 그러나 그들도 모두 자기 자녀들에게는 눈살을 찌푸리며 "몸을 가려라! 네 몸이 부끄럽지 않니?" 라고 말합니다.

그 다음에는 올바른 행동을 해야 합니다. "나는 질투하지 않아."라고 생각하고 또 말하기는 매우 쉽습니다. 그러나 아내나 남편 주위에 다른 사람이 얼씬거리는 것을 보면 우리 마음에 시련이 닥칩니다. 어떠한 구실로라도 당면한 위기를 타파하기 위해 갑자기 둘이서 함께 쇼핑가기로 한 약속을 생각해내곤 그들을 떼어놓습니다.

생각과 말과 행동, 이 3가지 요소가 모두 올바르고 서로 일관성을 갖고 있을 때 우리는 발전하기 시작합니다.

우리는 생각하고, 말하고, 행동합니다. "내가 말하는 대로 하되 내가 행동하는 대로는 하지마세요."라고 말하는 사람은 잘못된 지도자입니다. 진정한 지도자는 자신의 생각이 말과 행동에까지 일관성을 갖는 사람입니다. 말하기는 쉽지만 실천하기는 어렵습니다!

"행복에는 이유가 없습니다."

2002년 8월, 슬로베니아

우리가 행복하기 위해 어떤 이유를 가질 필요가 없습니다. 행복이란 꽃잎이 벌어지는 것과 같이 즉각적인 현상입니다. 이것은 가방에 먹을 것을 채워 넣는 것과는 다릅니다.

부자들이 자살하는 이유는 과거 어느 때인가 돈을 벌면 행복해질 것이라는 환상을 품은 적이 있기 때문입니다. 행복은 내일 혹은 다른 곳에서 경험해야 할 것이 아닙니다. 또 행복은 "지식"이나 "소유"에서 생기는 것도 아닙니다. 만약 여러분에게 행복하고 싶다는 열망이 있다면, 그것은 여러분이 아직 행복하지 않다는 것을 의미합니다. 우리가 어떤 이유 때문에 행복하다고 한다면 우리의 행복은 그 이유에 의존하게 됩니다. 그럴 경우, 그 이유를 잃어버리면 불행해지게 될 것입니다.

다른 곳에 가면 보다 행복해질 수 있을 것이라 생각하며 이곳저곳 찾아다니는 데 모든 시간을 소비하는 사람들이 많이 있습니다. 그래서 그들은 찾고 또 찾습니다. 그러다가 좋은 곳을 찾아내곤 그곳에 정착합니다. 그러나 한동안 시간이 흐르고 난 어느 날 그들은 전번에 살았던 곳에서보다 지금이 더 행복한 것이 아니라는 사실을 깨닫게 됩니다.

아무 이유 없이 행복하세요. 여러분의 행복이 자신의 외부에 있는 무언가에 의지하지 않도록 하세요. 스스로 자신의 행복을 만들어내는 마법사가 되세요. 여러분은 자신의 마법모자와 자신의 마법지팡이를 갖고 있습니다. 여러분의 꿈은 모두 이 모자 속에 들어있습니다. 여러분이 어렸을 때는 그 꿈들을 꾸고 있었지만 지금은 잊고 있을 뿐입니다. 그 꿈들을 잊어버렸다면 다시 찾아야 합니다.

그리고 밤에 꾸는 꿈보다 깨어있을 때 꾸는 꿈이 훨씬 더 가치가 있다는 사실을 기억하세요. 우리는 밤새 수백 가지의 꿈을 꾸지만 이런 꿈들은 아무 의미가 없습니다. 그러나 우리가 깨어있을 때 꾸는 꿈은 우리의 의식으로부터 나오는 것입니다. 이 꿈들은 우리가 우리의 인생이 아름다운 것이 될 수 있도록 설계하게 이끌어줍니다. 깨어있을 때 꾸는 이런 꿈들은 우리의 인생을 황홀하게 만들어줍니다.

여러분이 행복하지 않다면, 그 사실 때문에 더 불행해져서는 안 됩니다! 행복을 보장해주는 보험 같은 것은 없습니다.

행복해지는 데 목표를 둘 것이 아니라 행복을 유지하는 데 목표를 두어야 합니다.

평생 "예"라고 말하세요

1990년 8월, 알비 세미나에서

우리 두뇌의 신경세포들을 결합시키는 데 중대한 영향을 주는 것들이 있습니다. 예를 들면, "예"라고 말하는 것입니다. "예"라고 말하는 것은 너무나도 중요합니다. "예"라고 말할 때 그 생각과 그 소리의 진동은 우리 두뇌 속의 어떤 부분을 변화시키고 우리 성격에 영향을 줍니다. 그 말은 우리가 긍정적인 전망을 하도록 도와주고 또 우리의 삶을 사랑과 행복과 기쁨으로 가득 채워줍니다.

"아니오"라는 말을 너무 자주 하면 우리의 삶은 조화로울 수 없고, 행복할 수 없으며, 또 충족감을 느낄 수가 없습니다. 물론 가끔 "아니오"라고 말하는 법도 알지 않으면 안 됩니다. 그러나 이 말은 예외적인 경우에만 사용되어야 합니다. 즉 여러분의 양심에 반대되는 제의를 받았을 때 그렇게 말하는 것입니다.

우리는 예외적인 상황에서만 "아니오"라고 말해야 합니다. 대부분의 경우에는 "예"라고 말하는 거지요. 우리는 "예"라고 말할 때 훨씬 더 좋은 기분을 느끼게 됩니다. "예!" 이렇게 말함으로써 우리는 주위의 사람들조차 변화시킬 수 있습니다.

그렇습니다. "예"라고 말하세요. 한번 소리 내어 말해보세요. 소리를 낼 때 자신의 얼굴 근육의 움직임을 느껴보세요. 이것은 자연적인 미용성형법입니다! 모든 상황에서 "예'라고 말할 수 있는 법을 배워야 합니다. 여러분의 인생을 보다 나은 방향으로 변화시킬 수 있는 상황에서는 특히 "예"라고 말할 수 있어야 합니다. "예"라는 말은 여러분의 인생을 바꿀 수가 있습니다. "예"는 마법의 단어입니다!

적극적인 삶을 살기 위해서는 아침에 일어나는 순간부터 "예"라는 말로 시작해야 합니다. 눈을 뜨자마자 "예"라고 말하세요. 그러면 하루 종일 멋진 기분을 느낄 것입니다.

"웃으세요.
그러면 더 행복해질 것입니다."

가능한 한 자주 웃으세요. 웃음은 "예"라고 말하는 것만큼이나 중요합니다. 어떤 사람은 웃을 때도 마치 우는 것 같은 표정을 짓습니다. 여러분이 웃을 때도 웃는 얼굴이 아니고 매일 국세청 직원의 세무조사에 시달리고 있는 것 같은 표정을 짓는다면 그것은 순전히 여러분 자신의 잘못입니다. 그것은 여러분이 살아오면서 충분히 웃어주지 않았기 때문입니다. 얼굴의 근육은 가장 자주 짓는 표정에 따라 고착되어 버리니까요.

항상 웃는 사람들을 잘 살펴보세요. 그들의 얼굴에는 표정 주름이 있습니다. 얼굴 표정 전체가 위로 치켜 올라가 있습니다. 항상 우울한 사람들의 표정은 밑으로 쳐져 있습니다. 주름의 끝부분이 밑으로 향하고 있기 때문이지요.

웃으세요. 웃음은 사랑을 향한 첫걸음입니다. 언제나 먼저 웃으세요. 그러면 주위에 있는 사람들도 웃음 짓는 것을 볼 수 있을 것입니다. 심지어 가장 무뚝뚝한 사람조차도 결국에는 입가에 미소를 띠게 될 것입니다.

나대로 존재할 수 있는 권리

다른 사람들을 설득하는 데 에너지를 낭비하지 마세요. 그리고 다른 사람들이 여러분을 변화시키려는 것을 용납하지 마세요. 왜냐하면 인간은 모두 독특한 존재이기 때문입니다. 나는 다음의 문장을 매우 좋아하고 자주 인용합니다. “오늘까지 나는 세상을 바꾸기 위해 싸워왔다. 그러나 이제부터는 다른 사람들이 나를 바꾸지 못하도록 싸울 것이다.” 이 말은 매우 중요합니다. 우리는 다른 사람을 바꾸려고 시도할 권리가 없습니다. 그리고 다른 사람들도 우리 자신이 원하지 않는 한 우리를 바꿀 권리가 없는 것입니다.

나는 여러분이 행복하기를 원합니다. 여러분이 나와 함께 있어 행복하다면 그것은 좋은 일입니다. 그러나 여러분이 여기가 아닌 다른 곳에서 행복해질 수 있다면 그것 또한 좋습니다. 나는 여러분이 나와 함께 있어 불행한 것보다는 다른 곳에서 행복한 것을 더 좋아합니다.

"여러분은 다른 사람들을 변화시켜야 한다." 내가 이런 말을 하는 것을 여러분은 절대로 들을 수 없을 것입니다. 안 됩니다! 마찬가지로 다른 사람들이 여러분을 바꾸려는 것도 절대로 용납하지 마세요. 여러분 모습 그대로 존재할 수 있는 권리를 지켜야 합니다!

여러분 자신의 생각을 지키세요. 텔레비전 토론회에서 언론인들이 전문가들에게 "그럼 우리는 어떻게 생각해야 합니까?"라고 질문하는 것을 본 적 있지요? 이것이 바로 단일 사고방식을 지향하는 사회의 전형적인 문장입니다. 이런 사회는 모두 정치적으로, 사회적으로, 종교적으로 올바르게 되려고만 애쓰는 성인들로 구성되어 있습니다.

그 대신에 우리는 이렇게 말해야 합니다. "그럼 우리는 어떻게 생각할 수 있습니까?" 이렇게 물으면 우리는 수없이 많은 서로 다른 의견들을 이끌어낼 수 있게 됩니다. 그리고 이것은 다른 사람의 의견을 경청하는 자세를 길러줍니다. 그러면 의견의 교환이 이루어지고 곧 합의를 이끌어 낼 수 있게 됩니다.

"어떻게 생각해야 합니까?" 라는 말은 혼란과 고통을 초래하고 인류에 대한 배반과 범죄를 일으킵니다. 그러나 "어떻게 생각할 수 있습니까?"라는 말은 서로 다른 생각들과 다양한 선택가능성에 문을 열어주고 또 우리가 심사숙고할 수 있도록 자극해줍니다.

나체

우리는 모두 콤플렉스를 갖고 있습니다. 여성들은 종종 가슴이 너무 작다거나 또는 너무 크다고 하며 불만을 표시합니다. 그것이 무슨 차이가 있습니까? 우리 몸의 외형이 어떻든, 우리는 모두 외면의 아름다움을 최고로 빛나게 만들 수 있는 내면의 아름다움을 갖고 있는 인간입니다. 그리고 사람들의 취향은 너무나 다양하기 때문에 당신의 코 모양, 입 모양, 가슴 모양에 상관없이 반드시 어떤 사람의 취향과 맞게 되어 있습니다.

자신의 성기가 너무 작다고 생각해서 옷 벗기를 두려워하는 남성들도 가끔 있습니다. 하지만 남성답게 만들어주는 것은 성기의 크기가 아니라 그것을 사용하는 방법에 달려있습니다. 여성들은 내 말에 틀림없이 동의할 것이라고 생각합니다. 남자의 성기가 말같이 우람해야 한다는 생각은 엄청나게 잘못된 것입니다. 여성과의 사랑에 성공하려면 대화하는 법, 부드러운 목소리와 눈길과 손으로 애무하는 법 등 감각적인 접근이 무엇보다 중요합니다. 섹스는 훨씬 다음의 일이지요.

태어날 때 우리는 벗고 있었습니다. 그런데 왜 성인이 되면 벗고 있는 것을 부끄러워해야 합니까? 실 한 오라기도 걸치지 말고 햇빛에 누워 여러분의 몸을 따뜻하게 애무하는 햇볕을 느껴보세요. 여러분 마음이 가는 대로 해보세요. 정말로 멋진 느낌을 느낄 수 있을 것입니다. 여러분이 내의를 벗을 때, 여러분의 머릿속에 있는 작은 내의도 벗어던진다는 것을 알아야 합니다. 알몸이 되는 것은 걸음마를 배우는 것보다 훨씬 쉽습니다. 그리고 여러분은 이미 걸을 줄 알지 않습니까?

여러분이 육체적으로 감추고 싶은 것이 있다고 느낀다면 그것은 반드시 여러분의 두뇌 속에 그런 망설임을 일으키는 신경세포들 간의 결합이 있기 때문입니다. 만약 여러분이 모든 옷들을 벗어버리고 자신을 완전히 보여 줄 수 있다면 여러분의 두뇌 속에서는 즉시 신경세포들 간의 긍정적인 결합이 만들어져 자신에 대해 좋은 기분을 느낄 수 있도록 도와줄 것입니다. 그리고 그것은 여러분의 자아를 구축하고 의식을 높여줄 것입니다.

올바른 생각을 갖고 있다면 누구든지 할 수 있습니다. 너무 수줍어 할 필요도 없고 너무 뽐낼 필요도 없습니다. 자신의 존재에 대한 책임감을 갖고 그냥 편안한 마음으로 하면 됩니다. 자신의 육체를 꾸밈없이 받아들이는 것이지요.

제3장

평정심

"흙이 여러분의 얼굴 위에 덮이기 전에
흙 위에서 춤추고 노래하세요."

웃음

1996년 8월, 알비 세미나에서

웃음은 천재뿐만 아니라 모든 인간의 특성입니다. 일반적으로 천재는 더 많이 웃습니다. 두뇌를 최대한 사용하는 사람들일수록 모두 잘 웃습니다. 혀를 쑥 내밀고 있는 아인슈타인의 사진을 본 적 있지요?

심각한 표정을 짓고 있는 사람을 만나면 나는 항상 경계심을 늦추지 않습니다. 왜냐하면 심각한 표정은 어리석음의 표현이니까요. 정치인들을 한번 둘러보세요. 그들은 마치 등줄기에 우산을 꽂고 있는 것처럼 너무나 뻣뻣합니다. 그러나 바로 이런 사람들이 국가를 운영하는 권력을 쥐고 있습니다!

지혜로운 사람이 되겠다고 생각하면서 심각한 사람은 스스로 각성할 가능성이 전혀 없습니다. 심각한 사람들은 지루합니다. 잘 웃는 사람들 중에는 우리의 마음을 일깨워주는 사람이 많습니다. 가르칠 때 유머를 적절히 섞으면 훨씬 더 효과적이기 때문이지요.

웃으면 우선 강의가 더 재미있습니다. 그러나 더욱 중요한 점은, 웃음과 즐거움이 함께 결합된 강의는 더 잘 기억된다는 사실입니다. 우리의 두뇌는 나쁜 기억은 빨리 잊고 행복한 기억은 오래 간직하도록 조직되어 있기 때문이지요. 인간의 창조자들은 우리가 정신적 건강을 유지할 수 있도록 그렇게 설계했습니다. 행복한 기억은 바로 떠오르는 반면 나쁜 기억은 한참 생각해야 하고 어떤 것은 선명하게 떠오르지 않을 때도 있습니다.

웃을 줄 모른다면 배우면 됩니다. 어떻게 웃는 법을 배우느냐구요? 그냥 웃으면 됩니다!

두뇌는 웃음을 쐐기로 이용합니다. 쐐기는 나무를 쪼개는데 사용되지요. 웃음도 우리 두뇌를 갈라 그 속을 깨끗이 만드는 데 도움을 줍니다.

그 전날 무슨 일이 있었든 상관없이 먼저 웃으면서 아침을 시작하세요. 웃으세요. 운다고 해결되는 것은 아무 것도 없습니다. 반면에 여러분이 자신의 웃음으로 기분이 밝아지면 그것은 햇살처럼 다른 사람들에게도 비추어 그들과 여러분의 하루를 밝게 만들어줍니다.

매일 아침마다 여러분 자신에게 “안녕?” 하고 인사하세요. 거울 속으로 자신을 바라보세요. 아침마다 맨 먼저 자기 자신에게 사랑의 고백을 하는 것입니다. 머리끝에서 발끝까지 자신을 얼마나 사랑하고 있는지 말해보세요. 그리고 아침에 여러분과 처음으로 마주친 사람이 반드시 여러분에게 미소짓도록 만들어야 합니다. 어떻게 하느냐구요? 아주 쉽습니다. 그를 보고 웃으세요, 그러면 그 사람도 여러분을 보고 웃을 것입니다. 이것은 언제나 효과가 있습니다!

많이 웃을수록 스스로 기분이 좋아지기 때문에 더 조화로워집니다. 그러면 매일의 삶은 더욱 더 행복해질 것입니다.

"삶은 아름답습니다."

인생의 유일한 목표는 행복입니다. 우리가 창조된 유일한 이유는 행복해지기 위해서입니다. 그러므로 무엇보다도 행복하다는 것을 의식하는 것이 중요합니다.

지구온난화가 점점 진행되고, 복제를 통해 괴물이 태어날 것이고, 끔찍한 살인사건이 일어났고, 유전자변형식품들이 우리의 건강을 해칠 것이라는 등 언론은 연일 부정적인 뉴스들을 쏟아내고 있더라도 우리는 행복하지 않으면 안 됩니다. 그러나 이 모든 부정적인 뉴스들은 매일 매일 되풀이되고 있어서 우리의 마음을 부정적으로 기울게 만들고 있습니다.

부정적인 태도는 긍정적인 사건을 보도할 때조차도 부정적인 면을 강조하려듭니다. 과학자들이 놀라운 발견을 해냈을 때 언론은 먼저 그것이 불러올 최악의 가능성에 초점을 맞춥니다. 이것은 아주 나쁜 태도입니다. 물론 과학적 진보에는 부정적인 면이 포함되어 있을 수도 있습니다. 그러나 과거에는 오늘날 과학의 진보가 가져온 것보다 부정적인 것들이 훨씬 더 많았습니다. 종국적으로 과학의 발전은 인류를 해방시켜줄 것입니다. 만약 인류가 나아갈 방향을 사랑과 의식이 이끈다면 과학발전은 인류에게 행복만을 가져다 줄 것입니다.

여러분이 긍정적인 하루를 보낼 것인지 부정적인 하루를 보낼 것인지 결정할 수 있는 사람은 여러분 자신밖에 없습니다. 이것은 어렵지 않습니다. 연습만 하면 됩니다. 여러분이 긍정적인 선택을 자주 하게 되면 여러분의 두뇌는 자동적으로 긍정적 반응을 하도록 학습하게 되고, 여러분은 행복을 느끼게 됩니다. 이것은 자동반응입니다. 여러분은 버튼을 누르기만 하면 됩니다. 그러나 여러분이 부정적인 선택을 하는 경우에도 여러분의 두뇌는 동일한 자동반응 메커니즘을 적용합니다. 다른 점이라고는 부정적 반응을 학습하게 되어 여러분이 불행을 느끼게 된다는 사실이지요. 부정적인 생각은 자신을 해칠 뿐입니다. 우리가 부정적인 사람이면 마치 블랙홀과 같은 존재가 되어, 다른 사람들은 우리에게 매력을 느끼지 못하고 우리를 피하게 됩니다.

부정적인 습관을 없애기 위해서는 매일 아침 일어나는 순간부터 긍정적인 생각으로 여러분 자신을 재교육해야만 합니다. 행복하세요. 인생을 최대한 활용하여 매 순간 삶을 즐기세요. 행복하세요, 그러면 여러분 주위로 사람들이 모여들어 여러분이 발산하는 행복감을 함께 나누어갖고 싶어할 것입니다.

긍정적인 태도

1986년 8월, 알비 세미나에서

우리의 인생은 순간의 연속에 지나지 않습니다. 인생의 매순간은 따로 떨어져 있는 것이 아닙니다. 매순간은 아무런 간격 없이 계속 중첩되어 나갑니다. 한편, 인생의 매순간은 역동적인 일관성을 갖고 다음 순간으로 연결됩니다. 그 연결이 만들어내는 테마가 긍정적일지 부정적일지는 우리 자신의 선택에 달려 있습니다.

이러한 테마가 긍정적이라고 한다면 그것은 우리의 인생에 뿌려진 여러 감정들을 잘 조절할 수 있는 높은 의식을 지니고 있기 때문입니다. 부정적인 감정은 의식의 가장 큰 적입니다. 부정적인 감정과 의식은 공존할 수가 없습니다.

긍정적으로 생각하는 것은 자신이 선택하는 것입니다. 이 사실을 잊어서는 안 됩니다. 특히, 하루 종일 계속해서 나쁜 소식을 접하게 되었을 때 여러분은 한탄하거나 울거나 격분할 수도 있을 것입니다. 그러나 그런 때는 이렇게 말해 보세요. "무슨 일이 일어나든 나는 행복해지는 것을 선택했다. 자, 그럼 상황을 바꾸기 위해 무엇을 할 수 있을까?"

이것은 여러분이 아무 감정도 가져서는 안 된다는 것을

의미하지는 않습니다. 반대로 감정은 우리 인생에 자극제가 될 수 있습니다. 그러나 감정이 우리 자신을 멋대로 휘두르고 볼모로 잡는다면 우리는 효율적으로 될 수가 없을 것입니다. 그러므로 언제나 우리가 바꿀 수 있는 것과 바꿀 수 없는 것들을 구별해야 합니다. 이 둘의 차이를 알 수 있는 의식을 갖춰야 합니다.

시간 속으로의 여행

우리는 "시간이 흐른다."라고 말합니다. 그러나 이것은 틀린 말입니다. 시간은 흐르지 않습니다. 시간 자체가 존재하지 않기 때문입니다. 아무도 시간이 흐르는 것을 보았다고 주장할 수 없습니다. 시간 속을 흘러가는 것은 바로 우리 자신입니다. 이 사실을 깨달아야 합니다. 이것을 깨닫게 되면 특히 슬픔이나 절망감을 느끼게 될 때 여러분에게 인생을 보는 새로운 관점이 생길 것입니다.

어느 날, 작은 먼지에 불과했던 여러분이 살아 움직이면서 자신을 의식합니다. 그리고 갑자기 날짜를 세면서 시간이 흐른다고 생각합니다. 그러나 사실은 여러분이 움직이지 않는 시간 속을 흘러가고 있는 것이지요.

우리는 삶과 죽음을 의식하면서 시간 속의 통로를 흘러갑니다. 우리는 어느 날 갑자기 살아 움직이게 된 먼지에 불과하며 결국에는 사라질 것이라는 사실을 의식하는 것이지요. 이 과정이 우리를 구성하고 있는 물질이 순환하는 한 사이클입니다. 이것이 바로 인생이지요.

우리는 시간과 함께 여행하는 것이지 시간 속에서 멋대로 여행하는 것이 아닙니다. 우리는 과거로 여행할 수도 없고 미래로 여행할 수도 없습니다. 그러나 우리의 행보마다 매 순간 현재가 표시됩니다. 그것이 우리 삶의 궤적이 되는 것이지요. 똑딱, 똑딱…

우리는 모두 어느 날 이 여행을 시작했습니다. 각자 서로 다른 시간에 시작했지요. 어떤 사람들은 이미 오래전부터 여행을 해왔고, 어떤 사람들은 오늘 막 시작했습니다. 우리는 모두 "지구"라는 이름의 우주선을 타고 함께 환상적인 항해를 하고 있습니다. 우주선은 자전하면서 공간을 뚫고 지나갑니다. 어떤 사람들은 거의 종점에 도착했고 또 어떤 사람들은 이제 막 출발했습니다.

예측 불가능한 것에 대한 의식

2002년 8월, 슬로베니아

지혜란 예측 불가능한 상황에 대처할 줄 아는 것을 의미합니다. 이것은 우리 인생에 어떤 일이 닥치더라도 평정을 지킬 수 있게 해줍니다. 예측 가능한 상황에 대처하는 것은 누구나 다 할 수 있습니다. 심지어 로봇도 예측 가능한 상황들과 사건들에 반응하도록 특별히 프로그램하면 그렇게 할 수 있습니다.

예측 불가능한 상황에 대처한다는 것은 우리의 모든 감각을 활짝 열고 예지를 사용한다는 의미입니다. 그리하여 자신에게 닥칠 상황과 다른 사람들에게 닥칠 상황들을 예상하는 것이지요. 우리의 인생에는 예측 가능한 사건들에 예측 불가능한 사건들이 연속적으로 끼어들고 있습니다. 이 같은 예측 불가능한 요소들에 우리가 구체적으로 어떻게 반응하는지 관찰함으로써 우리의 지성과 의식을 가늠해볼 수 있습니다.

예측 가능한 상황에서는 무슨 일이 일어날 지 이미 예상을 하고 있기 때문에 감정이 우리의 마음을 흔들지는 않습니다. 감정은 긍정적이든 부정적이든 일이 예측한 대로 되지 않을 때만 생깁니다. 자신이 원하는 대로 되지 않았을 때 격렬한 감정으로 반응할 수 있겠지만 이런 예측 불가능한 사건을 통해 우리는 예상하고, 선견지명을 갖고, 적절한 순간에 행동하는 법을 배울 수도 있을 것입니다.

예측 불가능한 것에 대처할 줄 모르면 지속적인 좌절감과 불만에 싸여 우리의 삶은 점점 더 슬프고 불행하게 됩니다. 보통 사람과 각성된 사람의 차이는, 각성된 사람은 이런 시련을 이용하여 스스로 성장하는 반면 보통 사람은 자기정당화의 구실을 대거나 다른 사람들에게 책임을 전가하면서 시련을 거부하는 데 있습니다.

우리는 모든 일이 잘되고 있을 때 혹은 우리가 예측 가능한 일이나 예측 불가능한 일에 잘 대처했을 때 우리 자신에게 축하를 보내야 합니다. 마찬가지로 우리는, 특히 우리가 실패를 경험했을 때에도 우리 자신에게 축하를 보내야만 합니다. 왜냐하면 이런 실패의 경험을 통해서 우리가 성장할 수 있기 때문이지요. 우리는 실수를 통해 너무나 많은 것을 배울 수가 있습니다. 그러므로 우리는 앞으로도 실수를 계속하겠지만 동일한 실수를 반복하지는 않을 것입니다. 이것이 정말로 좋은 점입니다.

현자들은 예측 불가능한 상황을 내다보기 위해 초연하게 보다 큰 그림을 보며 인생의 매순간을 객관적으로 관조합니다. 한편 그들은 예측 불가능한 상황이 자신의 발전에 도움이 된다는 사실을 알기 때문에 그런 상황을 기쁘게 받아들입니다. 이와 같이, 예측 불가능한 상황은 의식의 발전을 위한 하나의 도전입니다.

감정의 조절

우리는 "감정을 다룰 줄" 알아야 한다는 말을 종종 듣습니다. 그러나 "다루다"라는 단어는 적절하지 않습니다. 왜냐하면 감정이 이미 생기고 난 뒤 그것을 처리한다는 것을 의미하니까요.

감정이 발생할 때 그것을 다루는 데는 몇 가지 방법이 있습니다. 모욕의 경우를 예로 들어봅시다. 여러분은 상대방의 모욕에 대해 똑같은 모욕으로 응수할 수 있겠지요. 그러면 그것은 십중팔구 싸움으로 번지게 될 것입니다. 다른 대안으로는, 응수하지 않고 모욕적인 말을 그냥 듣고 있는 것입니다. 그러나 이 경우 여러분은 여전히 부정적인 느낌을 갖고 있기 때문에 긴장감이 여러분 내부에서 솟아오를 것입니다. 마지막 방법은 그 모욕을 완전히 무시해버리는 겁니다. "이것은 그냥 더운 공기에 불과해. 이 사람 입에서 나오는 소리일 뿐이야. 주위의 다른 잡음들과 섞인 웅얼거림이지."라고 생각하는 거지요.

우리의 두뇌에 물리적으로 들어와서 우리를 화나게 만들 수 있는 사람은 아무도 없습니다. 무엇이 아름다운지, 무엇이 우리 두뇌에 들어올 만한 가치가 있는지를 결정하는 것은 전적으로 우리 자신에 달려 있습니다. 우리를 화나게 만드는 것은 우리 자신뿐입니다. 우리를 화나게 만들거나 슬프게 만들기 위해 다른 사람들이 누를 수 있는 버튼은 아무데도 없습니다.

아무도 여러분의 승인 없이 여러분을 화나게 만들 수 없습니다. 문제는 여러분이 다른 사람들로 하여금 여러분을 화나게 만들도록 너무 자주 허락한다는 데 있습니다!

우리가 긍정적일 때 우리는 빛과 같은 존재가 됩니다. 모든 사람들이 우리와 함께 하며 그 빛을 받고 싶어 하는 것이지요. 행복한 모습은 다른 사람들의 마음을 끌어당깁니다. 그러므로 다른 사람들이 여러분을 사랑하기 때문에 행복해 하지 말고 그냥 행복하세요. 그러면 다른 사람들이 여러분을 사랑하는 결과를 가져올 것입니다.

아무 이유 없이 행복하세요. 여러분이 어떤 이유 때문에 행복하다면 그 이유를 잃어버릴 때 여러분의 행복도 잃어버릴 위험이 있기 때문입니다. 전혀 아무런 이유 없이 행복하세요!

제4장

정신성

"살아 있다는 것의 유일한 특권은
우리가 의식을 갖고 있다는 사실입니다.
우리가 의식적일 때
우리는 자신의 의식에 대해 놀라움을 금치 못하게 되고
살아있음에 대해 행복을 느낍니다."

나는 하나

나는 하나입니다. 명상할 때 이런 융화감을 느끼는 것은 매우 아름다운 일입니다. 진정한 명상 상태를 느끼는 데 수년씩이나 수련이 필요한 것은 아닙니다. 이런 상태는 즉각적인 느낌이기 때문입니다. 수년간의 수련이 필요한 것은 우리 내부의 일체감을 느끼는 상태를 유지하기 위해서입니다.

일체감을 느끼는 것은 매우 중요합니다. 나 자신이 하나임을 느끼지 못한다면 다른 사람들과도 하나 됨을 느낄 수 없을 것입니다. 예를 들어, 나의 정신은 깨끗한데 몸은 더럽다고 느끼는 등 나 자신 안에 이런 구분이 존재한다면 어떻게 다른 사람과 분리되어 있지 않다고 느낄 수가 있겠습니까? 그러므로 우선 나 자신을 융합하는 데 성공한 후에라야 다른 사람들과의 융합을 도모하는 다음 단계로 갈 수가 있는 것이지요.

나 자신과 하나 된다는 것은 우주, 무한, 기타 모든 것들과 하나 됨을 의미할 뿐 아니라 무(無)와도 하나가 된다는 것입니다. 전부와 무(無)는 서로 다르지 않고 하나이며 또한 같은 것이기 때문입니다.

여러분과 나 사이에는 더 이상 거리가 존재하지 않으며, 마찬가지로 하늘의 별들과 나 사이에도 거리가 존재하지 않습니다. 나와 여러분 사이의 거리는 나와 내 몸 바로 밖에 있는 원자 사이의 거리보다 더 멀지 않습니다. 왜냐하면 무한은 하나이기 때문이지요.

이렇게 이해하고 느끼는 단계에 이르렀을 때 우리는 비로소 의식에 도달합니다. 마침내 우리는 자신이 의식하고 있음을 자각하는 의식의 한 조각이 되는 것이지요. 왜냐하면 의식 또한 하나이기 때문입니다.

우주에서는 개별의식과 집단의식 사이에 구분이 없습니다. 우리는 집단무의식에 대해 자주 말합니다. 그러나 집단무의식보다 더 중요한 것은 집단의식인데, 이것은 지구적일 뿐만 아니라 우주적이고 또 무한합니다. 집단의식은 나와 다른 모든 사람들 간의 일체감입니다. 의식을 가진 사람들은 무한 속에서 일체를 이룰 수가 있습니다.

무한의 느낌

무한을 느낀다함은 무한의 시간 및 무한대와 무한소의 물질세계에 존재하는 모든 것들과의 일체감을 느낀다는 것입니다. 우리 주위의 모든 것과 연결시키는 이 일체감을 느낄 때 우리는 진정한 의식의 존재가 되며, 나아가 우리는 우리 자신이 살아 있는 생명체를 이루기 위해 합쳐진 약간의 물질이라는 사실을 이해할 수 있게 됩니다. 우리를 구성하는 물질이 스스로를 의식하게 된 것이지요.

나는 여러분 안에 있고 여러분은 내 안에 있습니다. 내가 내일 사라진다고 해도 나는 여러분 안에 머물러 있을 것입니다. 내가 여러분에게 전해준 이 무한의식은 여러분 안에 살아 있을 것이며 여러분은 이것을 다른 사람들에게 전해줄 수 있을 것입니다. 나의 존재 여부는 중요하지 않습니다. 이러한 올바른 의식을 갖는 것은 나의 존재와 아무 상관이 없습니다.

여러분이 진정으로 이런 의식 속에 있다면 나는 여러분과 여러분의 후손들 속에 영원히 존재할 것이며 여러분 또한 그럴 것입니다. 이런 일체의식과 무한은 영원한 것이기 때문에 모든 방향으로 모든 곳에 존재하며 또한 현재뿐 아니라 미래에도 영원히 존재할 것입니다. 이런 것들을 의식함으로써 우리는 그것들에 생명력을 불어넣습니다.

이런 무한의식은 우리를 빛나게 만들어주고 우리를 일깨워주며 행복하게 해줍니다. 돈이나 큰 집, 좋은 차, 학위 등 피상적인 행복들은 진정한 행복을 가져다주지 못합니다. 지식과 소유는 각성과 아무런 관련이 없지만 "존재"는 관련이 있습니다. 왜냐하면 "존재"는 무한이 스스로를 표현할 수 있게 해주기 때문입니다.

우리는 행복을 "소유"할 수도 없고 행복을 "알" 수도 없지만 행복하게 "존재"할 수는 있습니다. 소유와 지식은 그냥 스쳐 지나가지만 "존재"는 항상 나의 의식을 높여줍니다.

의식을 발전시키기로 결심한 사람의 지성은 나이도 멈출 수가 없습니다.

의식의 3단계

의식의 첫 단계는 어리석음입니다. 어리석은 사람은 자신의 감정 반응을 전혀 조절하지 못하고 욕구와 좌절감에 구속됩니다. 어리석은 사람은 종종 공격적이며 때로는 폭력적이기까지 합니다. 그는 충동적으로 행동한 후 자신의 주위에 벌어진 결과에 대해 후회합니다. 그것은 대부분의 경우 그의 말이나 행동들이 자신의 생각을 벗어나버리기 때문입니다.

이런 사람이 그렇게 행동하는 것은 고통 받고 있기 때문입니다. 그는 자신의 욕구가 한 번도 충족되지 못해 괴로워합니다. 자신의 행복을 자기 외부의 요인들에 맡겨두는 한, 그리고 자신을 기분 좋게 만들어주고 자존심을 세워주는 찬사를 타인들로부터 기대하는 한 그는 끝없는 좌절상태에 빠져있게 될 것입니다.

우리는 이런 사람들에게 동정심을 느끼고 사랑을 주어야 합니다. 이들은 자신이 무엇을 하고 있는지도 의식하지 못하고 있는데, 이것이 바로 그들이 겪고 있는 고통의 근원입니다.

두 번째 단계는 완전히 초연해지는 단계입니다. 이것은 우리 육체와 두뇌의 반응을 인정하는 것조차 거부하며 또한 모든 쾌락을 거부함과 함께 삶이 우리에게 주는 다양한 쾌감에 수반될 수 있는 불만족의 가능성도 거부하는 단계입니다.

이것은 매우 안이한 탈출입니다. 어떤 쾌락도 추구하지 않으면 당연히 어떤 좌절도 겪지 않을 것이기 때문입니다. 자기 자신을 직시하지 않는 사람은 시험에 빠지지도 않을 것입니다. 아무것도 하지 않음으로써 위험을 멀리하면 평정을 유지할 수는 있겠지요. 그런 다음 이런 태도가 지혜로움을 나타내는 것이라고 자신을 납득시키기만 하면 됩니다.

그러나 이것은 잘못된 논리입니다. 진정한 지혜는 경험을 통해 얻을 수 있기 때문입니다. 우리는 실수를 저지르고 그것을 고쳐가면서 계속 발전해 나갑니다. 실수로부터 배우는 것은 곧 승리이며, 각성을 향해 한 걸음 더 나아가는 것입니다.

이 두 번째 단계는 대부분의 종교에서 가르치는 절제의 단계입니다. 즉 모든 감각을 즐기기를 거부하는 단계이지요. 세상의 모든 사람과 모든 유혹으로부터 멀리 떨어져 산속이나 수도원 안에 혼자 고립된 사람들처럼 말입니다. 더러워지는 위험을 철저히 피하면 깨끗한 채로 남아있긴 쉽습니다. 그것이 아름다울 수도 있겠지요. 그러나 그 동안에도 우리의 인생은 기쁨과 고통과 함께 흘러갑니다.

마지막으로 가장 높은 단계가 있는데, 의식을 갖고 인생을 즐기는 단계입니다. 이것은 어리석은 사람들과 각종 유혹 속에서 우리 사회와 함께 발전해 나갈 수 있는 단계입니다. 비록 다른 사람들이 내가 원하는 것을 가져다주지 않는다고 하더라도 좌절하지 않고 웃음과 조화를 잃지 않으면서 우리의 모든 감각과 내면의 음악과 능력을 사용하여 나 자신과 다른 사람들 모두 마음껏 즐기는 것입니다.

이것은 자기 고향 아이스하키 팀의 열렬한 응원단이 되는 것이 아니라 스스로 하키 선수가 된다는 의미입니다. 시합에 나가 이기기 위해 열심히 훈련하지만 그것은 다른 사람들을 제압하기 위해서가 아니라 자신의 한계를 극복하기 위해서입니다.

사랑하되 사랑에 빠지지는 않고 어느 수준의 초연함을 유지하는 것입니다. 참으로 미묘한 균형이지요! 욕망을 갖고 또 충족시키며 의식적으로 쾌락을 즐기는 것과 동시에 초연함을 유지할 수 있는 것입니다.

세상에 대해 우리 자신을 활짝 열고 삶이 우리에게 주는 모든 쾌락을 즐기는 것입니다. 우주는 우리를 기쁘게 하기 위해 존재합니다. 그리고 우리를 행복하게 만드는 것은 외적인 쾌감에 달려있는 것이 아니라 우리 내면에 있는 쾌감의 원천을 우리 스스로 자극할 수 있는가에 달려 있습니다.

"나의 기쁨을 만드는 것은 바로 나이며, 따라서 내가 원했던 기쁨을 거부당하더라도 나는 좌절감을 느끼지 않을 것입니다."

내부의 기쁨을 만드는 것은 우리의 상상력이며 이런 기쁨은 우리를 절대 좌절시키지 않습니다. 왜냐하면 우리는 그 기쁨을 완벽하게, 그리고 우리가 원하는 대로 특별하게 만들 수 있기 때문입니다.

이 모든 것에는 미묘한 균형이 요구되지만 이것은 참으로 아름답습니다. 내가 꽃에 얼굴을 갖다대고 그 향기를 들이마시고 있는데, 비록 꽃들이 나를 외면하더라도 나는 조금도 실망하거나 불행해하지 않는 것입니다.

초연한 상태라 함은 세상의 모든 기쁨들이 경이롭기는 하지만 필수적인 것은 아니라는 사실을 깨닫는 것입니다. 쾌감은 쾌감일 뿐 꼭 필요한 것은 아니지요. 쾌감을 필요로 혼동하는 경향이 있습니다. 사실 우리에게 기본적으로 필요한 것은 먹고 마시고 자는 것 등 얼마 되지 않으며, 그 나머지는 모두 욕구에 불과합니다.

우리 기쁨의 원천을 한 가지 일, 한 사람, 한 가지 열정, 한 가지 쾌감에만 국한시키지 말고 무한대로 다양화시켜야 합니다. 가능한 한 많은 종류의 쾌감을 맛보세요. 그렇게 하면 여러 가지 중에 하나가 우리를 버리더라도 나머지는 우리에게 남아 있게 될 것이며, 비록 한 가지밖에 남지 않았다고 해도 우리는 그것 하나만으로도 여전히 행복할 수 있으며, 심지어 그것마저 없더라도 행복할 수 있을 것입니다.

우리 자신에 대한 의식

2001년 12월, 콩고에서 열린 토론

의식의 가장 아름다운 표현은 우리가 무엇인지 깨닫는 것입니다. 겸허하게 자신을 바라보고, 우리는 먼지에 불과하며 또 우리는 어머니가 우리를 배 속에 가졌을 때 어머니가 먹은 음식들로 구성되어 있을 뿐이라는 사실을 인정해야 합니다. 그리고 오늘 내가 음식을 먹으면 그 덕분에 나의 세포들이 재생됩니다. 그러다가 먹는 것을 멈추면 나는 곧바로 먼지로 돌아가게 될 것입니다.

나는 약간의 당근과 감자, 고기, 생선 등으로 만들어져 있으며 이것들을 통해 나의 의식이 계속 표현됩니다. 모든 생명체와 모든 인류가 그렇듯이 나도 먼지에 불과합니다. 나는 먼지 덕분에 살고 성장하는 먼지이며, 죽어서는 다시 먼지가 되어 다른 사람들을 먹여 살립니다. 이것이 바로 먼지의 영원한 순환입니다.

피부색에 관계없이 인간은 누구나 보잘 것 없는 존재입니다. 한 조각 먼지에 불과하지요. 다른 사람들도 나와 똑같이 나와 같은 시간, 같은 행성에서 어느 날 무한의 몇 조각들이 합쳐져 여기 존재하게 되었습니다. 우리는 여기에 함께 존재하면서 우리 자신이 무엇인지 함께 의식해나가고 있습니다.

우리는 언젠가 죽게 됩니다. 1분 후에 죽을 수도 있습니다. 언제 우리의 심장이 멈출지 모릅니다. 혹시나 나도 이 말을 마치자마자 죽을지 모르지요. 얼마든지 그럴 수 있습니다. 그렇게 된다면 나는 여러분 곁에서 죽을 수 있어 매우 행복할 것입니다.

여러분 곁에 있는 사람들을 지금 바로 한번 쳐다보세요. 그들이 잠시 후에 죽을지도 모른다는 것을 의식하면서 바라보세요. 여러분 중에는 아버지나 어머니, 형제, 자녀를 불의의 사고로 잃고서는 그들을 더 많이 사랑해주지 못하고 또 사랑한다는 말을 해주지 못한 것을 후회하는 사람들이 많이 있을 것입니다. 그러나 이제 너무 늦어버렸습니다. 그들은 먼지로 돌아가 무한한 시간과 공간 속으로 사라졌습니다. 너무 늦어 버리기 전에 망설이지 말고 그들에게 사랑한다고 말해주세요.

우리의 삶이 얼마나 짧은지 우리의 의식이 얼마나 부서지기 쉬운지 우리가 깨닫게 되면 우리는 더 이상 전쟁을 일으키지도 서로 죽일 수도 없을 것입니다. 그러기엔 인생이 너무나 짧으니까요!

제5장

관조

"우리는 무한이 스스로를 표현할 수도 있고 표현하지 못할 수도 있는 통로입니다."

그날 아침, 한 음악가가 예언자의 요청에 따라 이제까지 한 번도 해본 적이 없는 방식으로 500명 앞에서 악기를 연주했습니다. 이 소리를 통해 라엘은 의식적으로 들음으로써 관조의 효과를 느낄 수 있도록 우리를 이끌었습니다.

2003년 12월 17일, 슬로베니아에서 세미나 기간 중

우리는 귀로 음악을 듣습니다. 그러나 또한 우리는 관조 상태에서 의식을 사용하여 음악을 볼 수도 있습니다. 이것은 다른 차원의 음악입니다. 그러면 소리는 우리 몸의 모든 세포들을 통해 우리를 뚫고 들어옵니다.

음악의 진동은 우리 몸속을 흐르며 좋은 영향을 미칠 수도 있고 나쁜 영향을 미칠 수도 있습니다. 그러므로 우리에게는 고품격의 음악이 필요한 것입니다. “말이 침묵보다 더 아름다울 때만 말을 하라.”라는 말이 있습니다. 그렇다면 “음악이 고요보다 더 아름다울 때만 음악을 들어라.”라고도 말할 수 있을 것입니다.

이 소리를 들어보세요. 이것은 음악이 아니라 그냥 소리입니다. 이 소리를 느껴보세요. 이 소리가 우리를 뚫고 들어가게 놔두고, 우리 두뇌의 물질들이 이 소리에 따라 조직되도록 놔둡시다. 그럼 이 소리가 우리에게 미치는 영향에 대해 관조해봅시다. 소리는 우리 내부에서 물질이 되어 두뇌 세포들 사이의 연결을 만듭니다. 형상이나 감촉 또는 냄새가 우리 두뇌 속에 새겨지듯 이런 소리도 우리 두뇌 속에 새겨집니다.

이 소리가 우리의 두뇌에 미치는 영향에 집중해봅시다. 각각의 소리는 우리에게 나름대로의 영향을 줍니다. 우리는 귀머거리처럼 전혀 듣지 않고서도 음악을 연주할 수 있습니다. 음악의 형상만을 지각하는 것이지요. 그리고 우리는 음악의 감동에 매료될 수도 있습니다. 이것은 약간 더 좋군요. 그리고 우리는 한 곡의 음악에 열광할 수도 있습니다. 이것은 더욱 좋습니다. 그러나 가장 좋은 것은 소리가 우리 두뇌에 만들어내고 있는 것을 의식하면서 우리가 듣고 있는 소리 그 자체가 되는 것입니다. 이것이 소리를 듣는 가장 이상적인 방법입니다. 각각의 소리가 우리 내부에 미치고 있는 특별한 영향을 느껴보세요.

이런 소리들을 들으며 관조의 상태에 들어가면 그 영향은 우리를 각성시키는 가장 아름다운 강의보다도 훨씬 더 강력할 것입니다. 이 소리들이 우리내부에 어떤 영향을 주는지 느껴보세요.

각각의 소리와 그에 대응하는 정적은 우리 두뇌의 특정 부위를 자극합니다. 처음에는 지각한다기보다 음악의 소리만 들리지만, 이 소리와 그것이 두뇌에 미치는 영향에 완전히 집중하면서 관조에 들어가면 각각의 소리가 독특한 감각과 독특한 색깔을 만들어내는 것을 느낄 수 있게 됩니다.

눈을 감으면 뇌가 시각적인 자극에 흐트러지지 않고 소리의 영향에만 전적으로 집중할 수 있기 때문에 소리의 영향이 훨씬 더 강력합니다. 하루에 몇 시간 동안씩 눈을 가리면 청력이 높아진다는 사실이 과학적으로 입증된 바 있습니다.

느끼세요! 여러분이 두뇌에 미치는 소리의 영향을 느끼기 시작했다면, 각각의 소리가 두뇌의 특정한 부위를 밝혀준다고 상상해보세요. 이렇게 하면 각각의 소리와 정적, 작은 속삭임까지도 느낄 수 있을 것입니다. 이 소리들이 마치 작은 태풍처럼 여러분의 귀를 통해 의식의 가장 깊은 곳까지 뚫고 들어가게 하세요. 그리고 그 소리들이 여러분 두뇌의 세포 물질들을 어떻게 조직하는지 의식하세요. 모든 생각과 분석, 판단은 사라져야 합니다. 매순간 각각의 소리를 느껴보세요. 소리는 모두 새롭습니다. 같은 음이 다시 반복된다고 해도 그 음은 매순간 다른 영향을 줍니다. 우리의 두뇌는 각 음에 의해 변화하기 때문에 같은 음을 들어도 매번 다르게 인식합니다.

느끼세요! 관조의 상태에 든다는 것은 소리가 우리를 고양시키고 소리의 색깔이 우리를 밝게 빛나게 하며, 우리의 심장이 뛰는 소리를 듣고 정적이 우리를 관통하도록 하는 것입니다.

우리는 모든 것이 너무 빨리 지나가서 침묵이 해체되어버린 것 같은 사회에 살고 있습니다. 그러나 침묵은 종종 가장 아름답고 값진 가르침입니다. 디스코클럽의 귀를 찢는 듯한 음향과 일부 현대 리듬들은 우리의 정신을 파괴할 수 있으며 과도한 타악기 소리는 병을 유발할 수도 있습니다. 어떤 종류의 불협화음은 고문에도 사용된다는 것을 알고 계십니까? 심지어 이런 소리들은 벼의 성장을 저해할 수도 있습니다.

두뇌는 스스로 소리를 듣는 것이 아니라 청각신경계에서 전달된 전기자극을 인식합니다. 여러분의 두뇌 속에서 이 전기화학적 신호들을 인식하려고 노력해 보세요. 음악가가 들려주는 소리들은 마치 외과용 메스처럼 우리 두뇌를 파고듭니다. 그 소리는 사람들을 치료할 수도 있고 사람들을 미치게 만들 수도 있으며, 또한 사람들을 바보로 만들거나 잠재력을 일깨워 줄 수도 있습니다.

참된 관조는 청각이나 시각적인 것만이 아니라 우리의 모든 감각을 동시에 또는 따로 이용하면서 이루어집니다. 여러분 주변 사람들의 얼굴을 보고 관조하는 법을 익히세요. 주변의 형상들과 자연을 관조하세요. 자신 주위의 모든 것과 조화한다는 것은 바로 이런 의미입니다. 관조는 올바른 관찰을 하도록 도와줍니다.

관조에 도달하기 위해서는 원하지 않는 감정이나 다른 잡념들을 없애야 합니다. 존재로부터 멀어지게 만드는 오늘날의 문화 속에서 우리의 잘못된 교육으로 인해 관조가 쓸데없는 시간낭비라고 생각될지도 모르지만, 관조만이 의식을 구원하는 유일한 길입니다.

관조란 욕망을 배제한 채 사물 또는 존재가 우리에게 기쁨을 주게 하는 것입니다. 우리는 사물에 대한 욕망 없이, 그리고 소유함도 없이, 그러나 동시에 그로부터 분리되지도 않으면서 사물로부터 기쁨을 얻을 수가 있는 것입니다.

무언가 의미 있는 것을 바라보세요. 그렇지 않다면 아무것도 보지 마세요. 내면의 평화와 행복의 상태, 즉 존재의 기쁨을 느끼는 상태에 있어야 합니다. 관조하기 위해서는 "존재"해야만 합니다. 이 세상에서 우리에게 주어진 시간은 많지 않습니다.

그 다음에는 자신에 대해 관조합니다. 새를 관조하는 것은 쉽지만 스스로 관조하고 있는 자신을 관조하는 것은 매우 어렵습니다. 한 발 물러서서 자신의 "존재"를 관조하세요. 자신의 의식을 관찰하는 것입니다. 지성을 통해서가 아니라 관조를 통해서 말입니다. 이것이 바로 초의식입니다.

제6장

삶에 의미 부여하기

"우리는 적게 소유할수록 더 많이 존재하고,
많이 소유할수록 더 적게 존재합니다."

"존재하면서 동시에 소유할 수 있는가?"

세미나 기간 중에 어떤 사람이 예언자에게 다음과 같은 질문을 했습니다.

"라엘, 물질을 소유하는 것에 대해 조언을 듣고 싶습니다. 과도한 소비 지향적 사회에 살고 있는 우리가 소유의 욕구에 사로잡히지 않을 수 있을까요?"

사람은 누구나 소유의 욕구에 대한 자신의 한계를 자유롭게 정할 수 있습니다. 그러나 우리는 자신이 소유하고 있는 것에 소유 당한다는 사실을 알아야만 합니다. 언젠가 나는 이런 멋진 문구를 읽은 적이 있습니다. "부유한 사람은 많이 소유한 사람이 아니라 욕구를 제한하는 사람이다." 왜냐하면 돈을 많이 벌수록 돈이 더욱 더 필요해지기 때문이지요.

지나치게 많이 소유하는 것보다는 지나치게 적게 소유하는 편이 더 낫습니다. 지나치게 적게 소유하는 것은 결코 파괴적이지 않기 때문입니다. 정말로 필요한 것보다 더 많이 소유하는 사람은 그 만큼 더 대가를 지불해야 하고 에너지를 더 쏟아야 합니다. 그는 더 열심히 일해야 하고 또 은행계좌들을 관리하는 데 더 많은 신경을 써야만 합니다. 이것은 악순환이지요.

"필요한 것만 소유한 사람은 자유롭습니다." 이 말은 우리가 아무것도 소유해서는 안 된다는 의미가 아닙니다. 만약 어떤 사람이 산더미 같은 물질을 소유하고도 완벽하게 행복할 수 있다면 그것은 좋은 일입니다.

하지만 언제나 내가 가장 강력하게 충고하는 말은 빚을 쓰지 말라는 것입니다. 빚은 사람을 노예로 만들기 때문이지요. 자신이 가진 것에 맞춰 사는 편이 훨씬 낫습니다. 예를 들면, 처음에는 작은 차를 몇 년간 타다가 충분한 돈을 모은 뒤 더 멋지고 큰 차를 사는 것이지요. 몇 년이 걸리더라도 말입니다. 빚의 대가는 너무 큽니다. 마치 쇠사슬에 묶인 것처럼 여러분은 인생의 삼분의 일을 은행을 살찌우기 위해 일해야 합니다. 빚을 내어 물건을 사는 것은 덧없는 기쁨을 잠시 줄 뿐 당신을 진정한 행복으로부터 멀어지게 만듭니다.

우리 사회는 불필요한 욕구를 창출해내어, 우리가 어떤 물건을 사지 않으면 사회적 지위에 걸맞게 처신할 수도 없고 인정받을 수도 없으며 무시당할 것이라고 생각하도록 우리를 조종하고 있습니다. 이것은 우리가 오늘날의 정치경제 시스템에 착취당하는 현대판 노예제도입니다. 소유와 지식에 의존하도록 유도하는 이 시스템은 우리를 "존재"로부터 멀어지게 만들고 있습니다.

물론 우리는 공부해야 합니다. 공부는 중요하지만 그러나 맹목적인 지식 사냥은 피해야 합니다. 그리고 가장 중요한 사실은 지나치게 많이 아는 것은 좋지 않다는 것입니다. 어떤 사람들은 놀라울 만큼 많은 지식을 쌓고 또 수많은 학위를 지니고 있으면서도 아직 "존재"에 이르지 못한 채 아주 불행하게 살기도 합니다. 우리가 더 많이 알수록 혹은 많이 안다고 생각할수록 실상 우리는 더 적게 알고 있는 것이나 다름없습니다. 왜냐하면 그것이 우리가 "존재"하는 것을 방해하기 때문이지요.

"존재"하는 사람은 "지식"의 노예도 아니며 또한 "소유"의 노예도 아닙니다.

몬트리올 집회 :
1999년(AH 53년) 4월 첫째 일요일

소유와 지식은 우리를 행복하게 만들지 않습니다. 우리는 행복을 "소유"할 수 없으며 또한 행복을 "알" 수도 없습니다. 그러나 우리는 행복"할" 수는 있습니다.

"소유"는 행복을 가져다줄 수 없을 뿐 아니라 불행을 가져다주는 것도 아닙니다. 소유가 가져다주는 것은 아무것도 없습니다. 소유란 우리가 그것에 부여하는 가치 그 이상도 그 이하도 아닙니다.

"지식"도 마찬가지입니다. 지식이 가져다주는 것은 아무것도 없으며, 따라서 지식이 행복을 가져다줄 수는 없습니다. 여러분이 아름답고 귀여운 새를 발견하고는 "이 새의 학명은 콜리브리우스 어쩌구 저쩌구..." 하다가는 말을 채 마치기도 전에 그 새는 날아가 버리고 맙니다. 그 새의 특이한 모습과 아름다운 깃털에 감탄할 시간조차 없지요. 지식은 우리의 잠재력을 일깨우는 것과는 아무런 관계가 없으며 무한을 의식하는 것과도 아무 관계가 없습니다.

우리는 소유와 지식을 우선시하는 사회에 살고 있습니다. 오늘날의 세계는 "아는 자들"과 "가진 자들"이 지배하고 있지만 궁극적으로는 "존재하는 자들"이 결정권을 갖고 지구인들을 이끌어야만 합니다.

소유는 행복을 만들어내지 못합니다. 그것은 우리를 중독 시키는 마약이나 다름없습니다. 그런 소유의 쾌감은 일시적인 것으로서 어느 순간 스러져 버립니다. 그렇지만 "의식"과 "존재"는 그렇지 않지요. 의식과 존재는 계속 성장하는 특성을 갖고 있습니다. 의식을 높이기로 마음먹은 사람에게는 나이는 아무 문제가 되지 않습니다.

기쁨과 과학, 그리고 종교

"더 멀리 앞서 갈수록 뒤처질 염려가 없습니다."

인간은 어린 시절에는 기쁨을 획득하는 방법을 선천적으로 알고 있지만 성장하면서 그 방법을 상실해버리고 맙니다. 그리고는 성인이 되어 그것을 다시 회복하기 위해서는 큰 노력이 듭니다. 왜 많은 사람들이 각종 세미나와 수련과정에 참가할까요? 물론 행복해지기 위해서이지요. 모든 인간의 목표는 더 행복해지는 것입니다.

인간은 태어나는 날부터 모순 되는 말들에 부딪칩니다.
"네 죄를 회개하라." 이것이 행복해지는 방법인가요?
"섹스를 경계하라." 행복과는 거리가 먼 이야기 아닙니까?
"고통 속에 아기를 낳아라." 이것이 행복을 가져다줍니까?
"이마에 땀 흘려 빵 값을 벌어라." 여기에 무슨 행복이 있습니까?

이런 말도 듣지요. "행복해질 수는 있지만 돼지고기를 먹어서는 안 된다." 돼지고기를 먹지 않고서도 행복해질 수있는 것은 사실이지만, 그러나 우리에게 금기사항들이 자꾸 쌓이면 좌절감을 느끼게 됩니다.

"이 시간에는 전등을 켜서는 안 되고, 저 날짜에는 이런 접시를 사용할 수 없다. 이것도 해서는 안 되고 저것도 해서는 안 된다." 이 모든 말들이 두꺼운 책에 쓰여 있습니다. 우리에게 허용된 것만 적는 것이 더 빠를 지경입니다. 그렇게 하면 책도 그렇게 두꺼울 필요가 없겠지요!

두 가지 기본 사항만 지킨다면 모든 것들이 허용되어야 합니다. 즉 자신에 대한 존중 및 타인에 대한 존중입니다. 이것은 바로 비폭력을 의미합니다.

그 나머지는 각자의 선택에 달려 있습니다. 우리에게는 원하는 대로 생각할 자유, 원하는 대로 존재할 자유, 원하는 대로 믿을 자유가 있으며 또한 우리의 행복을 증진시키기 위해 과학을 이용하여 무엇이든 창조하고 발견해낼 수 있는 자유가 있습니다.

과학은 행복으로 통하는 문입니다. 과학은 우리에게 자유로운 시간을 줌으로써 우리가 보다 나은 생활을 할 수 있게 해주고 보다 많은 즐거움을 누릴 수 있게 해주며 또한 우리의 삶을 활짝 피어나게 만들어 줍니다.

우리는 우리 선조들의 삶이 얼마나 어려웠는지 이해하지 못하고 있습니다. 가까운 거리의 여행도 엄청난 모험이었지요. 오늘날 우리는 불과 몇 시간 만에 수 천 마일을 여행할 수 있습니다. 과거에는 대부분의 사람들이 자신의 마을이나 지역을 한번도 떠나본 적이 없었으며, 불과 백 킬로미터 밖에서 무슨 일이 일어나고 있는지 조차 전혀 알 수가 없었습니다. 그들의 집은 겨울에는 추웠고 밤에는 어두웠습니다. 그들은 마실 물을 얻기 위해 겨울에는 얼음을 깨야만 했습니다. 그런데도 어떤 사람들은 그런 과거를 그리워합니다!

개인적으로 나는 우리 시대에 예언자로 된 것이 매우 행복합니다. 물론 나는 물 위를 걷는 것이 아니라 자동차를 몹니다만, 이것 또한 기적이 아닌가요! 이것은 바로 인간의 창조성과 지성이 만들어낸 기적입니다.

어떤 사람들은 과학과 기술이 너무 빨리 그리고 너무 멀리 발전해 가기 때문에 우리가 적응할 수 없다고 생각합니다. 그러나 내 생각은 그 반대입니다. 우리는 모든 것을 다 할 수 있습니다. 우리가 "너무 멀리" 가면 갈수록 그만큼 뒤처질 우려는 적어집니다.

그리고 어떤 사람들은 과학자들이 예측하고 있는 것이 실현 불가능한 꿈이거나 유토피아에 지나지 않는다고 생각합니다. 그러나 이것을 알아야만 합니다. 가장 황당하다고 생각되는 것들도 지금부터 20년 내지 30년 안에 모두 가능해질 것입니다.

그런 것들 중에는 우리가 아직 생각하기 시작조차 못한 것도 있습니다. 그렇지만 이 모든 것들이 매년 그 성능이 배가 되는 컴퓨터의 가속적인 발달 덕분에 가능하게 될 것입니다. 우리는 다가오는 10년 동안에 인류의 전 역사동안 이룬 것 보다 더 많은 것들을 발견해낼 것입니다. 그리고는 그 기간은 5년으로 단축될 것이며, 그 다음에는 2년, 1년, 6개월, 하루, 1분으로 단축될 것입니다! 그러면 마침내 우리는 "절대 지식"에 이르게 될 것입니다. 즉 우리는 우주의 모든 원리들을 알 수 있게 되는 것입니다.

1900년 경, 누군지 이름은 잊어버렸지만, 어느 유명한 사람이 이렇게 말했습니다. “우리가 이미 모든 것을 다 발명해 버려서 더 이상 발견할 것이 남아 있지 않다는 사실은 우리 후손들에게는 슬픈 일이다.” 그는 진정으로 그렇게 믿었습니다. 그 당시 기차와 철도가 막 발명되었기 때문이지요. 오늘날 우리는 그의 말에 웃음을 짓지만 여전히 많은 사람들이 그와 같은 생각을 하고 있습니다. 많은 사람들이 자기는 모든 것을 알고 있다고 생각하지요. 그러나 실상 그들이 알고 있는 것은 거의 없습니다.

과학에 반대하는 사람들은 모두 위선자들입니다. 그들은 매일 과학의 혜택을 누리고 있으면서도 그 사실을 깨닫지 못합니다. 그들은 사물을 보는 방법도 알지 못하고 그들이 어디서 왔는지도 잊어버렸습니다.

“줄기세포” 연구에 반대하는 사람들에게 나는 이렇게 요구합니다. “그들 자신이나 가족들이 아무리 아프더라도 줄기세포 연구로부터 얻어지는 의료기술의 혜택을 절대로 받지 않겠다고 서약하는 진술서에 서명하라.”고 말입니다. 그들은 자신의 주장에 일관성을 갖지 않으면 안 될 것입니다.

의식과 지성

1984년 8월, 프랑스 강쥬 세미나에서

얄팍한 지성은 아무 쓸모가 없습니다. 매년 높은 학위를 지닌 사람들이 세미나에 많이 오지만 그들은 놀라움을 금치 못하며 나에게 이렇게 말합니다. "라엘, 내가 대학교에서 여러 해 동안 배웠던 모든 것보다 여기서 당신에게 배운 것이 더 많습니다."

맞는 말입니다. 여기 도착했을 때 그들의 머리 속에는 잡다한 지식들로 가득 차 있었지만 진정으로 가치 있는 것은 아무 것도 없었습니다. 그들은 아주 많은 것을 알고 있다고 생각했지만 실제로는 아는 것이 거의 없었습니다!

지성이란 우리에게 사물들 사이의 상관관계를 이해하고 그들을 서로 연결시키는 방법을 찾을 수 있도록 만들어주는 것입니다. 예를 들면, 음악과 화학은 아무 관계가 없다고 생각하겠지요. 그러나 틀렸습니다. 실제로 그 둘은 매우 가깝습니다. 음악과 화학은 둘 다 진동과 물질이동 및 합성과 관련이 있습니다.

다음 단계는 우리의 의식을 사용하는 단계입니다. 의식이란 외부의 지식을 내면화하여 자신에게 통합시킴으로써 그 지식이 자신의 일부가 되게 만드는 능력입니다. 냉랭한 외부 정보들만으로는 충분하지 않습니다. 우리에게 필요한 것은 이런 정보들을 자신의 인격과 연결시키는 것입니다.

의식은 감각적인 형태의 지성이라고 할 수 있습니다. 여기에는 느낌과 경험이 요구됩니다. 의식은 추상적인 것이 아니며 또한 깊은 사유로부터 오는 것도 아닙니다. 지성이 두뇌 세포들 사이의 연결을 만들면 그 결과로 의식이 생깁니다. 나는 감각과 지성의 완벽한 조화가 의식이라고 말하고 싶습니다.

지성

16년 후 2000년 4월 8일 암스테르담에서
"국경 없는 인권 위원회" 의장 윌리엄 포레와의 인터뷰

윌리엄 포레: 지성적인 사람이 현명한 사람입니까?

라엘: 지성과 박식은 다릅니다. 지성은 학교 공부를 통해 축적되는 지식의 양에 비례하는 것이 아닙니다. 지성적이지 않더라도 얼마든지 박식할 수 있지요.

어떠한 심리 테스트도 아직 사람의 의식 수준을 측정하거나 입증할 수 없습니다. 그러나 언젠가 우리는 의식이 어디에 있는지 또 의식이 어떻게 작동하는지 알아낼 수 있을

것이고, 그러면 천재정치의 실현을 가능하게 할 정교한 테스트 방법을 고안해낼 수 있게 될 것입니다. 이 테스트를 통해 우리는 천재들을 찾아내고 그들에게 우리 행성을 위해 올바른 결정을 할 수 있는 권한을 줄 수 있을 것입니다. 그러나 우리가 그런 수준에 이르려면 아직 멀었습니다!

어떤 사람들은 가장 지성적인 사람들이 세계를 통치해야 한다고 주장하는 나를 두고 파시즘 옹호자라고 비난하지만, 이것은 전적으로 틀린 말입니다. 게다가 라엘리안들은 정치에 개입하거나 정당에 가입해서는 안 됩니다. 하지만 천재정치당이 설립된다면 그들에게 투표할 수는 있습니다.

윌리엄 포레: 높은 수준의 지혜에 이른 사람이 정치를 잘 해낼 수 있다는 말씀인가요?

라엘: 다른 사람들보다 더 잘 할 수 있겠지요.

신속함

"나는 내용 없이 길게 끌기 보다는
모든 것을 매우 빨리 말하는 편을 더 좋아 합니다."

현명하고 의식적인 사람이 되기 위해서는 느려야만 하는지 나에게 묻는 사람들이 많습니다. 이런 사람들은 가부좌를 틀고 앉아 느릿느릿 말하며 과묵한 듯이 보여야 지성적이라고 생각합니다. 거짓 예언자나 거짓 현자들은 그렇지요. "나의...친애하는...형제들이여...신의 은총이...그대들과 함께..." 이러다가 날 샙니다!

자신이 가진 정보의 질과 전달 속도를 높이는 것은 지성의 발달에 도움을 줍니다. 나의 경우는 최소의 시간에 최대의 정보를 전달할 수 있도록 매우 빨리 말하는 것을 좋아 하는데, 이렇게 하면 여러분이 더 많은 것을 배울 수가 있지요.

어떤 사람은 아무 것도 아닌 말을 하면서 긴 시간을 쓰는 반면 어떤 사람은 모든 것을 직설적으로 말합니다. 아무 것도 아닌 말을 오랫동안 끌 수 있는 능력은 정치인들의 특기입니다. 그들은 이 분야에서의 대가들입니다. 내가 그런 행동을 한번 시도해 본다면 대단한 도전일 것입니다!

정치인들은 어느 나라에서나 마찬가지입니다. 모두 말은 많이 하지만 아무 의미가 없습니다. 잠시 후 시계를 보면 벌써 한 시간이나 지나가버렸습니다. 그 동안 졸은 것도 아닌데 귀에 들어온 것은 아무 것도 없습니다. 그들은 지혜로운 사람들입니까? 역사는 그렇지 않다고 증명합니다.

나는 아무 것도 아닌 말을 길게 하기 보다는 모든 것을 매우 빨리 말하는 편을 더 좋아 하는데, 사람들이 이런 나를 두고 지혜롭지 않다고 말한들 어떻습니까? 적어도 나는 내가 가진 정보를 여러분에게 신속하게 전달해준 것입니다.

빨리 생각하고 빨리 말하는 훈련을 하세요. 그러나 명료함을 잃어서는 안 됩니다. 정보를 신속하게 교환하면서도 완벽하게 이해할 수 있도록 훈련하세요. 또한 신속하게 움직이는 것도 필요합니다. 물론 너무 더운 날에는 좀 힘들겠지만요. 그러나 더 신속하게 움직일수록 보다 빠르고 효율적으로 일을 처리할 수 있습니다.

신속성을 개발하세요. 우리는 지혜와 명상에서도 신속해야 합니다. 명상에서도 빨라야 한다는 나의 말에 놀랐을지도 모르겠군요. 처음에 우리는 명상을 위해서는 특정한 자세를 취해야 한다고 배웁니다. 또 명상은 20분 정도 해야 한다고 배웁니다. 처음에는 그렇게 배우지요!

그러나 이 모든 것을 단 10초에 할 수 있습니다. 여러분이 올바로 집중한다면 20분 동안 하는 것과 똑 같은 명상을 10초 만에 할 수 있습니다. 놀라운 일이지요. 이런 상태를 인도 사람들은 “Sabali"라고 부르는데, 이것은 말하는 도중에도 가능합니다. 지금 이 순간 나는 여러분에게 말하고 있지만 동시에 명상 중입니다. 이것은 훈련의 결과입니다. 모든 것이 훈련입니다.

여러분은 일하면서, 사랑을 나누면서, 또는 화장실에 가면서도 언제나 명상할 수 있습니다. 우리는 삶에 제한을 두어서는 안 됩니다. 나는 지금 명상하면서 동시에 여러분에게 말하고 있습니다.

많은 일을 동시에 하세요. 많은 업무를 동시에 처리하는데 숙달되어야 합니다. 그렇게 하면 여러분의 두뇌가 발달할 것입니다.

새로운 것의 탐구

여러분이 오른손잡이라면 왼손으로 쓰는 놀이를 해보세요. 또는 단어를 거꾸로 쓰는 놀이를 해보세요. 그렇게 하면 두뇌의 다른 부분을 작동시키게 됩니다. 항상 한 가지 방식으로만 생각해왔다면 다른 방식으로 생각하도록 노력해보세요. 여러분이 붉은 색을 좋아하고 푸른 색은 싫어한다면 푸른 색 옷을 입어보고 그 느낌이 어떤지 시험해보세요. 삶에서 새로운 영역을 탐구하면 할수록 여러분의 마음과 의식은 발달합니다. 여러분이 흑인을 좋아하지 않는다면 그들에게 다가가 말을 붙여보세요. 여러분이 타피오카를 좋아하지 않는다면 그것을 먹어보세요. 나는 지구상의 어떤 음식도 싫어하지 않으려고 마음먹고 있습니다.

내가 일본에 처음 갔을 때 낫토라는 음식을 보았습니다. 콩을 발효시킨 것인데, 냄새가 지독합니다! 그런데 일본 사람들은 그걸 아주 맛있게 먹어대는 거예요. 그래서 나는 처음에 느꼈던 거부감을 버리고 한번 맛보기로 했습니다. 그 맛이 내 두뇌에 어떤 영향을 주는지 알아보려고 말이지요. 지금은 낫토를 아주 좋아합니다.

우리는 무엇이든 한번 해보아야 합니다. 한번도 맛보지 않고서는 그것을 좋아하지 않는다고 말할 수가 없겠지요. 우리는 우리의 두뇌를 아무런 편견 없이 처녀처럼 깨끗한 상태로 만들어야 합니다. 그래야만 사물로부터 좋은 점을 발견해낼 수 있습니다. 이것은 문화에 대해서나 사상에 대해서나 사람에 대해서나 음식에 대해서나 모두 마찬가지입니다.

여러분이 좋아하지 않는 것을 좋아하도록 자신을 훈련시키세요. 물론 사람마다 좋아하는 음식이 있듯이 우리에게는 취향이 있을 수 있지만 모든 것을 감상할 수 있는 능력 또한 중요합니다. 한번 맛보세요. 지구상에서 여러분이 못 먹을 음식은 없습니다. 지구상에서 여러분이 감상할 수 없는 색깔은 없습니다.

존재하는 모든 것에는 좋은 점과 아름다움이 있습니다.

"우리는 끊임없는 움직임 속에 있습니다."

1987년 8월, 프랑스 알비 부근의 세미나에서

인생의 모든 것은 움직임입니다. 여러분의 수태를 위해 정자가 난자를 향해 헤엄쳐가던 그 순간부터 움직임은 시작되었고 여러분은 그 덕분에 존재하고 있습니다. 여러분은 지난 어느 날 여러분의 아버지가 움직임으로 절정에 이르렀기 때문에 지금 살아 있는 것입니다. 움직이지 않고 사정에 이른다는 것은 매우 어려운 일이지요!

여러분의 인생에 있어서 모든 것이 움직임입니다. 엘로힘이 지구에 와서 생명을 창조한 것도 움직임입니다. 우리 지구 또한 영원한 움직임 속에 있습니다. 지구는 자축 주위로 자전하며 태양을 중심으로 공전하고 있습니다. 그리고 태양은 은하 주위를 돌고 있지요. 나아가 이 모든 회전운동은 더욱 거대한 움직임의 일부입니다.

"정지! 꼼짝 마, 움직일 수 없어." 이런 말을 할 수는 있겠지만 그렇더라도 여러분은 여전히 움직이고 있습니다. 외부적으로는 지구와 태양의 움직임에 따라 움직이고 있으며 내부적으로는 여러분이 원하든 원치 않든 여러분의 생명이 유지될 수 있도록 심장은 계속해서 박동하고 있습니다.

우리가 원하든 원치 않든 움직이지 않는 것은 불가능합니다. 혈액도 순환하고 있고 음식물도 우리 몸을 따라 움직입니다. 우리의 삶은 끊임없는 움직임으로 구성되어 있습니다. 지속적으로, 항상 움직이고 있지요.

여러분은 항상 변화하고 있습니다. 내가 한 마디 할 때마다 여러분은 변합니다. 한 순간의 침묵도 여러분을 변화시키고, 여러분 몸 안에서 일어나는 매 순간의 움직임도 여러분을 변화시키며, 여러분이 일으키는 모든 동작도 여러분을 변화시킵니다. 여러분 몸속에서 미세한 분자의 이동이나 화학반응이 일어날 때마다 그것은 무한의 시공 속에서 여러분을 변화시킵니다. 매 순간 여러분을 변화시키는 이 움직임을 의식하세요. 한번의 움직임마다, 한 순간이 지나갈 때마다 여러분이 가진 총 시간에서 한 순간이 줄어듭니다. 마치 카운트 다운하는 것처럼 말입니다!

그러므로 여러분의 인생을 최대한 즐겨야 합니다. 인생을 참고 지내서는 안 됩니다. 여러분의 의식을 높이세요. 그러면 삶이 아름다워질 것입니다.

이런 연습을 한 번 해보세요. 여러분의 삶에서 어느 한 순간을 마치 상자에서 끄집어내듯이 선택하여 그 순간을 의식적으로 살아보는 것입니다. 그 순간을 그저 관찰하고 그것이 지나가는 것을 느껴보는 거지요. 바로 그겁니다.
여러분은 그 순간의 존재를 의식했기 때문에 그것을 벌었습니다.

이 지구에서 우리에게 주어진 시간이 제한되어 있음을 의식하세요. 우리는 영원한 존재가 아닙니다. 적어도 이 지구에서는 그렇습니다. 그러므로 여러분이 움직일 때마다 그것을 의식적으로 즐겨야 합니다!

내 자신 찾기

1987년 8월, 프랑스 각성 세미나에서

오늘날 지구상에서 탐험되지 않은 대륙을 찾기는 불가능합니다. 50년 전 혹은 30년 전에만 해도 지도 상에는 우리가 모르는 지역이 있었지만 지금은 그런 지역이 더 이상 남아 있지 않습니다.

그러나 이 지구상에서 아직 탐험되지 않은 대륙이 하나 있습니다. 아무도 손대지 않은 곳이며 모든 것을 새로 발견해야 하는 곳입니다. 이 대륙은 바로 여러분 자신, 즉 여러분조차 아직 알지 못하는 여러분의 두뇌입니다.

"너 자신을 알라."라고 어느 현자는 말했습니다. 이것이 바로 엘로힘의 가르침에 따라 우리가 여기서 함께 하려고 하는 것입니다. 우리보다 25,000년 앞선 엘로힘의 가르침 덕분에 우리는 우리 자신을 보다 잘 이해할 수 있게 되었으며 어떻게 하면 보다 각성될 수 있는지 깨닫게 되었습니다.

제한된 시각에서 벗어나 우리 내부 및 외부의 무한과 보다 더 연결될 수 있게 된 것이지요.

어떤 사람들에게는 이 여행이 힘들고 험난할지도 모르겠지만 그러나 여행은 놀랍고 환상적일 것입니다. 그러나 여행은 여러분 혼자서 하게 될 것이며, 나는 단지 여러분이 스스로를 구축할 수 있도록 이끄는 안내자에 지나지 않습니다. 나를 따를지 말지 결정하는 것은 여러분 자신에게 달려 있으며 따라가는 속도를 결정하는 것도 역시 여러분 자신에게 달려 있습니다. 여러분이 보시다시피 나에게는 요술지팡이도 없고 위에 별이 달린 뾰족한 모자도 없습니다. 나는 마술사가 아니기 때문에 여러분의 머리를 탁 치면서 "짜잔! 너는 각성 세미나를 마쳤으니 이제 각성했다."라고 말하지 않습니다. 나도 정말 그렇게 하고 싶지만 나에게는 그럴 능력이 없습니다.

그러나 여러분은 그럴 수 있습니다. 여러분이 원하기만 한다면 여러분 자신에게 마술을 걸 수 있는 가장 특별하고 놀라운 마술사가 될 수 있습니다. 이것을 위해 여러분 자신보다 더 훌륭한 마술사는 이 세상에 없습니다. 여러분 자신에게 특별히 작동되는 요술지팡이를 바로 여러분이 갖고 있습니다. 여러분만이 여러분 자신을 변화시킬 수 있습니다.

내가 할 일은 여러분에게 여러 가능한 길들 중에서 하나를 보여주는 것입니다. 나를 포함한 모든 가이드들은 마치 등산 가이드들처럼 여러분이 기분 좋게 오를 수 있고 또 진정한 자아를 발견할 수 있도록 다양한 등산로와 방향들을 제시해줄 것입니다. 나의 목적은 여러분을 세뇌하고 여러분의 개성을 빼앗는 데 있는 것이 아니라 그 반대로 여러분의 개성을 일으켜 세우고 여러분의 진정한 자아를 찾을 수 있도록 돕는 데 있습니다. 진정한 자아를 찾는 것이지요.

지금 여기에는 약 500명이 있습니다. 이 500명은 모두 서로 다릅니다. 내가 바라는 바는 여러분 각자가 지금보다 더욱 더 서로 달라지는 것이며, 이를 이루기 위해 나는 최선을 다할 것입니다.

불행히도 이 세상에는 거짓 지도자나 거짓 예언자가 많이 있는데, 이들은 여러분을 획일화하고 모두 비슷하게 만들려고 합니다. 그러나 나는 그 반대로 하고 싶습니다. 인류를 가장 풍요롭게 만드는 것은 우리 각자를 가장 풍요롭게 만드는 것, 즉 서로 다른 차이입니다. 따라서 나는 여러분이 동의한다면 여러분이 다양한 색채로 장식된 의식의 축제를 벌이고, 다른 사람들과의 차이를 숨기는 대신 그것을 자랑스러워할 수 있게 되도록 도와줄 것입니다. 여러분은 여러분 자신이 될 것이며 다른 어느 누구와도 닮지 않게 될 것입니다.

나는 여러분의 발전을 가로막고 있는 장벽들을 여러분 스스로 부수어버릴 수 있도록 돕기 위해 여러 가지 가능한 길들을 제시해줄 것입니다. 이 장벽들 가운데 가장 큰 장벽은 바로 여러분 자신인데, 역설적으로 그 장벽을 무너뜨릴 수 있는 유일한 사람도 바로 여러분 자신입니다.

나는 여러분이 "나는 할 수 없어, 너무 힘들어."라고 말하지 않고, "나는 뭐든지 할 수 있어."라고 말했으면 좋겠습니다.

그렇습니다! 여러분이 원한다면 무엇이든 할 수 있습니다. 하지만 여러분이 반드시 그렇게 해야 할 의무는 없습니다. 여기 있는 누구든 아무 것도 강요받지 않을 것입니다. 자신의 한계를 극복하는 일은 여러분의 자유이며 여러분은 원하는 대로 자신의 페이스에 따라 그렇게 할 수 있습니다.

자신의 한계를 극복하는 것이 중요하기는 하지만 의무는 아닙니다. 타인에 대한 존중 외에 이 세미나에서 의무적인 것은 아무 것도 없습니다. 내가 강조하고 싶은 것은 바로 이것입니다. 즉 타인에 대한 존중과 함께 누리는 자유 말입니다.

제7장

완벽의 신화

"내가 나 자신을 변화시킬 때
나는 세상을 변화시킬 수 있습니다.

내 안에 폭력성을 지니고 있기 때문에
세상에는 폭력이 있는 것입니다.

내 안에 질투심을 품고 있기 때문에
세상에는 질투가 있는 것입니다.

내가 사랑과 동정심으로 행동할수록
타인에게 더 큰 영향을 미칩니다."

완벽의 개념

1984년 7월

아무 것도 완벽한 것은 없습니다. 그러나 이것은 완벽에 관한 모든 생각을 버리라는 의미는 아닙니다.

완벽이란 목표로 향해 가는 우리의 움직임 안에 있는 것이지 목표 그 자체에 있는 것이 아닙니다. 이것은 모든 단계에서 마찬가지입니다. 있는 그대로의 자신을 받아들이라는 것은 발전하려는 노력을 할 필요가 없다는 의미가 아닙니다. 목표를 향해 가는 행동을 통해 자아가 실현되고 발전됩니다. 기쁨은 이 목표를 향해 가는 행동을 즐기는 데서 나옵니다. 반면에 우리가 목표에 도달하는 데에만 집중하면 이런 기쁨이 차단되어 우리가 목표를 달성하지 못하게 될 경우 불행해지게 됩니다.

행복은 우리 자신과 우리 주위의 모든 것이 끊임없이 변화하고 있음을 의식하면서 우리의 행동에 집중함으로써 찾을 수 있습니다. 이 우주에서 변하지 않는 것은 아무것도 없습니다. 우리 자신뿐 아니라 시간과 공간에 걸쳐 모두 그렇습니다.

부처의 가르침 중에 "같은 강에서 두 번 목욕할 수 없다."라는 말이 있습니다. 같은 장소에서 다시 물에 들어갔다고 해도 이전에 있던 물은 흘러가버렸기 때문에 더 이상 같은 물이 아닙니다. 또한 그곳에서 두 번째로 물에 뛰어든 사람은 처음과 같은 사람도 아니지요. 왜냐하면 우리는 끊임없이 변화하고 있고 따라서 그 동안에도 우리는 변해버렸기 때문입니다.

완벽함이란 고정적이며 확정된 어떤 것이라는 생각을 모두 버려야 합니다. 무슨 행동이든 현재 하고 있는 행동에 집중하세요. 자신을 완벽하게 만드는 것은 이런 행동을 의식함으로써 가능해 집니다. 완벽이란 정적인 데 있는 것이 아니라 동적인 데 있습니다. 즉 완벽은 움직임 속에 있다는 말입니다. 자, 움직입시다!

몇년 후 슬로베니아에서의 세미나에서

2001년 8월

각성했다는 것이 완벽하게 되었음을 의미하지는 않습니다. 보통사람들과 부처의 차이는, 부처는 도전과 실수를 통해 자신을 성장시키는 반면 보통사람들은 자신을 정당화하거나 다른 사람 탓으로 돌리며 실수를 거부하는 데 있습니다. 보통사람들이 그렇게 하는 것은 자신을 파괴하는 행위입니다.

우리는 자신이 아름다울 때만 자신을 사랑한다든지 혹은 모든 일이 잘 되고 있을 때나 성공했을 때만 자신을 사랑해서는 안 됩니다. 우리는 시련과 실패를 겪고 있을 때도 자신을 사랑해야 합니다. 그런 시련과 실패는 우리가 성장하는 데 도움을 주기 때문입니다. 우리는 실수를 저지를 때 참으로 많은 것을 배울 수가 있습니다. 그리고 다행한 일은 우리가 계속 실수를 저지를 것이라는 점입니다. 실수를 저질렀을 때는 오히려 즐거워해야 합니다. 왜냐하면 적어도 이것을 통해 발전할 수 있는 기회를 얻을 수 있기 때문입니다.

심지어는 자신의 의식 속에서 또 다른 면을 발견해내기 위해 전문분야에서 도전의 기회를 추구할 수도 있습니다. 그래서 무언가 실수를 저지르게 된다면 웃으며 자신을 축하해야 합니다. 그 실수 덕분에 우리는 무언가를 배웠기 때문이지요.

여기서 중요한 점은 같은 실수를 두 번 저지르지 않는 것입니다. 한 번은 용납되지만 두 번은 안 됩니다. 그렇다고 이 때문에 실수의 위험을 감수하지 않으려고 해서는 안 됩니다. 요점은 전에 했던 실수를 반복하지 않는 것이지요. 우리는 자신에 대해 과감히 도전해야만 합니다.

하나의 예술 작품을 탄생시키기 위해서는 수많은 실패작들을 만들어야만 합니다. 에디슨은 전구에 불이 계속 켜져 있도록 만드는 방법을 알기까지 1,250개의 전구를 터뜨렸습니다. 성공의 비결은 비록 1,250번째 시도일지라도 매번 자신감을 갖고 새롭고 열정적인 태도를 유지하는 데 있습니다.

우리가 언제나 멋진 일만 해내는 것은 아니라는 사실을 명심하세요. 우리는 종종 엉뚱한 일을 저지를 때도 있습니다. 그러나 이 때문에 화를 내거나 다른 사람의 성공에 대해 시기해서는 안 됩니다. 그것은 여러분이 예측하지 못했던 일에 잘 대처하지 못했기 때문입니다. 이런 경우의 현명한 자세는 한걸음 뒤로 물러서서 보다 큰 그림을 보며, "내가 한 일은 훌륭하지 못했어. 그러나 다음번에는 더 잘 할 거야."라고 말하는 것입니다.

자신을 객관적으로 바라보고 자신에 대해 웃으세요. 자신의 실수 속에서 뒹굴지 말고 그것을 떨쳐버리세요. 여러분이 자신의 배설물 속에서 뒹군다면 별로 좋은 냄새는 아닐 것입니다. 게다가 여러분 자신에게서도 냄새가 풍기게 되겠지요.

자신의 마음을 의식으로 이끌기

여러분을 부정적으로 이끄는 대답이 나올 질문을 하지 않도록 자신을 통제해야 합니다. 이것은 여러분의 두뇌를 발달시키고 단련시키기 위해 매우 중요합니다.

"어리석은 질문이란 없다. 어리석은 대답이 있을 뿐이다." 라는 말이 있습니다. 그러나 우리의 의식을 향상시키는 데 도움이 되지 않는 질문도 있습니다. 그런 질문에는 대답하지 않는 편을 선택해야만 합니다.

여러분의 의식이 전체 구도를 인식하고 있고 질문이 그런 바탕 위에서 나온 것이라면 그것은 여러분의 의식을 향상시키는 데 도움이 될 것입니다. 그러나 소소한 것에 초점을 맞추고 하는 질문은 여러분의 의식을 제한된 사고로 끌어내릴 것입니다.

우리가 자신의 환경이나 친구 등 주위의 모든 것을 선택하는 것과 마찬가지로 우리 자신의 내면, 자신의 생각도 선택해야만 합니다. 우리는 자신의 아파트 벽에 기분을 우울하게 만드는 그림을 걸어놓지 않을 것은 분명합니다. 또 우리는 자신에게 악영향을 주고 해가 되는 부정적, 폭력적인 사람과 많은 시간을 함께 하지 않을 것도 분명합니다. 그와 마찬가지로 우리는 자신 내면의 생각들에 대해서도 신중하게 접근하고 선택해야만 합니다.

생각을 선택하는 것은 우리의 의식을 다듬기 위한 끊임없는 운동입니다. 이것을 "정신위생 관리법"이라고 말할 수 있겠지요. 우리의 두뇌는 마치 정원과 같아서 만들고 꾸미고 매일 가꿀 수가 있습니다. 그리고 우리는 자신의 생각들 틈에서 잡초가 자라지 않도록 주의를 기울여야 합니다.

많은 사람들이 우울해지는 이유는 그들의 생각이 대부분 부정적이기 때문입니다. 나는 이런 우울증이 우울증을 키우고 부정적인 생각들은 더욱 더 부정적인 생각을 키운다고 말하고 싶습니다. 악순환이지요.

다이아몬드를 선별하듯 여러분의 생각들 중에서 가장 좋은 것들만을 선택하여 자신의 의식을 빛나게 만드세요. 여러분은 그럴 자격이 있습니다. 자신에 대해서도 선택해야 합니다. 여러분의 생각이 자신의 내면에서 나왔다고 해서 반드시 좋은 것은 아닙니다. 여러분의 배설물도 여러분의 내부에서 나왔지요!

다행히 우리는 좋은 기분과 나쁜 기분을 선택할 수 있습니다. 옛날에는 "humours"라는 단어가 기분이라는 의미로 쓰였는데, 이것은 우리 몸 내부에 순환하는 액체라는 뜻이었습니다. 스트레스를 받게 되면 우리 몸에는 독성물질이 분비됩니다. 이때 여러분은 선택할 수 있는 것이지요. 여러분은 나쁜 물질이 나오는 수도꼭지를 잠그고 대신 두뇌에 좋은 영향을 주는 긍정적인 물질이 나오는 수도꼭지를 틀 수 있습니다.

우리는 선택할 능력이 있으며 우리 자신의 호르몬 분비선에 영향을 미칠 수가 있습니다. 이것은 우리 자신의 의식을 이용해서 할 수 있으며, 이런 의식은 명상과 내면의 대화를 통해 형성됩니다. 우리가 스스로에게 의식과 무한, 인류에 관한 질문을 할 때 자유롭고 독립적인 생각을 가진 우리는 잘못될 수가 없습니다.

우리가 우리의 성장에 도움이 되지 않는 질문에 빠지는 것은 바로 이런 대 주제들에서 벗어났을 때입니다. 우리를 성장시키는 질문들은 우리가 무한을 의식하는 데 가까이 가져가는 그런 질문들입니다. 우리 자신이 무한이며, 우리 내부에 무한이 들어 있음을 느껴보세요. 그런 의미에서 우리는 스스로를 의식하는 무한입니다.

우리는 먼지 수준으로 떨어질 수도 있고 빛의 수준으로 올라갈 수도 있습니다. 그것은 우리의 두뇌를 어떻게 사용하는가에 달려 있습니다. 마치 웃음이 우리의 인상을 조각하듯이 우리의 두뇌를 조각하는 것은 스스로 하는 질문들에 달려 있습니다. 우리가 항상 나쁜 기분에 빠져 있으면 우리의 얼굴은 경직되고 수직 주름들로 가득하겠지만 많이 웃으면 우리 얼굴은 활짝 열립니다.

마찬가지로 우리의 의식을 성장시키는 질문들만 할 경우 우리의 두뇌는 긍정적인 의식으로 조각될 수 있습니다. 반대로 우리의 의식을 저하시키는 질문들을 할 경우에는 우리의 의식이 깎여나가며 두뇌는 부정적인 방향으로 조각되겠지요.

스케일이 크고 아름다운 질문들만 하기 위해서는 여러분 자신을 충분히 존중하고 사랑해야 합니다. 그렇게 하는 순간부터 여러분의 정신은 보다 중요한 주제와 보다 큰 빛, 보다 나은 이해를 향해 발전할 것입니다. 여러분의 정신을 전체성과 무한, 넓은 관점을 향해 상승시킬수록 여러분의 정신은 더욱 발전할 것입니다.

겸손

겸손 없이는 우리의 의식 수준을 높일 수가 없습니다.

겸손(humility)이란 단어는 땅을 의미하는 "humus"에서 나왔습니다. 겸손은 인간에게 있어서 가장 중요하고 가장 아름다우며 가장 훌륭한 자질입니다.

우리는 사실 한줌의 먼지에 불과한데 엘로힘의 도움으로 의식을 갖게 되었습니다. 그들이 무생물에 숨을 불어넣은 것이지요. 엘로힘이 없었다면 우리는 아직 흙먼지나 땅 속의 바위로 남아 있을 것입니다. 창조자들 덕분에 우리는 무의식의 존재에서 의식을 가진 존재로 상승할 수 있었습니다. 여기에 겸손이 있습니다. 우리는 이 사실을 결코 잊어서는 안 됩니다.

"보잘 것 없는 인간이여, 너희는 먼지에 불과하다는 사실을 명심하라."

이 같은 사실을 기억하는 것은 남을 지배하려는 욕구를 막고 자만심과 거만함을 피할 수 있는 최선의 방책입니다. 자신이 먼지에 불과함을 의식하는 먼지가 어떻게 다른 먼지들에게 공격적이거나 폭력적일 수 있겠습니까? 자신이 먼지임을 자각하고 있는 먼지는 겸손해질 것입니다.

겸손하면 자동적으로 모든 사람들과의 관계를 인식하게 되고 이들과 비슷한 감정을 느끼게 됩니다. 따라서 겸손은 사람들 사이에 이해와 동정심, 사랑을 낳습니다.

겸손은 자존심을 해치지 않습니다. 이 자존심이 의식과 연결되어 있다면 말입니다. 여러분은 이제 자신이 먼지라는 사실을 새롭게 의식하고 있는 먼지입니다. 우리는 의식을 지닌 먼지라는 사실을 자랑스러워할 수 있지만 자신이 먼지에 불과하다는 사실을 항상 명심해야 합니다. 그럼으로써 우리는 정당하고 올바른 행동을 할 수가 있습니다. 우리의 근원이 먼지임을 기억하지 않고 의식을 지녔다는 것에만 자만한다면 우리는 우리가 행하는 모든 것에서 겸손을 잃게 되고 또 다른 사람들을 대하는 태도에서도 겸손을 잃게 됩니다.

겸손은 인간의 근본입니다. 겸손은 우리를 흙과 연결시킵니다. 이 사실을 결코 잊어서는 안 됩니다. 우리 자신이 스스로를 의식하는 먼지라는 사실을 기억하고 있는 한 별들을 향해 우리의 머리를 치켜세우는 것에 아무런 잘못이 없습니다. 우리는 아주 높이 오를 수 있는 능력을 지니고 있습니다. 그러나 또한 우리는 언젠가는 다시 의식 없는 먼지로 되돌아갈 먼지에 지나지 않습니다.

초연함과 드러내지 않음

인간은 나무와 같습니다. 겸손은 줄기에 해당되고 초연함은 가지에 해당됩니다. 초연함은 의식적인 인간이 지닌 두 번째로 훌륭한 자질입니다.

초연함이란 우리의 삶에서 다른 사람들과의 상호작용으로 발생하는 모든 좌절감과 일정한 거리를 유지하는 방법을 아는 것입니다. 맹목적인 초연함은 좋지 않습니다. 혼자 고립되고 다른 사람들과의 사회적 관계를 비롯한 모든 것으로부터 단절되는 것은 건설적인 초연함이 아닙니다.

우리가 관심을 가져야 하는 것은 다른 사람들과 함께 살면서도 동시에 일정 수준의 초연함을 유지하는 것입니다. 나는 다른 사람들 사이에 있고 그들과 함께 살고 있습니다. 나에게는 매력이 있으며 그들과 함께 하는 것이 즐겁습니다. 나는 그들 중에서도 어떤 사람들을 더 좋아합니다. 그렇지만 겸손이라는 나의 줄기 덕분에 언제나 내가 먼지에 지나지 않음을 잘 의식하고 있습니다.

이것은 매우 힘든 스포츠와도 같지만 이런 훈련을 통해 우리의 의식이 단련됩니다. 예를 들어, 우리는 누군가에게 매력을 느끼면 그에게 집착하게 될 수 있습니다. 그와 많은 시간을 보내고 싶은데 그는 그렇게 하고 싶어 하지 않고 심지어는 나보다 더 매력적인 사람을 쳐다보기도 합니다. 이때 우리가 겸손을 잃으면 질투심이 생길 수 있습니다.

그러나 우리가 먼지에 지나지 않는다는 사실을 기억한다면, 의식을 지닌 다른 먼지들과 함께 하는 것을 기뻐한다면, 그들과 교류하고 그들과 대화하며 그들이 즐거워하도록 도와주는 것에 행복을 느낀다면, 우리가 그런 먼지라는 것을 의식한다면, 우리에게서 질투심은 사라지고 다른 사람들의 행복을 기뻐해줄 수 있을 것입니다.

우리가 우리의 인생을 다른 사람들이 행복해지도록 돕는데 바치고자 할 때 비로소 우리는 두 번째 가지에 도달할 수 있습니다. 이 두 번째 가지는 인간의 세 번째 훌륭한 자질인 "드러내지 않음"입니다. 즉 일등이 되지 않는 것을 받아들이는 마음이지요.

동정심

동정심 또한 인간의 훌륭한 장점으로서 겸손이라는 줄기에서 나오는 또 다른 가지입니다. 동정심은 다른 사람들을 겸손하게 대하는 것을 의미합니다. 다른 사람들이 우리에게 해를 입히더라도 언젠가 그들은 자신들의 잘못을 이해하게 될 것인데, 동정심이란 그들의 이런 의식의 무게를 느낄 수 있는 능력입니다.

동정심은 우리의 기본적 천성으로부터 초연해짐을 포함합니다. 이기심으로부터 초연해지고, 자신만이 항상 옳다는 자만심으로부터 초연해지고, 끊임없이 우리를 저속한 방향으로 끌어내리려는 유혹들로부터 초연해질 뿐만 아니라, 다른 사람들이 잘못을 저지르거나 우리에게 해를 입히더라도 그로부터 초연해지는 것이지요. 이런 잘못에 동조하라는 의미가 아닙니다. 오히려 그 반대로 우리는 그런 잘못과 맞서야만 합니다. 그러나 동시에 초연해져야 합니다. 놓아주는 것이지요. 이렇게 해야 우리는 동정심에 도달할 수 있게 됩니다.

동정심을 느끼는 것은 다른 사람들이 우리에게 저지른 잘못이 그 자신에게 미칠 영향을 미리 내다보고 그들에 대해 측은함을 느끼는 것입니다. 동정심이란 이렇게 말할 수 있는 능력입니다. "너는 나에게 고통을 주었으나 그 대신 나는 너에게 사랑을 베풀겠다. 네가 나에게 해를 입혔다는 사실을 너는 알아야만 한다. 네가 나에게 해를 입힌 것은 잘못이다. 그렇지만 나는 너를 용서한다."

동정심과 겸손(모든 행동의 기본)이 결합되는 것이 가장 올바른 길입니다. 동정심과 겸손을 나타낼 때는 신중해야 합니다. 너무 신중한 나머지 눈에 보이지도 않을 정도여야 합니다. 오직 이렇게 함으로써 사람들의 감성에 깊은 영향을 주게 되고, 아마도 그들에게서 보다 관대한 행동을 유발하게 될 것입니다. 내가 여기서 "아마도"라고 표현한 것은 사람들을 변화시키려고 하는 것은 더 이상 동정심이라고 말할 수 없기 때문입니다.

"아직 기회가 있을 때 삶을 즐기세요"

1986년 8월, 프랑스 세미나 기간 중

어떤 사람들은 삶을 잊고 있습니다. 그들은 다른 사람들의 평가를 두려워하기 때문에 자신의 삶을 살 용기가 없습니다. 그들은 결단력이 없으며 문제들을 항상 나중으로 미루어 버립니다. 그러면서 세월은 지나가고 머리숱은 점점 엷어지며 흰머리가 늘어나는 것이지요. 그들이 자신을 정리해야 할 때인 죽음의 순간은 가차 없이 다가옵니다. 죽음은 우리 모두가 겪는 일입니다.

이때 그들은 자신의 인생이 필름처럼 돌아가는 것을 보게 됩니다. 내가 무엇을 했고 무엇을 이루었는지 회상하며 지나간 감동을 떠올리다가 마지막 순간을 맞이하게 됩니다.

어떤 사람들에게는 이 순간이 일찍 올 수 있고 어떤 사람들에게는 좀 더 늦게 올 수 있습니다. 그리고 또 어떤 사람들에게는 예상치 못하게 빨리 오는 수도 있습니다. 그러나 한 가지는 분명합니다. 매순간 시간은 흘러가기 때문에 우리의 삶이 어떻든 누구나 죽게 됩니다. 시간은 가차 없이 우리를 마지막 평가의 날로 끌고 갑니다. 마지막 평가는 우리가 우리 자신에게 내리는 것이지만, 또한 다른 사람들도 우리를 평가하게 될 것입니다.

기회가 있는데도 삶을 즐기지 못하는 사람들이 있는데, 그들에게도 꿈은 있습니다. 그들은 세상을 바꾸고, 많은 돈을 벌고, 정열적인 사랑에 빠지고, 가장 멋진 성적 모험을 소망하고 있지만 감히 이 꿈들을 실천할 용기가 없습니다. 나이가 들면서 점점 짧은 머리 스타일로 변해가듯 그들의 사고도 짧아지고 성욕도 감퇴하며 정신도 서서히 노인으로 변해갑니다. 이렇게 되면 그들은 새로운 생각을 싫어하고 삶을 즐기는 사람들에 대해 적개심을 품게 되며 점점 더 관용을 잃고 가혹해 집니다.

가끔 그들은 거울을 보면서 그들이 가졌던 꿈에 대해 생각합니다. "내 모양이 왜 이렇지? 한때 난 참 혁명적이었는데...장발에 꽃무늬 셔츠를 입고서 말야…" 그러면 거울은 여지없이 이렇게 말합니다. "너도 나이가 들었어. 넌 이제 기성세대의 평범한 일원이 되었어."

그들은 나이가 든다는 사실에 불안감을 느끼게 되었지만 실제로는 20년 전보다 지금이 더 늙은 것은 아닙니다. 왜냐하면 그들은 25살 때 이미 늙어버렸기 때문입니다. 그들에게 젊음이 있었던 시기는 그들이 세계를 변화시키기를 원했던 몇 달 또는 몇 주 동안뿐이었습니다. 그리고는 보통사람들에 휩쓸려 나이를 먹어간 것이지요. 이제 50살 또는 60살이 되었지만 늙은 것은 예전이나 마찬가지입니다. 그 이상도 그 이하도 아닙니다.

너무 오랫동안 삶을 즐기지 않았을 경우 그것을 바꾸기는 매우 어렵습니다. 인간의 뉴런(두뇌의 신경세포)들은 반복

되는 자극에 의해 그 형태와 연결방식이 고착되어버리기 때문이지요. 이것은 나뭇가지가 비뚤게 자라는 것과 똑같습니다. 비뚤게 자란 가지가 단단해지고 난 뒤에는 그것을 자르지 않고서는 되돌릴 방법이 없습니다. 분재는 이미 발육 억제 상태가 고착되어 버렸기 때문에 절대로 큰 나무로 성장할 수 없습니다.

마음이 늙어버린 사람들은 이 분재와 같습니다. 이런 사람들은 발육이 억제된 사람들입니다. 30대, 40대 혹은 50대의 사람들이 자기들과는 다르게 젊음을 유지하며 개화하고, 자유분방한 꿈을 실천하고, 성장하는 방법을 터득하여 인생을 가장 멋지게 활용하고 또 삶을 마음껏 즐기는 것을 보면 그들은 분명히 질투심을 느끼게 됩니다. 대지에 굳건히 뿌리를 내리고 높은 하늘을 향해 머리를 뻗으며 왕성하게 자란 튼튼한 나무들이 멋진 열매와 향기로 세상을 매료시키는 것을 보면서 그들의 마음은 흔들리고 시기심을 느끼는 것이지요.

지상에서 우리에게 주어진 시간은 제한되어 있습니다. 이 귀중한 시간을 낭비하지 마세요. 우리 인생의 매 순간은 매우 소중하며 우리의 시간은 이 지구 위에서 가치 있게 쓰여야 합니다. 우리의 두뇌를 울리며 일 초 일 초 지나가는 시간은 귀중한 과즙과도 같습니다. 우리는 그것을 한 방울이라도 흘려서는 안 됩니다. 흘러가버린 매 순간은 절대로 다시 되돌릴 수가 없습니다.

변화

1990년 8월, 스위스 세미나에서

우리 자신을 먼저 변화시키지 않으면 세상을 바꿀 수가 없습니다. 우리는 모두 세상에 사랑이 더 많아지기를 바라고 있습니다. 그러면 우선 우리 자신부터 사랑하기 시작해야 합니다. 그러나 우리가 "너는 이렇게 생각하고, 이렇게 말하고, 이렇게 옷을 입어야 한다." 라고 다른 사람들이 가르쳐준 잘못된 정보들로 가득 차 있다면 우리 자신을 사랑하는 것이 가능하지가 않습니다. 이제까지 살아오면서 여러분은 마치 텔레비전의 녹음된 웃음처럼 다른 사람들이 웃으라고 하면 웃었습니다. 다른 사람들이 박수치라 하면 그에 순종해 박수치고, 다른 사람들이 웃으라 하면 웃고, 다른 사람들이 울어라 하면 울었습니다.

모두들 그랬지요? 여러분은 언제 스스로 생각하기 시작했습니까? 언제 자유롭게 선택하기 시작했습니까? 그럼 바로 지금부터 시작하세요. 스스로 변하겠다고 결정하세요, 변화는 언제 시작하더라도 너무 늦은 법이 없습니다.

여러분은 지금 당장 직업을 바꾸기로 결심할 수 있습니다. 무엇이 여러분의 적성에 맞는지 아는 사람은 다른 어느 누구도 아닌 바로 여러분 자신입니다. 현재 직업을 진정으로 좋아하고 있다는 것을 새삼 깨달은 사람이라면 그는 운이 좋은 사람이겠지요.

변하기 위해서는 우선 여러분이 가졌던 어린시절의 꿈을 다시 찾아야 합니다. 커서 무엇이 되는 꿈을 가졌던가요? 여러분은 만화가가 되고 싶었고, 소방관이 되고 싶었고, 경찰관이 되고 싶었습니다. 그러나 다른 사람들이 "안 돼. 바보 같은 소리 하지 마. 너는 아버지처럼 회계사가 되어야 해."라고 말했지요.

자신의 꿈과 부합한다면 모든 직업은 아름답습니다. 우리에게 좌절과 실망을 일으키는 것은 우리 자신의 반응에 상관없이 우리에게 강요된 일을 해야만 할 때입니다. 물론 부모들은 항상 자식들을 위해 잘 하고 있다고 믿습니다. 그들은 모두 우리가 진지하고 안정된 직업을 갖기를 원합니다. 얼마나 많은 천재들이 이런 식으로 질식당했을까요?

이 세상에서 인간의 삶을 향상시킨 모든 발명품들은 습관을 바꾸고 기존의 질서를 바꾸기로 결심한 사람들에 의해 개발됐습니다. "양동이를 들고 강으로 물을 길러 가는 대신 집까지 파이프를 연결하면 되지 않을까?"라는 생각이 수도를 발명하게 만들었습니다. "발이 아픈데 왜 맨발로 돌멩이 위를 걸어 다녀야 하나? 발에 가죽 조각을 감으면 어떨까?"라는 생각이 신발을 발명하게 만들었습니다. 오늘날 우리가 사용하는 모든 것은 예전에 누군가가 어떤 것에 대해 의문을 품었기 때문에 존재하게 되었습니다.

여러분은 항상 사물에 대해 의문을 가져야 합니다. 그렇게 함으로써 여러분은 자신이 하고 있는 일이 정말로 원하는 것인지 확인할 수 있습니다. 그러기 위해서는 여러분은 가능한 한 오래 전의 기억을 돌이켜볼 필요가 있습니다. 할 수만 있다면 세상에 막 태어났던 순간까지 거슬러갈 수 있겠지요. 나는 왜 이렇게 해왔는가? 무엇이 나를 이렇게 생각하도록 만들었는가? "그래. 너의 계산법은 내가 가르친 것보다 빨라. 그러나 그것은 교과서에 나오는 것이 아니니까 내가 가르치는 계산법을 써야 해."라는 식으로 말하지 않은 수학 선생님을 가졌던 사람들이 여러분 중에 과연 몇 명이나 될까요?

변하기 위해서는 다음의 세 가지를 개발함으로써 일정 수준의 지혜를 갖추는 것이 중요합니다. 첫 번째는 무엇이 가능하고 무엇이 불가능한지 평가함으로써 자신의 한계를 인식하는 것입니다. 두 번째는 가능한 것을 이루기 위해 충분한 에너지를 갖추는 것입니다. 세 번째는 변할 수 없는 것은 수용하는 것입니다.

여러분은 이제까지 충분히 순응해 왔습니다. 이제는 지극히 비정상적인 사람이 되기를 선택하세요. 우리 지구상에는 55억 명의 지극히 정상적인 사람들이 살고 있습니다. 그들은 정상적인 원자탄을 만들고, 정상적인 전쟁을 하고, 정상적인 국경과 정상적인 정치인들과 정상적인 마약들을 갖고 있습니다. 그런데 국경이 사라져야 한다고 생각하는 사람들이 있지요? 이들은 비정상적인 사람들입니다. 나는 이런 사람들과 같은 비정상적인 사람입니다. 여러분이 오늘 나와 함께 여기에 있는 이유가 나처럼 세상에 사랑을 퍼뜨리기를 원해서라고 생각하는데, 만약 그렇다면 여러분도 비정상입니다!

거듭 말하지만, 무엇보다 웃는 것을 잊지 마세요. 웃음은 변화를 위해 필수적인 요소입니다. 울적할 때는 집에만 있지 말고 밖으로 나가 웃는 사람들을 쳐다보세요. 그러면 기분이 한결 나아집니다. 웃는 사람은 자기 주위에 10명, 100명의 다른 사람들이 웃음 짓게 만들 수 있습니다. 한 번의 작은 웃음이 그렇게 만드는 것입니다. 그렇다면 우리의 생각이 이룰 수 있는 것을 상상해 보세요. 우리는 이 지구를 정말로 변화시킬 수 있습니다!

우리는 지성과 능력을 갖춘 사람들, 과학자들과 예술가들이 세상을 이끌어 가기를 바랍니다. 더 이상 정상적인 사람들이 이끄는 것을 바라지 않습니다. 우리는 과학자들과 예술가들, 그리고 우리를 가장 잘 일깨워주는 사람들이 우리를 이끌어주기를 원합니다. 그들은 엉뚱한 유머 감각으로 우리를 웃게 만들고 심각한 체 하지 않으며 이 세상을 웃음과 사랑의 세계로 만들어줄 것입니다.

웃음은 우리가 엘로힘께 보낼 수 있는 가장 아름다운 존경의 표시입니다. 웃을 때 우리는 진실해집니다. 웃을 때 우리는 일곱 살짜리 아이가 됩니다. 웃을 때 우리 몸 속의 귀여운 아이가 마치 나비처럼 가볍게 밖으로 나오게 됩니다. 어느 누구도 여러분을 다시 애벌레로 되돌리게 하지 마세요. 여러분 안에 내재되어 있는 어린 아이를 다시 발견하세요. 춤추고 노래하고 뛰어다니세요. 새로운 생각을 즐기세요. 상상과 꿈으로 이 세상을 다시 만들고 다른 별나라로 날아가 보세요.

제8장

책임감

"자신의 행동과 그에 따른 결과를 인식하는 것이 바로 의식입니다."

"우리는 자신에게 일어나는 모든 일에 책임이 있습니다."

1984 8월

우리는 자신에게 일어난 일에 대해 언제나 책임이 있습니다. 예를 들면, 우리가 아프거나 피로하거나 화가 난다면 그것은 우리의 참을성이 한계를 넘어서 신경계가 더 이상 감당할 수 없게 되었기 때문입니다. 이것은 다른 어느 누구의 잘못이 아닙니다. 우리 자신이 적절한 시기에 멈추는 법을 몰랐거나 싫다고 말하지 못했거나 잠시 동안의 휴식을 취하지 않았기 때문에 생긴 것입니다. 우리 몸의 마지막 한계까지 가게 되면 몸은 약해진 모습을 보여줌으로써 우리에게 그 사실을 알려줍니다.

우리는 모든 상황에서 자신의 한계를 알고 그것을 존중할 줄 알아야 합니다. 그러나 우리는 스스로를 매우 강하며 절대 무너지지 않는다고 믿고 있습니다. 그리고는 우리에게 그 같은 상황이 현실로 닥치는 날까지 그런 일은 언제나 다른 사람들에게만 일어난다고 생각하지요.

우리에게 그런 일이 일어났을 때 변명거리를 찾으려고 하지 마세요. 우리에게 어떤 일이 일어나든 언제나 우리에게 책임이 있습니다. 변명은 외부의 요인들에 잘못을 전가하려는 행위일 뿐입니다. 우리 자신을 정당화하기 위해 사용하는 말이지요. 원인은 우리의 경계심이 부족하여 적절한 때에 문제를 깨닫지 못한 데 있습니다.

어떤 사람들은 자신의 문제를 해명하기 위해 우연이라는 말을 사용합니다. 그러나 우연은 존재하지 않습니다. 우연이 존재한다고 주장하는 것은 또 다른 변명에 지나지 않습니다.

"자신에게 일어난 일에 책임을 진다"라는 말은 스스로의 의식을 향상시키고자 하는 사람들에게 핵심적인 문장입니다. 이 문장은 넓은 관점에서 이해해야 합니다. 때때로 우리는 자신에게 직접적인 책임은 없지만 대대로 이어지는 인류의 일원으로서 그 책임을 부담하기도 합니다. 유전병의 경우가 그렇습니다. 우리가 유전병을 가진 경우 그것은 우리에게 직접적인 책임이 없습니다. 잘못은 우리에게 병을 물려준 부모들에게 있습니다. 그리고 그런 잘못은 우리가 태어나기 전 수 세대에 걸쳐 저질러진 것입니다. 그렇지만 우리는 선조들이 저지른 잘못에 대해서도 그 대가를 치러야 합니다.

원래 인간은 완벽한 세상에서 완벽하게 창조되었습니다. 그러나 세대에서 세대를 거치는 동안 우리는 불관용, 폭력, 어리석음과 이기심을 통해, 그리고 무엇보다도 두려움을 통해 우리의 소중한 아름다움과 건강을 해쳤습니다.

두려움을 느끼면 스트레스를 받습니다. 그리고 두려움은 우리를 약하게 만듭니다. 병에 걸릴까봐 두려워하면 병에 걸립니다. 일자리를 잃고 난 뒤 돈이 떨어질까 두려워하거나 다른 일자리를 찾지 못할까 두려워하면 우리는 부정적으로 되고 두려움에 떨면서 안절부절 못하게 됩니다. 이런 태도는 미래의 고용주들에게 신뢰감을 주지 못하게 되어 다시 일자리를 얻는 데 어려움을 겪게 됩니다. 두려움은 우리에게 긍정적인 것을 전혀 가져다주지 않습니다.

두려움에는 최대한 맞서야 합니다. 긍정적인 상상은 현실보다 더 강합니다. 그러나 불행하게도 부정적인 상상 또한 현실보다 더 강하다는 점을 잊어서는 안 됩니다. 부정적인 상상은 최악의 사태를 부릅니다.

사람은 자신이 생각하는 대로, 상상하는 대로 됩니다. 여러분이 자신을 승자라고 상상하면 어떠한 장애물도 여러분을 방해할 수 없으며 모든 일에 성공하게 되어 승자가 됩니다. 여러분의 마음속에서 두려움이라는 악마를 몰아내면 여러분은 승자가 될 것입니다. 세상에서 가장 무서운 악마는 여러분의 마음속에 있습니다.

사모하고 있던 아름다운 사람과 사랑을 나눌 때 발기불능이 되지나 않을까 두려워하면 여러분은 정말 발기불능에 빠집니다. 그런 일은 자동적으로 일어납니다. 여러분의 두뇌는 여러분이 두렵게 생각하는 것을 명령으로 인식해서 그렇게 반응해 버리는 것이지요. 여러분이 병에 걸릴까봐 두려워하면 병에 걸리게 됩니다.

긍정적인 상상을 키움으로써 두려움을 없애야 합니다. 긍정적인 상상은 긍정적인 파동을 퍼뜨려 여러분의 두려움을 무장해제 시킬 것입니다.

자기정당화는 각성의 독

2000년 7월, 이탈리아에서

다니엘 샤보와의 인터뷰
(심리학교수, 행성 교육 책임자, 라엘리안 주교 가이드)

* **다니엘** : 자기정당화는 정신의 독이지요. 그렇지 않습니까?

* **라엘** : 모든 자기정당화는 우리를 과녁의 중심에서 멀어지게 합니다. 선 궁술에서는 수도승이 활을 쏠 때 과녁에서 빗나가면 그는 변명을 하지 않습니다. 반대로 그는 자신의 내면으로 들어가 명상에 잠깁니다. 그가 과녁을 못 맞힌 것은 단지 그가 조준을 잘못했을 뿐이라는 사실을 알기 때문이지요. 그런 다음 그는 다시 시도합니다.

자기정당화와 변명을 그만 두는 것은 일상생활에서의 자기 개발을 위해 매우 중요하며 기본적인 것입니다. 변명을 찾는 동안 우리는 목표에 도달하기 위한 귀중한 시간을 허비합니다. 우리는 자신을 위해 변명을 찾아낼 수는 있지만 반드시 자기발전을 위한 순수한 목적이어야만 합니다.

"음... 화살이 바로 날아가지 않은 원인은 발의 위치가 바르지 않았기 때문이었어." 이런 말은 자기 자신에게는 할 수 있습니다. 그러나 다른 사람들에게 해서는 안 됩니다.

다른 사람들에게 그런 말을 하는 것은 내가 잘 한다는 것을 입증하려고 노력하는 행동입니다. "이번에는 잘 하지 못했지만 원래 난 아주 잘 해. 그런 실수만 안 했어도 잘 하는 것을 보여줄 수 있었을 텐데..." 이것은 자만심이며 다른 사람들로부터 인정받으려는 욕구에 지나지 않습니다. 우리가 좋은 기분을 느끼기 위해 다른 사람들이 우리를 어떻게 생각하는지에 의존한다면 우리는 "존재"하지 않습니다.

우리가 진정으로 "존재"하려면 자신의 내면에 초점을 맞추어야 합니다. "내 화살이 과녁에 맞지 않았는데 왜 그랬을까?" 나는 그 이유를 알 필요가 있지만 다른 사람들은 알 필요가 없습니다. 다른 사람들이 나를 관찰하고 있다면 그들도 그 이유를 알 수 있을 것입니다. 그러나 그들이 나를 관찰하지 않고 있다면 내가 그들에게 말해줄 필요는 없습니다.

이것이 바로 진정한 성장의 기본입니다. 모든 사람들에게 좋은 인상만을 주려고 애쓰며 자신이 잘못했음에도 불구하고 잘 했음을 증명하려고 노력하기보다는 자신의 내면을 발전시키는 데 집중해야 합니다.

항상 옳기만을 바라는 것은 "존재"하는 데 가장 크게 방해가 되는 것 중 하나입니다. 침묵할 때 우리는 올바르게 "존재"합니다. 반면에, 우리가 다른 사람들에게 자신을 증명하려고 하는 것은 "올바르게" 되려고 노력하는 행위입니다. 침묵 속에서 자신에 대해 반추할 때 우리는 올바르게 "존재"합니다. 그러나 자신을 다른 사람들과 비교할 때 우리는 "올바르게" 되는 것에 불과합니다.

우리가 침묵하며 내면을 반추하는 것은 자신을 정당화하는 것이 아닙니다. 자신을 정당화하려고 애쓰지 않고 자기 수련을 강화하는 데 초점을 맞추는 것은 정말로 중요합니다. 실수를 정당화하기 위한 좋은 이유가 있다고 확신할수록 더욱 아무 말도 하지 말아야 합니다. 이것은 누구에게든 매우 어려운 일입니다. 왜냐하면 우리는 왜 내가 옳은지 설명하고 싶은 욕구가 너무나 강하기 때문입니다. 만약 아무도 자신이 "올바르다"는 것을 인정받기를 원하지 않는다면 싸움은 결코 일어나지 않을 것입니다.

서로 다른 의견을 가진 두 사람이 "올바름"을 증명하기 위해 노력하는 대신 올바르게 "존재"하기 위해 그들의 지성을 이용한다면 그들은 언제나 합의점에 도달할 수 있을 것입니다. 합의점은 언제나 있습니다.

현재의 잘못된 행위를 정당화하기 위해 과거를 이용하지 않도록 조심해야 합니다. 내가 우울증에 빠져 있는 것은 어렸을 때 아버지가 나를 학대했기 때문에 라든지, 어릴 때 강간당했기 때문에 라든지... 자기정당화는 그 내용이 일반화되는 경향이 있으며, 우리는 구석에 도토리를 쌓아 두는 다람쥐처럼 됩니다. 도토리는 자기정당화를 표현합니다. 우리는 도토리를 간직하고 있다가 난처함을 느낄 때마다 하나씩 꺼냅니다. "내게 문제가 생겼어. 그러니 어서 도토리를 하나 꺼내자!"

변명과 자기정당화의 습관을 계속 갖고 있는 한 우리는 변화할 수도 없고 의식을 발전시킬 수도 없습니다.

* **다니엘** : 라엘, 오늘날 우리 사회는 우리가 끊임없이 자기주장과 변명을 하게끔 부추기고 있습니다. 그 이유는 모든 일에 있어서 우리 중에 누가 잘못했는지 항상 결정해야지만 직성이 풀리기 때문이지요. 그러나 자기정당화는 우리 본연의 "존재"로부터 멀어지게 하는 잘못된 행위로서 단지 잘못된 사람으로 낙인찍히는 것을 피하기 위한 수단이 아닐까요?

* **라엘** : 바로 그렇습니다. 자기정당화는 미사여구에 지나지 않으며 쓸모없는 말장난이고 일종의 궤변입니다. 자신이 200% 잘못했으면서도 말을 360도 비틀어서 잘 했다고 스스로를 납득시키려고 노력하는 것이지요.

때때로 나는 어떤 사람을 타이를 기회가 있습니다. "자기정당화를 그만 두세요. 그런다고 해서 실수를 되돌릴 수는 없습니다." 그러면 그는 내 말을 인정하고 우리는 대화를 끝냅니다. 나는 "이번엔 성공했어, 이제부터 그는 더 이상 자기를 정당화하지 않고 발전할거야."라고 생각하며 기뻐합니다. 그러나 헤어질 때 그가 한 마디 덧붙입니다. "사실 제가 실수한 것은 잘된 일입니다. 이번 일 덕분에 배운 것이 있으니까요." 그러나 이것은 또 다른 잘못입니다!

* **다니엘** : 왜 그렇습니까? 그가 다시 자기를 정당화했기 때문인가요?

* **라엘** : 맞습니다. 그는 자신의 잘못에 대해 또 다른 자기정당화의 방법을 찾아낸 것이지요. "잘못을 통해 배울 수

있었기 때문에 그 잘못은 실제로는 옳았던 것이야." 그러나 이런 말은 틀렸습니다. 맞는 말이 아닙니다. 그는 자신의 자존심을 억누르고 잘못했음을 받아들여야 합니다. 즉 실수를 인정해야하는 것이지요. 여러분이 잘못을 저지른 후 그것으로부터 배웠다고 말한다고 해서 잘못한 것이 옳게 되지는 않습니다. 오히려 그렇게 말함으로써 그런 배움이 약화됩니다. 그렇지만 여러분은 다른 사람들로부터 자신이 얼마나 훌륭한 사람인지 인정받기를 원하기 때문에 그렇게 말해버립니다. 여러분이 저지른 실수가 겉보기에는 잘못된 것이지만 결과적으로는 좋은 효과를 만들어 냈다고 다른 사람들에게 알려주고 싶은 것이지요.

여러분은 왜 다른 사람들이 그것을 알기를 원합니까? 다른 사람들로부터 여러분의 자질을 인정받고 싶기 때문인가요?

* **다니엘** : 자존심 때문이 아닐까요?

* **라엘** : 그렇습니다. 자존심, 허영심이지요. 허영심으로 한 모든 행위는 우리로 하여금 "존재"로부터 멀어지게 합니다. 우리는 먼지에 불과하므로 겸손해야 합니다. 겸손은 지혜의 가장 가까운 친구입니다. 먼지가 어떻게 다른 먼지들에게 자신이 옳다거나 자신이 다른 먼지들보다 더 훌륭하다는 사실을 증명하고 싶어 하겠습니까? 다른 사람들보다 더 훌륭한 것은 중요한 일이 아닙니다. 자기 자신보다 더 훌륭하게 되는 일이 중요합니다.

규율

"규율이 필요 없을 만큼 충분히 규율을 갖춥시다."

가장 아름다운 규율은 억지로 강요되지 않고 자발적인 선택과 자신의 의식을 통해 내면으로부터 자연스럽게 저절로 나온 규율입니다. 예를 들면, 며칠 동안 매우 늦게 잠자리에 들어서 잠이 부족하게 되면 우리 몸은 피곤해 졌다는 신호를 보내 수면을 조절하도록 촉구합니다. 그러면 우리는 반사적으로 좀 더 오래 잠을 잠으로써 부족한 수면을 보충하게 됩니다.

마찬가지로 우리가 너무 자주 지방이 많은 음식을 먹으면 어느 날 우리의 간이 부작용을 나타내게 되어 식사습관을 바꿀 수밖에 없게 될 것입니다. 우리가 원하든 원하지 않든 우리 몸은 우리 자신이 항상 일정한 규율에 따르도록 요구합니다. 우리 몸이 보내는 신호에 우리가 호응하지 않겠다는 선택을 할 수도 있겠지만, 그럴 경우 우리는 점점 병들게 됩니다. 몇몇 사람들은 이미 그렇게 하고 있습니다만 우리도 의식을 사용한다면 이러한 위험을 예측할 수 있으며 보다 건강한 생활을 영위하기 위해 소정의 규율을 스스로에게 부과하는 지혜를 갖출 수가 있습니다. 그에 대한 보상은 보다 나은 삶이지요.

기본적인 규율은 간단합니다. 스트레스와 담배, 술, 마약 등 모든 해로운 것을 피하는 것입니다.

규율이란 처음 시작할 때는 어느 정도의 노력이 필요합니다. 규칙적인 훈련을 통해 점차 반사적인 행동이 됩니다. 그러면 우리는 규율에 익숙해지고 자연스럽게 규율을 따르게 되는 것이지요. 규율이 우리의 일상적 습관으로 깊이 뿌리박히게 되면 우리는 더 이상 노력을 기울일 필요를 못 느끼게 되지만, 그래도 그것은 여전히 규율입니다. 이렇게 되면 규율의 좋은 점만 부각됩니다.

우리가 생물학적 살덩이인 우리의 육체에 대한 규율을 이루게 되면 우리의 의식은 이 육체가 무의식의 먼지 이상의 그 무엇이라는 사실을 깨닫게 만들어 줍니다. 우리의 의식은 육체가 제대로 기능하느냐에 달려 있습니다. 일정한 육체적 조건이 충족되어야만 우리의 의식은 생각하고, 꿈꾸고, 창조하고, 개화할 수 있는 것이지요. 육체가 그런 것처럼 의식도 정상적으로 기능할 때 우리 주변의 모든 변화에 적응할 수 있게 됩니다.

자기규율의 또 다른 혜택은 우리로 하여금 모든 변화에 열려 있게 해준다는 것입니다. 이것은 모든 변화에 닫혀 있도록 강요하고 차이를 억압하여 모두 서로 비슷한 생각 없는 로봇을 만드는 군대식 규율과는 반대입니다. 내가 말하는 규율은 우리를 모든 가능성에 끊임없이 열려 있도록 만들어주는 그런 규율입니다. 우리는 우리 주위의 모든 것들이 끊임없이 변화하는 세계에 살고 있기 때문에 이런 규율은 아주 유용합니다. 이런 변화 속에서도 우리 몸의 생물학적 기능 방식은 예외인데, 우리의 생명은 일정한 생물학적 기능에 의존하고 있기 때문입니다.

만약 우리의 규율이 융통성이 없다면 우리의 생각은 닫히게 되고 변화에 적응할 수 없게 될 것입니다. 그러나 우리의 규율이 겉으로 드러나지 않고 가벼우며 유동적이라면 우리의 생각도 유연해지고 열리게 되며 주위의 모든 것에 쉽게 적응할 수 있게 됩니다.

외부에 적응하는 능력을 최상의 상태로 유지하기 위해서는 자신의 건강을 위한 자신만의 고유한 규율을 지키는 것이 중요합니다. 건강을 잃게 된다면 주위에서 일어나는 일에 잘 적응할 수 없게 되기 때문입니다.

자기규율을 가지면 너무 엄숙해져서 사는 재미가 없어진다는 생각은 하지 마세요. 오히려 그 반대입니다. 규율은 우리 내면에 적응력을 키워주기 때문에 우리는 변화에 쉽게 동화할 수 있고 우리 인생에서 일어나는 모든 좋은 일들을 가장 멋지게 즐길 수 있게 됩니다.

사실 규율은 매우 간단합니다. 자기규율의 올바른 모습은 우리에게 규율이 필요 없게 만들어주는 그런 규율입니다. 이것이 정말로 좋은 규율이지요. 반면에 나쁜 규율은 비규율을 용납하지 않는 규율입니다.

“삶이란
위험을 감수하는 일입니다.”

1987년

성적으로 점점 자유로워지는 사회풍조에 마음이 편하지 않은 사람들은 앞뒤가 꽉 막혀 있고 성에 대한 금기 의식으로 가득 차 있는 비뚤어진 사람들인데, 이들은 에이즈의 출현을 아주 기뻐하고 있습니다. 에이즈의 출현은 마침내 그들에게 순결과 일부일처제, 이성애 및 정절의 장점을 칭송할 수 있게 해주었습니다. 다른 사람들에게 죄악감을 느끼도록 만드는 것을 좋아하는 그들에게 에이즈는 마치 구원과도 같았습니다. 갑자기 나타난 이 질병은 자신의 건강이 도덕심 때문에 지켜지고 있다고 믿는 사람들의 신념에 확증을 주는 것이었으니까요. 어떤 사람들은 에이즈가 현대인들의 부도덕성에 대한 신의 징벌이라는 환상을 갖고 있을 정도입니다. “에이즈는 하느님의 진노이다!” 라고 외치면서 말입니다.

참으로 어리석기 짝이 없습니다! 성병은 인간이 이 땅에 존재하게 된 이래 언제나 있어왔고 수많은 사람들이 성병으로 죽어왔습니다. 성병은 성관계를 가져서 생기는 것이 아니라 사람들이 그들의 의식을 사용하지 않기 때문에 걸리는 것입니다. 성에 강박관념을 가진 사람들은 성병을 '부끄러운 병' 이라고 말합니다. 병이 부끄럽다니요! 수천 년 전부터 인류는 매독으로 인해 큰 피해를 입었습니다. 프랑스 역사에서 이 작은 바이러스에 감염된 사람 중에는 평민들뿐 아니라 왕과 예술가들도 많습니다. 수천 명이 그런 병으로 죽었지만 여전히 더 많은 사람들이 살아남아서 그에 관한 이야기를 후세에 남겨주고 있습니다.

우리 앞의 수많은 세대들은 몇몇 악명 높은 것들만 대더라도 페스트, 콜레라, 독감, 매독 등 수많은 전염병들을 겪었으며 우리는 그 생존자들입니다. 모든 세대마다 자칭 "신의 사자"들이 있어 그런 질병이 "신의 징벌" 이라고 주장하며 사람들에게 죄악감을 심어주려고 애썼습니다. 그들은 사람들을 얼마나 잘못된 길로 이끌었는지요!

그러나 우리들은 모두 아직도 이 땅에 살아 있습니다. 우리 조상들이 현명하여 죽기 전에 후손들을 낳았기 때문이지요. 조상들의 현명한 대응책 중 하나는 스트레스를 피하는 것이었습니다. 스트레스는 인간의 면역체계를 약화시켜 전염병에 굴복하게 만듭니다. 이런 연관성은 최근 과학적으로 규명되고 있습니다. 그리고 우리 조상들은 적절한 영양을 취했지요. 옛날에는 유럽에 커피, 초콜릿, 설탕, 담배 같은 것은 존재하지 않았고 혹 있더라도 매우 비쌌습니다. 당시 평민들의 주식은 야채 수프였으며 고기는 귀한 사치품이었습니다. 그들의 가장 현명한 점은 편히 휴식을 취하고 적절한 영양을 섭취한 것 외에 위험이 높은 상황으로부터 피신했다는 사실입니다.

높은 의식을 지닌 사람들은 위험으로부터 피신했습니다. 영웅주의와 기도는 어리석은 자들에게 남겨주고 말이지요.

당시는 이교도의 침략과 대량학살, 그리고 전염병의 시대였습니다. 최근의 역사적 사건으로는 가장 신속하게 나치 치하의 독일로부터 피신한 유태인들이 살아남은 일입니다. 그들은 다른 유태인들보다 뛰어난 지성을 가진 사람들로서 나치즘이 부상하자마자 독일을 떠났고 모두 살아남았습니다. 남은 사람들은 신이 그들을 보호해줄 것이라고 믿었습니다. 혹 어떤 사람들은 자신이 저지른 잘못의 응보를 받고 있다고 믿었습니다. 우리는 그들에게 그 후 무슨 일이 일어났는지 잘 알고 있습니다.

우리는 육체적, 정신적 건강을 보호할 줄 알았던 우리 선조들에게서 무언가 배울 점이 있습니다. 우리가 지금 에이즈에 관해 논하고 있으니 말인데요. 우리 인류는 콘돔이라는 이 작고 귀중하면서도 획기적인 과학적 수단을 발명한 사람의 동상을 전 세계에 세워주어야만 마땅합니다. 내가 콘돔을 반드시 사용해야 한다고 여러분에게 가르치기 시작한 지는 11년도 더 되었습니다. 특히 여러 명의 파트너를 갖고 있는 사람들은 더욱 그렇게 해야 합니다. 오늘날 전 세계에서 콘돔의 장점이 인정받고 있으며 어떤 나라들에서는 심지어 광고까지 하고 있습니다. 다시 한번 말하지만, 앞서 나가는 사람들은 보다 높은 의식을 지닌 사람들입니다.

성에 대한 강박관념을 갖고 있는 사람들은 콘돔이 100% 안전한 것이 아니라는 이유로 콘돔에 반대하고 있습니다. 좋습니다. 그럼 99.9% 안전하다고 합시다. 공식적인 통계에 따르면 0.1% 위험은 존재합니다. 그렇지만 현실적으로 우리가 100% 안전한 상태에서 인생을 살 수 있습니까?

어떤 것에든 전혀 위험이 없는 상태가 바람직한 것일까요? 그것이 인간의 가능성을 더 발전시킬 수 있을까요? 절대적으로 아닙니다. 게다가 그런 상태는 현실적으로 절대 불가능합니다. 우리가 어떠한 위험도 감수하지 않기 위해서 집 안에만 머물러 있더라도 지진이 덮칠 수도 있고 먹는 물을 통해 수인성 전염병에 걸릴 수도 있으며 식중독에 걸릴 수도 있습니다.

우리는 모든 음식을 살균처리 할 수 있습니다. 그러나 우리가 살균된 환경에서 살수록 세균에 더 감염되기 쉽다는 사실이 입증됐습니다. 일반적으로 상시 병균으로 오염된 환경 속에서 일하고 있는 의사들과 간호사들이 가장 병에 덜 걸립니다.

위험은 인류를 풍요롭게 하고 발전시키며 더 강하게 만들어 줍니다. 아무도 위험을 감수하지 않았다면 우리는 아직도 동굴 속에서 살고 있을 것이고 아무도 아메리카 대륙을 발견하지 못했을 것이며 달 위에 착륙하지도 못했을 것입니다. 산다는 것은 위험을 무릅쓰는 일입니다. 얼마나 많은 위험을 감수할 것인가는 각자의 취향에 달려 있습니다. 그것은 우리의 선택입니다. 그리고 우리는 위험을 더 많이 무릅쓸수록 더 풍요로워지고 더 강해지며 또 우리의 의식이 더 높아진다는 사실을 알아야 합니다.

무균 세상에서 살고 싶어 하는 사람들은 그렇게 할 자유가 있습니다. 그들은 자신들만의 그런 환경을 만들 수가 있겠지요. 그러나 그들의 몸과 마음은 결과적으로 고통 받게 될 것입니다.

자신의 의식을 사용하여 위험을 무릅쓰기를 원하는 사람들도 그렇게 할 자유가 있습니다. 그들은 다른 사람들과의 교류를 증진시킴으로써 인생을 풍요롭게 살며 마음껏 즐기고 성장하면서 더욱 발전할 수 있을 것입니다.

제9장

사랑의 관계

"지혜와 의식과 사랑의 빛은 매우 특별하기 때문에 우리가 이 빛을 더 많이 비출수록 우리는 더 밝게 빛납니다."

고독

1984년, 프랑스 강주에서

혼자 있다고 해서 또는 독신이라고 해서 고독 때문에 침체되어서는 안 됩니다. 오히려 그 반대로 여러분 자신을 발전시킬 수 있는 시간과 자유를 가질 수 있어 얼마나 운이 좋은가 하고 생각해야 합니다.

언젠가 파트너를 만나서 행복하게 함께 살 목표를 갖고 있다면 지금 이 시간을 그 때를 위해 자신을 더 잘 준비하는 데 사용하세요. 그러면 여러분은 훨씬 더 자신감에 차고 상대편에 덜 의존하게 될 것입니다.

우리는 혼자 태어나서 혼자 살다가 혼자 죽습니다. 고독은 절대적인 진리입니다. 고독은 우리에게 결코 부담스러운 것이 아니라 정말로 풍성한 기회를 제공해 주는 것입니다. 그러므로 우리는 고독을 어떻게 즐길 수 있는지 배우지 않으면 안 됩니다.

어떤 경험을 하든 여러분은 그것을 혼자 경험합니다. 자신에 관한 결정은 여러분 혼자서 내리는 것입니다. 그리고 여러분의 감정들은 극히 개인적인 것으로서 여러분만이 자신의 고유의 감정들을 그토록 강렬하게 느낄 수 있습니다. 놀랍도록 정교한 컴퓨터와 같은 여러분의 뇌를 최대한 활용하기 위해서는 혼자 있는 것이 필요합니다. 여러분의 뇌는 바로 인류의 모든 위대한 창조가 단련되는 도가니입니다.

창조는 공동으로 이루어지지 않습니다. 천재는 항상 고독합니다. 모짜르트 집단이나 아인슈타인 집단 같은 것은 없습니다. 레오나르도 다빈치 집단도 없습니다.

인간은 함께 살고 함께 나누며 함께 발전하도록 디자인되었지만 결코 개인의 자율성이 손상되어서는 안 됩니다. 둘 또는 더 많은 사람들이 조화로운 그룹을 형성하는 것은 좋은 일입니다만 그것은 서로에게 해를 끼치거나 의존적이 되지 않으면서도 서로 친밀함을 느끼며 교류하는 개인들이 모인 집단을 만들 수 있는 지혜를 가져야 한다는 조건이 전제되어야만 합니다.

그러나 고독이 너무 힘들기 때문에, 혼자만으로는 재미가 없기 때문에, 삶이 어렵고 힘들기 때문에 파트너를 찾는 것이라면 틀림없이 사람들은 여러분을 피할 것입니다. 슬픈 표정으로 바라는 것이 많은 여러분을 기쁜 마음으로 사귈 사람은 아무도 없겠지요. 자율적이지 않고 감정적으로 균형이 잡혀 있지 않은 사람들은 자신의 문제를 해결하기 위해 다른 사람에게 의지하려 하는데 이것은 커다란 잘못입니다.

이 경우, 자신도 문제가 있는데 또 다른 문제가 있는 사람을 사귀게 되면 최악의 상황이 벌어집니다. 한 문제에 또 한 문제를 추가하면 두 문제가 되기 때문입니다. 한 사람의 문제가 다른 사람의 문제를 상쇄시킬 수 있다고 생각해서는 안 됩니다. 그 반대입니다. 하나에 하나를 더하면 영이 되지 않습니다. 문제들을 모아 놓으면 TV 연속극처럼 복잡하게 얽힐 뿐입니다.

그러므로 여러분이 운 좋게 혼자가 되었을 경우 고독에 힘들어하지 말고 대신 고독을 즐기세요. 무한, 나무, 새, 꽃, 사람 등 모든 것들과 연대감을 느낄 수 있는 가장 쉽고 가장 심오한 방법은 바로 고독을 즐기는 것입니다. 그리고 이러한 상태에서 세상에 대해 우리 자신을 활짝 열면 우리는 모든 것을 아무 조건 없이 사랑할 수 있게 되고 더 이상 고독을 두려워하지 않게 됩니다.

"행복을 내일로 미루지 마세요."

"이건 내일 하고, 저건 다른 데서 하자."라고 말하며 세월을 보내는 커플들이 있습니다. 내일은 내일입니다. 내일이라고 말하는 동안 여러분은 현재를 놓치고 있습니다. "내일"을 생각한다는 것은 오늘 행복하지 않다는 의미입니다. 오늘 기쁨을 느끼지 못하고 있는 것이지요. "오늘은 문제가 있지만, 우리 내일은 모로코로 휴가여행을 떠날 수 있을 거야. 그러면 정말 좋을 거야..."

지금 있는 곳보다 다른 곳에서 더 행복할 것이라 생각하고 찾아 나선다면 여러분은 실패를 향해 떠나는 것입니다.

지금 이곳보다 더 나은 곳은 어디에도 없습니다. 행복은 지금 즐겨야 합니다.

내가 하는 이런 말을 듣고 여러분은 지금 자신에게 되묻고 있습니다. 왜 그럴까? 자신의 내면의 목소리에 귀를 기울입니다. 이것은 여러분의 자아를 깊게 만들어 줍니다. 지금 이 순간은 여러분 인생에서 가장 아름다운 순간입니다.

여기, 오늘, 현재, 바로 지금... 이러한 단어들은 모두 마술과도 같은 말들입니다. 이들은 여러분이 의식을 갖고 매 순간 살 수 있게 해주는 말들입니다. 여러분의 인생에서 최고의 순간은 바로 지금 살고 있는 이 순간입니다.

이상적인 파트너

여러분의 존재에 독이 되는 환상, 즉 "이상적인 파트너"라는 환상의 목을 완전히 비틀어 버려야 합니다. "이상적인"이라는 단어에는 '이상(理想)'이라는 의미가 포함되어 있는데, 그것은 여러분이 파트너에 대해 갖고 있는 이상입니다. 그것은 이상이지 절대적 진실은 아닙니다.

이 같은 이상은 어디에서 나오는 것일까요? 가만히 생각해 보면 그 뿌리를 아주 먼 어린 시절로 거슬러 올라가 찾을 수 있습니다. 어린 시절, 여러분의 이상형은 아버지나 어머니였을 수 있습니다. 일부 여자 아이들은 사모하는 아버지와 닮은 남자를 맞이하는 꿈을 꾸고 사내아이들은 죽을 때까지 어머니를 보호하겠다는 꿈을 꿉니다. 그리고 좀 더 큰 다음에는 자신이 읽은 동화 속의 주인공이 되는 꿈을 꿉니다. 백마를 타고 아무 것도 두려워하지 않는 용감한 왕자나 긴 속눈썹과 큰 눈에 긴 머리를 가진 공주 이야기를 기억하고 있겠지요?

점차 여러분은 자신이 바로 이 어린 시절의 영웅이라고 꿈꾸기 시작합니다. 아름다운 공주에게 키스를 하면 공주가 깨어나 여러분에게 감사하고 안도하며 여러분의 품에 안깁니다. 그러면 여러분은 빛나는 갑주를 입힌 말 위에 공주를 태우고 바람처럼 달려가는 것이지요.

이런 이미지 또는 이와 유사한 이미지들이 여러분 내면에 새겨집니다. 그리고 해가 지나면서 또 다른 영웅들과 자신이 본받고 싶은 사람들이 계속 등장합니다. 가수, 테니스 선수, 댄서, 배우 등을 동경하게 되지요. 여러분은 그들의 열광적인 팬이 됩니다. 굉장했지요! 여러분의 방은 이들의 사진들로 도배되다시피 했습니다.

여러분이 처음으로 자위를 시작했을 때 이런 사진들을 보면서 했을 것입니다. 나도 그랬습니다. 나는 여배우 빠스칼 쁘띠의 열광적인 팬이었습니다. 아직도 그녀가 살아있는지는 모르겠지만... 가슴이 아주 큰 여배우였지요. 9살이나 10살 때는 가슴이 크다는 사실은 아주 중요합니다! 어떤 사람들에게는 나이가 들어서도 그렇지만요.

그리고 이런 저런 일들을 겪으면서 여러분이 동경하는 대상은 계속 바뀝니다. 그리하여 점차로 여러분의 머리 속에는 자신의 이상형이 만들어집니다.

마침내 실제로 경험할 때가 다가옵니다. 이제 더 이상 사진만 보며 그리워하는 것이 아니라 현실의 모험을 하게 되는 것이지요. 처음에는 부끄러웠겠지요. 대부분의 청소년들, 특히 남자 아이들이 심합니다. 95%의 사람들이 처음에는 매우 부끄러워합니다.

어떤 사람들은 그 정도가 훨씬 더 심합니다. 이들은 "내일은 꼭 그녀에게 말을 걸 거야. 용감하게 부딪쳐보는 거야."라고 속으로 다짐합니다. 그러나 그녀 앞에 가까워지면 얼굴이 빨개져서 말 한 마디 못 붙이고 그냥 지나쳐버립니다.

"아, 믿을 수가 없어. 난 왜 못하지?" 이렇게 몇 달이 지나갑니다. 어떤 사람들은 몇 년이 걸리기도 하지요. 얼굴에 여드름이 많이 나 있는 사람들은 성공 못하는 원인이 여드름에 있다고 생각합니다. 그리고는 크림을 발라 여드름을 감춥니다. 우리 모두 이런 일들을 겪었습니다! 나이가 들면 수염이 나서 여드름을 감추어주니까 크림은 더 이상 필요하지 않게 되지만, 남자들은 여전히 종종 부끄러워합니다.

어느 날 여러분은 마음속에 품고 있던 바로 그 이상형을 발견합니다. 이제 여러분의 마음은 그 사람 생각만으로 가득 차지만 그 사람은 여러분을 거부해버립니다. 얼마나 창피했던지요! 결국 여러분은 그 사람이 더 이상 이상형이 아니라고 결정하고 이상적인 사람의 범주를 다시 수정합니다.

꿈과 성공과 실패를 이어가는 동안 여러분은 계속 마음에 품고 있는 이상형을 바꿉니다. 그리고 점점 시간이 지나면서 여러분은 아는 사람들을 모두 복합시킨 이상형을 만들어냅니다. 그러나 일반적으로 이상형은 성공적으로 첫 성관계를 맺은 파트너와 닮는 경우가 많지요. 결국 우리는 인생의 나머지 기간 동안 첫 번째의 파트너 타입과 동일한 남자나 여자를 쫓아다니다가 세월을 다 보내는 셈이 됩니다.

여러분이 이제까지 만났던 이성 파트너들을 돌이켜보면 거의 모두 비슷한 스타일이라는 사실을 확인할 수 있을 것입니다. 물론 어떤 경우에는 실연에 대한 반작용으로 다른 스타일을 찾은 예외도 있었겠지만 말이지요. 남성들이나 여성들이나 모두 마찬가지입니다. 우리에게는 첫사랑의 경험이 강하게 각인되어 평생 동안 비슷한 타입의 사람들을 찾아다니는 것입니다.

사실 이것은 참으로 어리석은 짓입니다. 재미있는 계산을 통해 우리는 이것이 얼마나 어리석은 짓인지 증명할 수 있습니다. 지구상에는 약 50억 명의 사람들이 살고 있습니다. 그러나 이 숫자는 내가 말하는 순간 변해버립니다. 왜냐하면 1초에 3명씩 아기들이 새로 태어나기 때문이지요. 50억 명에서 대략 반을 빼면 25억 명이 남는데, 이 숫자가 여러분 자신의 보완적인 성을 지닌 사람들입니다. 나는 여기서 반대 성이라는 단어를 쓰지 않았는데, 그것은 남성과 여성이 서로 반대되는 사이가 아니라 보완적인 관계이기 때문입니다.

현재 이 세계에서 여러분의 보완적인 성을 지닌 25억 명에서 노인과 어린이들을 빼면 15억 명 정도가 남게 되는데, 이 숫자가 바로 여러분이 애정 관계를 맺을 수 있는 사람들입니다.

지구상에서 여러분처럼 불어를 사용하는 사람의 수는 7천만 명 정도 될 것입니다. 그리고 사회적 위치가 서로 다른 사람들은 서로 만날 기회가 거의 없기 때문에 이런 사람들도 배제해야 되겠지요. 그러면 최대 천만 명 정도의 보완적인 사람이 남습니다.

여기서 가능성을 더 좁혀보기로 합시다. 여러분이 만날 가능성이 있는 파트너가 사는 곳을 여러분이 사는 지역으로 제한한다면 그 수는 백만 명에 불과할 것입니다. 여기서 또 여러분과 취향이 서로 다른 사람들과 여러분의 이상형이 아닌 사람들이 전체의 10분의 9라면 이들을 제하고 남는 사람들은 이제 십만 명밖에 되지 않습니다.

가능성의 범위를 더욱 좁힐 수 있습니다. 왜냐구요? 그건 다른 사람들도 자신만의 이상형을 갖고 있기 때문이지요. 그들은 또 인종차별주의자일 수도 있고, 종교적 광신자일 수도 있으며, 이교도에 대해 증오심을 갖고 있는 사람일 수도 있습니다. 이런 사람들은 여러분을 배척할 것입니다. 이들이 10분의 9를 차지한다고 하면 여러분이 만날 가능성이 있는 파트너의 수는 만 명이 됩니다.

자, 이제 여러분이 사는 지역에서 여러분의 취향과 맞고 여러분이 마음속에 품고 있는 이상형과 같은 이미지를 갖고 있는 잠재적인 파트너의 수는 만 명입니다. 사정이 이런데도 여러분에게 이상형은 한 사람 밖에 없다고 생각하며 낙담만 하고 있을 겁니까?

물론 이것은 대충 계산한 것이지만, 이것을 통해 여러분이 손만 뻗으면 닿을 수 있는 곳에 얼마나 많은 가능성이 있는지 잘 알 수가 있습니다. 여러분이 아직도 더 고르기를 원한다 하더라도 최소한 500명의 이상적인 파트너가 존재합니다. 여러분의 기대에 꼭 맞는 이상적인 파트너가 500명은 된다는 것이지요. 여러분이 외롭다고 느낄 때 이 숫자를 한번 생각해 보세요. 굉장하지 않습니까? 지금 여러분을 만나고 싶어 하는 사람들이 500명이나 있단 말입니다. 자, 여러분이 사랑하는 사람을 찾고 짝을 갖는 꿈을 꾸고 있다면 찾으러 나서세요.

물론 노력이 필요합니다. "난 절대 성공 못할 거야. 난 부끄러움을 너무 타고 너무 내성적이야." 라고 생각하면서 방안에만 박혀 있다면 아무 것도 이루어지지 않습니다. 이건 틀림없는 사실입니다. 여러분이 많은 사람들을 만나고 많은 대화를 나눌수록 여러분은 여유가 생기게 되고 이상적인 파트너를 만날 기회가 더욱 많아집니다. 여러분이 만나는 사람들을 똑바로 바라보고 미소를 지어야 합니다.

우리는 누구나 어떤 사람을 본 순간 갑자기 특별한 무언가가 솟구치는 듯한 느낌을 경험한 적이 있습니다. 어떤 사람들은 이것을 "첫눈에 반했다."라고 표현합니다. 한번 마주친 눈길에, 한번 가볍게 스친 손길에 설명할 수 없는 무언가가, 환상적인 무언가가 솟구칩니다. 그러면 우리는 꼼짝할 수가 없습니다.

길을 가다가 어떤 사람을 스쳐지나갈 때 사랑을 느끼는 경우도 있습니다. 그러면 우리는 그 환상이 깨질까봐 두려워 말을 붙일 엄두조차 못 냅니다. 환상에 도전하는 위험을 무릅쓰기 보다는 꿈으로 간직하는 편을 택하는 것이지요. 그러나 도전해야 합니다. 과감히 나서야 합니다. 최악의 사태는 어떤 것이겠습니까? 그 사람이 여러분이 찾던 이상적인 파트너가 아니었다는 사실을 알게 되는 것인가요? 그렇다면 아무 문제도 아닙니다. 여러분에게는 아직도 499명이나 남아 있으니까요.

여러분이 누군가를 만날 때마다 그 사람이 누구든 똑바로 바라보세요. 마치 그 사람이 여러분의 인생에서 가장 중요한 사람인 것처럼 말입니다. 여러분의 직장에서도 마찬가지입니다. 사람을 만날 때마다 자신에게 이렇게 말하는 겁니다.

"이 사람은 내게 백만 달러를 벌게 해 줄 사람일지도 몰라."

여러분의 마음에 드는 사람을 만날 때마다 여러분이 항상 기다렸던 이상적인 파트너가 바로 이 사람일지도 모른다고 생각하세요. 그러면 그 결과가 어떤 의미 있는 것이 되든 아니든 그 사람과의 관계에 친밀함이 생성될 것입니다. 여러분이 자신의 최선의 모습을 보여주지 않는 바람에 이상적인 파트너를 만날 수 있었던 기회를 놓쳐버렸다고 생각해 보세요, 얼마나 애석한 일이겠습니까!

처음부터 여러분이 가진 모든 좋은 점들을 활용하도록 노력하세요. 그 사람에게 다가가는 것을 두려워해서는 안 됩니다. 모험심을 갖고 공세적이 되어야 합니다. "공세적"이라는 말은 상대편을 향해 나아간다는 의미입니다. 상대편을 향해 부정적으로 나아갈 수도 있겠지요. 폭력적일 경우에는 그렇습니다. 그러나 긍정적으로 나아가는 것입니다. 상대편에 호의적으로 접근한다는 의미이지요. 자, 시도해 보세요!

이제부터 누군가를 만날 때마다, 여러분이 하나의 우주이듯 그 사람도 마찬가지로 하나의 우주임을 의식하세요. 그리고 그 사람에게 다가서면서 이 순간이 여러분의 인생에서 가장 아름다운 순간이라고 생각하는 겁니다. 가장 아름다운 순간은 바로 지금 이 순간, 즉 다음에 일어날 순간을 준비하는 순간이기 때문입니다.

부부

두 사람이 부부를 이룰 때 이 둘은 그들의 환경으로부터 멀어지려는 경향이 있습니다. 대부분의 부부들이 이런 비슷한 것을 경험한 적이 있습니다. 부부는 각자의 개성을 포기하고 스스로를 부부생활에만 가두려고 합니다. 주위의 환경에 자신을 열고, 지성을 개발시킬 수 있는 모든 자극에 반응하고, 다른 사람들과 대화하고, 모든 긍정적인 접촉을 받아들이는 대신 그들은 부부라는 단 하나의 틀 속에서만 존재하려 합니다. 그리고 그들은 상대편을 부부의 테두리 안에 가두어 버립니다.

부부는 먼저 친구들 및 친척들과 멀어지기 시작합니다. 외출도 덜 하게 되지요. 모든 것을 둘이서 함께 하고 있는 사이 질투심이 조금씩 끼어들기 시작합니다. 이 시점은 불완전한 두 사람이 하나의 결합을 이루는 때입니다. 실제로 어떤 부부들은 상대편을 “다른 반쪽”이라고 부르지요. 그러므로 부부는 각자 인생의 반을 자신을 위해 살면서 다른 반씩을 합한 하나의 인생을 함께 나눠 갖습니다. 어느 철학자가 이렇게 말했지요. "나의 인생은 나눠 갖기엔 너무 짧다."

첫눈에 서로 이끌려 여러분을 결합시킨 그 사랑을 파괴하는 가장 좋은 방법이 바로 부부의 테두리에 갇히는 것입니다. 어떤 부부들은 가정에만 갇혀서 외부와 완전히 단절되어 지내기도 합니다. 이들에겐 가정 이외에는 아무 것도 존재하지 않습니다. 그러다가 아기를 낳으면 아기가 가장 중요한 존재가 됩니다. "오! 예쁜 우리 아기! 너무 귀여워." 전에는 그렇게 좋아 했던 나머지 것들은 모두 그들의 생활에서 사라져버립니다.

이런 형태의 가정은 그 구성원들을 압박하게 됩니다. 그들은 “내 아내, 내 아이, 내 남편, 내 어머니, 내 아버지” 라고 말하면서 소유욕을 표현하고 사랑의 대상을 한정시킵니다. 그러나 소유욕의 바로 다음 단계는 질투심입니다!

부부는 실제 이런 형태보다 훨씬 더 아름다울 수 있습니다. 이상적인 부부는 외부 세계에 활짝 열려 있으면서 서로 자유롭게 사랑하는 두 사람의 의식적인 개인이 만드는 멋진 결합입니다. 사랑이란 우리의 존재를 통해 상대방이 좀 더 행복해질 수 있는 기회를 주는 것이므로, 만약 우리의 존재가 그를 더 행복하게 만들어주지 못한다면 고함을 지르거나 비난하거나 하지 말고 말없이 떠날 줄 알아야 합니다.

부부는 교묘한 속임수로써 상대편의 행복을 빼앗기 위해 함께 사는 것이 아닙니다. 결혼이 바로 그런 것입니다. 카톨릭의 결혼식에서는 신부가 이렇게 말합니다. "당신들은 좋을 때나 나쁠 때나 부부로 함께 지내야 합니다." 이 말에 대해 곰곰이 생각해본 적 있습니까? 이 말은, 두 사람이 결혼했다는 것은 최악의 상황에서도 함께 살겠다고 약속했다는 의미입니다. 두 사람에게 어떤 일이 일어나든 결혼의 멍에 속에서 계속 함께 살지 않으면 안 되는 것이지요. 이것이 바로 여러분이 원하는 것입니까?

서로 사랑하는 두 사람이 함께 살 때는 최상을 위해 살아야 합니다. 때때로 극복해야 할 시련이 닥치면 부부는 그 시련을 기쁨으로써 함께 극복하기로 결정할 수 있습니다. 그러나 이런 경우 각자의 결정은 각자의 자유로운 선택에 맡겨져야 합니다.

어떤 일이 일어나든 최악의 상황이 닥치기 전에 아직 좋은 상태에 있을 때 서로 헤어질 수 있도록 해야만 합니다.

"사랑은 거래가 아닙니다."

"당신을 사랑해."라는 말을 하면서 "나도 사랑해."라는 말을 기대한다면 이것은 거래와 다를 바 없습니다. 무언가 되돌아 올 것을 기대하면서 주는 것은 사랑이 아니라 물물교환입니다. 어떤 사람들은 "난 널 사랑해. 그런데 넌 나를 사랑하니?"라고 묻기도 합니다. 그것이 자신의 생존을 위해 아주 중요한 듯이 묻지요. 마치 젖을 먹고 싶어 하는 아기들처럼 말입니다.

사랑한다는 것은 자신에게 기쁨을 주는 사물이라든가 사람 등 모든 대상들에 대한 소유욕을 버리는 것입니다. 사랑은 아무런 대가도 기대해서는 안 됩니다. 사랑은 그저 사랑의 기쁨 때문에, 사랑의 행복 때문에 사랑하는 것이며 상대방으로부터 아무 것도 바라지 않고 "사랑해"라고 말하는 것입니다. 우리는 상대방으로부터 사랑을 요구해서는 안 됩니다. 상대편의 사랑이 그저 자연스럽게 오도록 내버려 두어야 합니다. 상대편으로부터 사랑한다는 말이 돌아오지 않아도 걱정할 필요 없습니다. 그의 행동을 가만히 지켜보고 느껴보세요. 때때로 사람들은 말이 필요 없을 만큼 뚜렷한 행동으로 자신을 표현하니까요.

그러나 스스로 기쁨을 느끼기 위해, 그리고 상대방에게 기쁨을 주기 위해 사랑한다고 말하는 것도 또한 좋습니다. 사랑한다는 말은 단어 그 자체의 음률이 너무나 아름답기 때문입니다. 사랑하는 사람이 여러분 곁에 있을 때 그렇게 말하세요. 어느 날 그 사람은 더 이상 여러분 곁에 있지 않을 것입니다. 사랑한다고 말해주고 싶었는데도 그렇게 하지 못했다면 이미 때가 늦어버린 것입니다.

여러분이 누군가를 사랑한다면 그렇게 말하세요. 늦기 전에 그렇게 해야 합니다. 우리에게 내일 무슨 일이 일어날지 아무도 알 수 없습니다. "나는 당신이라는 존재를 사랑합니다." 이렇게 간단하게 말하는 겁니다. 처음에는 눈빛으로, 그 다음에 말로써 하세요. 이렇게 간단하게 표현하는 데 익숙해 있지 않기 때문에 좀 어색한 기분을 느낄 수도 있겠지만 말입니다.

대부분의 사람들은 사랑은 주고받는 것이라는 생각에 길들여져 있기 때문에 상대방이 자신의 말을 성관계를 바라는 것으로 해석할까봐 두려워 그들의 사랑을 감히 표현해볼 생각도 못 합니다.

때로는 그럴 수도 있지요. 그러나 우리는 가끔 단지 다른 사람을 의식하고 있다는 사실을 표현하고 싶어서, 다른 사람의 가치를 인정하고 싶어서 그렇게 말하고 싶은 때가 있습니다. "나는 당신과 같은 시대에 살고 있다는 사실이 매우 행복합니다. 당신과 가까이 있다는 것은 나에게는 큰 영예입니다. 왜냐하면 당신도 나처럼 엘로힘의 이미지대로 창조된 사람이니까요. 내가 동성애자라도 당신이 여자든 남자든 상관없이 이렇게 당신과 가까이에 살아 있다는 사실이 너무나 행복하고 자랑스럽습니다. 당신이 이 땅에 태어나기 전이거나 죽고 난 뒤가 아니라 우리가 가진 이 짧은 의식의 순간동안 당신과 같은 시간에 살고 있다는 것이 행복합니다."

제10장

과학

" 과학은 인류에 봉사하고
인류를 자유롭게 만드는 데 사용 되어야지
인류를 파괴하거나 불화를 일으키는 데
사용되어서는 안 됩니다."

“과학은 피할 수 없습니다.”

2002년 12월, 콩고의 브라자빌

오늘날의 세계는 새로운 과학시대에 접어들고 있습니다. 이 새로운 과학시대에는 모든 연구가 용인될 것이며 기술혁명에 의해 기존의 모든 가치관들이 뒤집어질 것입니다. 장차 과거를 되돌아보게 되면 현재 제기되고 있는 복제에 관한 논란은 너무나 하찮게 여겨질 것입니다.

그렇지만 복제는 인류가 이루어야할 특별한 목표입니다. 복제는 인간의 가장 치명적 질병인 죽음을 정복할 수 있도록 만들어줄 것입니다. 성서나 기타 고대 문헌에는 인간이 신과 동등하게 될 것이라고 예언되어 있는데, 이를 가능하게 해주는 것이 바로 복제입니다. 왜냐하면 신의 특권이란 바로 “불사”이기 때문이지요.

우주탐사는 아직 초기단계에 불과합니다. 우리는 이제 겨우 진정한 우주여행의 가능성을 희미하게 보기 시작했을 뿐입니다. 인간은 속도의 제한이 걸림돌이라는 것을 이해하게 되면 곧 빛의 속도보다 더 빨리 여행하는 것이 가능하다는 사실도 발견하게 될 것입니다. 실제로 이미 광속보다 빠른 어떤 입자들을 발견하기 시작했습니다. 광속 극복의 때가 눈앞에 보이고 있습니다.

우리 지구의 과학은 아직 매우 초보적인 단계에 있다는 사실을 이해할 필요가 있습니다. 인간의 과학이 발전하기 시작한 지는 겨우 1세기 밖에 되지 않았습니다. 우리가 어떤 것에 대해 분명한 해답을 얻었다고 생각한 것도 일 년만 지나면 틀렸다는 것이 밝혀지곤 합니다. 이런 모든 발견들은 컴퓨터 덕분입니다. 컴퓨터의 성능은 해마다 2배씩 높아지고 있습니다. 우리 인류의 진보에는 점점 가속도가 붙어 머지않아 우리는 단 1분 동안에 과거 인류의 전체 역사에서 발견했던 것보다 더 많은 것들을 발견할 수 있게 될 것입니다. 나는 다음 세기를 말하는 것이 아닙니다. 이것은 대략 20년 내에 가능해질 것입니다. 이 시대에 살고 있는 모든 사람들이 이것을 경험할 것입니다.

물론 모든 분야에서 상상도 할 수 없는 변혁들이 일어날 것입니다. 현재 전통의 껍질에 틀어박힌 채 우리 지구를 지배하고 있는 노인들로서는 이런 상황에 대처하기 힘들 것입니다. 그들이 신속하게 대처하지 않는다면 현재의 낡은 시스템은 붕괴될 것입니다.

나노 기술의 예를 들어보지요. 나노 로봇의 크기는 너무나 작아 한 방울의 물 속에 100억 개의 나노 로봇들을 채워 넣을 수가 있습니다. 이런 로봇은 물질을 원자 단위에서 재조립하는 것이 가능합니다.

이 말이 실감나지 않는 사람도 있겠지요. 그럼 우리 일상생활에서의 예를 하나 들어보기로 합니다. 여러분 집의 부엌에 전자레인지처럼 보이는 작은 오븐이 하나 있습니다.

여러분은 거기 달린 마이크에 대고 "상추 샐러드를 먹고 싶어."라고 말합니다. 그러면 이 오븐이 우리 주위 모든 곳에 존재하는 원소들로부터 상추 잎을 구성해 냅니다. 이렇게 땅에다 야채를 재배하지도 않고, 지구를 오염시키는 비료를 사용하지도 않고, 그리고 슈퍼마켓까지 생산품을 운송하는데 시간을 낭비하지도 않고 간단하게 샐러드가 제조되는 것이지요.

정말 놀랍지 않습니까? 다른 예를 들어 볼까요? 여러분이 스테이크를 먹고 싶다고 생각해봅시다. 간단합니다. 그저 오븐에다 대고 "비프스테이크!" 라고 말하면 그 기계가 자동적으로 여러분이 원하는 비프스테이크를 만들어 줍니다. 왜냐하면 상추든 비프스테이크든 모든 물질은 마찬가지 기본 원소들로 구성되어 있기 때문이지요. 도살할 필요가 없으므로 동물들에게 고통 줄 일도 없습니다.

이처럼 신기술은 우리 인류의 삶에 엄청난 변화를 가져올 것입니다. 신기술로 인해 생산성이라든지 사회학이라든지 세계경제라든지 하는 개념은 붕괴될 것입니다. 이런 시대가 빠르게 다가오고 있습니다. 우리는 지금부터 이에 대비하지 않으면 안 됩니다.

나노 기술에 의해 사라지는 노동

2001년 10월 7일, 스위스의 제네바 총회에서

나는 27년 전부터 화폐와 노동이 사라질 것이라고 말해왔습니다. 인간은 노동하도록 설계되지 않았습니다. 27년 동안 내가 이렇게 말해왔지만 사람들은 비웃었지요. 복제에 대해 내가 예언했을 때 비웃었던 것처럼 말입니다. 어쨌든 과학은 발전하고 있으며, 나노 기술은 어느 누구에게도 노동을 요구하지 않고 우리 사회에 필요한 모든 물질들을 제공해줄 것입니다.

지구상의 모든 컴퓨터들을 서로 연결시키면 모든 인간의 지능을 서로 연결시킨 것보다 더 똑똑할 것입니다. 그러나 이런 인공지능은 인간 지능의 연장선에 불과하지요. 오늘날 모든 반복적인 작업들을 대신 해주는 로봇과 컴퓨터를 이용함으로써 인간의 지능은 기하급수적으로 증대되고 있습니다. 이제 곧 사무실과 연구실에서 일할 사람들은 더 이상 필요하지 않게 될 것입니다. 물론 재미로 그렇게 하기를 원한다면 항상 할 수는 있지만 의무적으로 그렇게 하지는 않게 될 것입니다.

이제 땅에서 금속과 석유를 캐기 위해 더 이상 광부가 필요 없게 될 것입니다. 그 대신 땅 속에 수십억 개의 미세한 로봇들을 집어넣으면 그 로봇들이 우리를 위해 원자재들을 채취해줄 것입니다. 그러면 다른 로봇들이 이것을 공장으로 운반하고, 그곳에서는 또 다른 나노 로봇들이 이를 정제하고 가공할 것입니다. 농업, 목축 기타 모든 산업들도 필요 없게 될 것입니다.

이런 것은 사회에 엄청난 영향을 미칠 것입니다. 사람들이 누구나 120살까지 산다면 현재 60세 내지 65세부터 시작되는 퇴직제도는 재검토되어야 할 것입니다. 원하는 사람만 일하고 또 재미있는 일만 한다면 일하는 것도 괜찮겠지요. 그러나 모든 것을 무료로 획득할 수 있기 때문에 물건을 판매하는 일은 불가능해 집니다. 상업은 더 이상 필요 없게 되는 것이지요. 이것은 완전히 다른 경제 시스템입니다.

내가 이런 말을 하면 어떤 사람들은 여전히 비웃습니다. 웃을 수 있을 때 얼마든지 비웃으라지요. 그러나 이 같은 시대는 곧 다가옵니다!

삶의 새로운 이해

나노 기술, 복제, 영원한 생명의 탐구, 이런 것들은 모두 놀라운 과학입니다. 그러나 각국 정부는 이를 두려워해 윤리위원회를 만들었습니다. 하지만 정말로 인류에게 위험한 것은 원자폭탄이나 세균무기, 생화학무기들이 아닐까요? 왜 이런 무기들의 생산을 통제함으로써 인류를 보호하기 위한 윤리위원회는 어느 나라에도 설치되어 있지 않은가요? 그런데도 아기에게 새 생명을 주려고하는 데는 윤리위원회가 필요하다고 합니다!

원자폭탄이 몇 초만에 수만 명의 사람을 죽일 수 있고 지구상의 모든 생명체들을 멸망시킬 수 있음에도 불구하고 사람들은 이것을 그렇게 위험한 것으로 생각하지 않고 있습니다. 지구를 초토화시킬 전염병을 만들어내는 세균무기에 대해서도 그리 심각하게 받아들이지 않습니다. 그러나 아기를 한 명 복제하는 것은 엄청난 일로 생각합니다. 얼마나 놀랍습니까! 우리 인류는 지금 철저한 정신적 혼동에 빠져 있는 것이 아닌가요?

"무기 개발은 죽음의 과학이지만 복제는 생명의 과학입니다."

재미있는 사실은 복제에 반대하는 사람들은 낙태에도 반대하는 그 사람들이라는 점입니다. 그들은 태아에게도 살 권리가 있다고 말하지만, 병원에서 숨진 10개월 된 아기에게 다시 생명을 돌려주려고 하면 있을 수 없는 일이라고 목청을 높입니다. 나는 그들에게 이렇게 말하고 싶습니다. "잠깐만 생각해보세요. 그 아이에게 생명을 가질 권리가 있습니까, 없습니까? 있다면 그 아이가 존재할 수 있도록 우리가 줄 수 있는 모든 기회를 그에게 주어야만 합니다."

행성간 문명

우주여행이 바로 코앞에 있습니다. 우리가 우주를 탐험한다고 해서 우주를 우리 것이라고 부를 수는 없습니다. 우주 속에 산다고 우주의 주인이 아니기 때문이지요. 가끔 "우주 식민지" 라는 말을 듣습니다. 식민지라는 말 속에는 다른 주민들이 살고 있는 행성을 침략하여 그들에게 우리의 관습을 따르도록 강요하겠다는 말입니다. 안 됩니다. 절대로 그렇게 해서는 안 됩니다. 탐험은 할 수 있지만 식민지는 절대 안 됩니다. 우주탐험을 하려면 식민지에 대한 생각은 버려야 합니다. 그 대신 사랑과 대화와 교류를 발전시켜야 합니다.

출생률을 조절하지 못하면 복제로 인해 인구과잉 현상이 나타날 수 있으므로 총인구를 제한할 필요가 있습니다. 그러나 인류가 현명하다면 영원한 생명을 원하는 사람들은 아기를 낳지 못하도록 할 것입니다. 엘로힘의 세계에서는 그렇게 하고 있지요. 아기도 낳고 또 자신도 영원히 재생되어서는 안 됩니다. 우리는 둘 중 하나를 선택해야 할 것입니다. 이렇게 하면 문제가 없습니다.

우리는 이제 막 놀라운 세계로 들어서고 있습니다. 아직 탐험해보지 못한 우주로 진입하는 것이지요. 그러나 엘로힘처럼 우리도 우주를 모두 다 탐험하지는 못할 것입니다. 무한우주의 모든 곳을 다 발견하는 것은 불가능하기 때문이지요.

그러나 우리 자신의 행성인 이곳에서 행복하게 사는 것이 가장 중요하다는 사실을 잊어서는 안 됩니다. 그러려면 인구과잉이 되지 않도록 주의해야겠지요. 우리는 노동할 필요도 없고 화폐도 필요 없는 세상에서 신처럼 살게 될 시대에 접근하고 있습니다. 아직 그곳에 도달하지는 않았지만 아주 가깝습니다.

미국 의회에서의 라엘 초청 연설

2001년 3월 28일

나는 나의 증언을 4세기 전 카톨릭교회의 기독교 권력에 의해 사형선고를 받고 산 채로 불태워져 죽었던 지오다노 브루노에게 바치고 싶습니다.

그들은 지구가 자기 축을 중심으로 돈다는 말을 했다고 갈릴레오에게 유죄를 선고했던 바로 그들이었습니다.

오늘의 논점은 "우리가 인간복제를 지지할 것인가 반대할 것인가"가 아니라 "우리가 과학의 자유를 지지할 것인가 반대할 것인가"입니다. 나는 여기 전 세계 36명의 최고 과학자들과 철학자들이 서명한 선언문을 가지고 있는데, 이것을 여러분 모두에게 한 장씩 나누어 드리겠습니다. 이분들 중에는 DNA의 공동 발견자 중 한 사람인 프랜시스 크릭 및 많은 노벨상 수상자들이 포함되어 있으며, 그들은 인간복제의 자유를 과학의 자유의 일부로서 지지하고 있습니다.

왜 나는 브리짓트 봐셀리에 박사에게 최초의 인간복제 회사를 미국에 설립하라고 요청했을까요? 왜냐하면 미국은 자유의 나라로서 전 세계의 모델이 되는 헌법을 가지고 있으며, 또한 여러분의 제도 중에서 가장 놀라운 보석인 최고재판소를 갖고 있기 때문입니다. 최고재판소는 미국의 헌법이 존중받도록 보장해줄 뿐 아니라, 미국 시민들이 자신의 정부와 국회의원들에게 반대할 수 있는 자유까지도 보장해 줍니다.

이와 같은 제도에는 교회와 국가의 분리도 포함되어 있는데, 사실 이것은 교회와 과학의 분리를 의미하는 것입니다. 비록 인간복제가 법률로써 금지된다고 하더라도 최고재판소는 과거 시험관수정(IVF) 문제에서 그랬던 것처럼, 그러한 법률이 헌법에 위배되기 때문에 그것을 취소시킬 것이라고 나는 확신하는 바입니다.

만약 100년 전에 종교세력들이 과학의 자유를 금지하는 법안을 통과시킬 수 있었다면, 오늘날 우리는 항생제, 수술, 수혈, 장기이식, 백신, 자동차, 전기, 컴퓨터, 비행기 등등의 혜택을 누리지 못하고 있을 것입니다.

과학을 중단시키는 것은 인류에 대한 범죄입니다. 만약 그런 발견들이 100년 전에 금지되었다면, 30억의 사람들은 결코 삶을 즐길 수 없었을 것이며, 그 대신 태어난 지 얼마 되지 않아 죽어버렸을 것입니다. 그 숫자 속에는 여러분의 부모 또는 여러분 자신이 포함되어 있을지도 모릅니다. 우리들 중 적어도 90%는 과학의 혜택 덕분에 오늘까지 아직 살아 있다고 말할 수 있을 것입니다.

30억 명이라면, 이것은 히틀러와 나폴레옹뿐 아니라 인류에 대한 그 어느 범죄자가 죽인 사람들보다도 많은 숫자입니다. 오늘 여러분들의 손에는 현재 살아 있거나 미래에 살게 될 수십억 명의 생명이 달려 있습니다. 여러분이 수십억 명의 생명을 구한 영웅으로 기억될 것인가, 아니면, 과학의 발전을 지연시킴으로써 질병 치료의 가능성과 새로운 생명을 부정한 인류에 대한 범죄자로 영원히 기억될 것인가는 여러분의 선택에 달려 있습니다.

여러분이 어떻게 하더라도, 여러분은 과학의 발전을 지연시키는 것밖에는 할 수가 없습니다. 왜냐하면 인간복제는 결국 어딘가에서 실현될 것이며, 다행스럽게도 그 무엇이든 과학을 중단시킬 수는 없기 때문입니다. 그러나 그런 법률은 연구를 지연시킬 수가 있고, 그 결과로 고통 받을 사람들은 보통사람들입니다. 그리고 바로 여러분들이 그 지연에 대해 책임을 져야할 것이며, 그로 인해 발생되는 죽음과 고통들에 대해서도 책임을 져야할 것입니다.

이런 죽음과 고통은 또한 여러분 자신의 것이 될 수도 있습니다. 왜냐하면 국회의원들이라고 해서 갑자기 찾아오는 질병에 면역을 갖고 있지는 않으며 또한 여러분들의 자녀들이나 손자들도 그렇기 때문입니다. 여러분 자신이 만든 법률이 과학의 발전을 지연시킴으로써, 사람들이 치료를 받지 못하고 죽게 될지도 모른다는 사실을 기억하시기 바랍니다.

인간복제에 반대하는 종교인들은 낙태나 수혈 또는 수술을 거부할 자유를 갖고 있는 것과 똑같이, 자기 자신이나 자기 자녀들의 복제를 거부할 자유를 가져야만 합니다. 또 미래에 인간복제가 우리들이 영원한 삶에 도달하는 것을 가능하게 만들어 주었을 때에도, 그들은 죽을 자유를 가져야만 합니다. 왜냐하면 어느 누구에게도 영원히 사는 것이 강요되어서는 안 되기 때문입니다.

그러나 무신론자들이 그럴지는 모르겠지만 삶을 즐기는 사람들과, 인간복제 및 그것이 가져올 영원한 생명을 포함한 과학발전의 열매를 즐기기를 원하는 사람들도 그 혜택을 누릴 권리를 가져야만 합니다. 종교와 미신은 서로 다를 바 없는 것으로서, 만약 종교와 미신이 과학을 지배하고 있다면 우리는 아직까지도 암흑시대에 살고 있을 것입니다.

위대한 미국의 헌법에는 종교적 자유를 누릴 권리가 포함되어 있는데, 이것은 또한 라엘리안들처럼 무신론자가 될 권리와, 그리고 우리 라엘리안들보다 더욱 더 많은 미국인들이 믿고 있는 바와 같이 신은 존재하지 않는다고 믿을 자유도 있다는 것을 의미합니다.

우리 라엘리안들은 과학이 우리의 종교가 되어야만 한다고 믿습니다. 왜냐하면 종교와 미신이 사람들을 죽이는 반면, 과학은 생명을 살리기 때문입니다. 과학은 미신과 초자연적인 믿음을 깨뜨립니다. 바로 이 때문에 종교는 항상 과학과 진보의 적이 되어왔으며, 또다시 온힘을 다해 과학을 저지하려고 노력하고 있는 것입니다.

사람들이 인간복제의 혜택을 받기를 원하는지 원하지 않는지 각자의 결정에 맡김으로써, 여러분은 다시 태어나지 못할 아기들의 권리를 보호하게 될 것입니다. 현재 우리는 의료과실로 사망한 10개월 된 아기를 복제하고 있는데, 이와 같이 복제는 아기들에게 다시 살 수 있는 기회를 줍니다. 여러분의 사랑하는 자녀나 손자가 그럴 수도 있을 것입니다. 이 점을 잘 생각해 보시기 바랍니다.

국회의원들은 암흑시대 세력과 미신의 공범자들이 되어서는 안 됩니다. 그렇게 한다면 역사가 그들을 심판할 것입니다. 지오다노 브루노를 산 채로 불태우는 실수를 다시 저지르지 마십시오!

* 우주인의 메시지 (라엘 저, 도서출판 메신저 발행)
* YES! 인간복제 (라엘 저, 도서출판 메신저 발행)

제11장

현 세계에 대한 고찰

"고독은 무거운 짐이 아니라
그 반대로 풍요로움의 근원입니다.
우리는 홀로 태어나서 홀로 살다가 홀로 죽습니다.
모든 위대한 창조는 고독 속에서 이루어집니다."

정보조작:
권력을 쥔 자들이 사용하는 무기

1991년

권력을 쥔 자들이 그 권력을 유지하기 위해 사용하는 원칙 가운데 하나는 두려움을 조장하는 것입니다. 그들은 사람들을 서로 의심하게 만들고 정보를 주지 않거나 조작된 정보를 줌으로써 사람들을 무지 속에 두려고 합니다. 상황을 이해하고 스스로 판단하기 위한 정보가 없는 사람들을 통제하는 것은 언제나 훨씬 더 쉽습니다.

각국의 정부는 모두 이렇게 치밀하게 행동합니다. 그들은 그런 현실을 감당할 준비가 되어 있지 않은 사람들을 보호한다는 구실로 지식의 발전을 막습니다. 그리고 그들은 용의주도하게 두려움을 조장합니다. 다른 사람들에 대한 두려움, 공산주의에 대한 두려움, 나라에 따라서는 자본주의에 대한 두려움, 다른 인종에 대한 두려움, 다른 종교에 대한 두려움, 에이즈에 대한 두려움, 신이나 악마에 대한 두려움, 이단종파와 소위 세뇌에 대한 두려움, 유전공학에 대한 두려움, 진보에 대한 두려움, 오염에 대한 두려움, 천재에 대한 두려움 등등 많은 두려움이 있지요.

사람들을 무지 속에 두려는 치밀한 책략이 없었더라면 이런 두려움들은 우리 사회에서 벌써 오래 전에 사라졌을 것입니다. 만약 정직하고 발전적인 교육을 통해 사람들에게 적절한 과학적 프로그램을 제공했더라면 사람들은 각자 자신의 의견을 정립하고 더 이상 두려워하지 않게 되었을 것입니다. 그러나 그랬더라면 사람들을 조종하고 통제하기는 더 어려웠겠지요. 악마도 존재하지 않고 적도 존재하지 않는다는 사실을 깨달으면 더 이상 정부의 보호가 필요 없게 되니까요.

전통을 고수하고 사람들을 의식이 없는 얼간이로 만들어 중세 암흑기와 같은 시대를 계속 유지하려는 세력은 크게 세 부류가 있습니다.

첫 번째는 정치권력입니다. 정치권력은 자신의 특권을 유지하기 위해 무엇이든 할 준비가 된 사람들로 구성되어 있습니다. 그들은 자신의 정치적 생명을 지키기 위해서는 몇 번이든 정당을 바꾸는 것도 서슴없이 해버립니다. 그들의 최근 연설을 들어보고 과거에 했던 말과 비교해보세요. 너무나 다릅니다. 그들은 자리를 지키거나 차지하기 위해서 통상 사람들이 듣고 싶어 하는 말을 하는데, 불행하게도 이것이 효과가 있습니다. 이런 식으로 독재자들은 민주적인 선거에 의해 선출되어 합법적으로 권력을 잡을 수 있게 됩니다.

그러나 이들의 노력에도 불구하고 오늘날 우리 사회의 통신 수단들이 점점 효율적으로 발달함으로써 정보가 계속 유통되고 있는 것은 다행한 일입니다. 그 결과 사람들은 자신들이 조종당하고 있었다는 사실을 깨닫기 시작했지요. 서구 국가들에서 선거의 기권율이 통상 50%가 넘는다는 것은 놀라운 일이 아닙니다. 이것은 인구의 절반 이상이 이제 더 이상 그들의 정치지도자들을 신뢰하지 않고 있다는 의미입니다. 이 같은 사실은 가장 최근에 실시된 여론조사에서 확인된 바 있습니다.

정치인들의 과거 연설들을 다시 들어보면 그들 대부분이 거짓말쟁이라는 사실이 분명해집니다. 만약 그들이 자신의 말 바꾸기를 흔히 그렇듯이 상황의 변화에 따른 것이라고 변명한다면, 100% 거짓말쟁이라는 평가는 받지 않을지는 몰라도 그런 변명은 자신의 무능을 증명하는 것 외에 아무 것도 아닙니다. 왜냐하면 통치란 예견하는 것인데 그들은 아무 것도 예견하지 못했기 때문이지요.

민주주의 제도 덕분에 이제 사람들은 그런 정치인들을 심판할 수 있습니다. 그리고 사람들의 두려움이 해소됨에 따라 오늘날의 과학시대에 맞는, 그리고 전 지구적인 의식에 부합하는 다른 새로운 형태의 정부를 찾게 될 것입니다.

두 번째는 거대한 전통종교 세력들입니다. 이들은 모든 사람에게 죄가 있다는 교리를 이용했습니다. 이것을 아주 효과적으로 써먹어 왔습니다. 죄를 지으면 천벌을 받는다는 두려움, 지옥에 대한 두려움, 악마에 대한 두려움, 복수하는 신에 대한 두려움 등 이 모든 두려움들을 지속시키고 수 세기 동안 그것들을 이용하여 쌓아올린 특권들을 지키기 위해서는 고대의 원전들을 왜곡하거나 삭제하는 일도 개의치 않았습니다. 그러나 사람들은 무지하고 미개하였기 때문에 그런 신비적인 이야기들이나 미신들을 그대로 받아들였으며, 심지어 그런 이야기들은 더욱 기괴하게 변질되었습니다.

그러나 사람들은 점차 더 많은 지식을 얻을 수 있게 되었고, 그 결과 오늘날 교회나 회교사원, 유태교당, 절에서 행해지는 예배에 참가하는 사람들의 수는 현저하게 감소하고 있습니다. 이제 곧 이런 낡고 시대에 뒤떨어진 전통 종교들은 사라지고 다른 새로운 것으로 대체될 것입니다.

세 번째는 군사 권력입니다. 군대는 정치권력의 지배를 받는 것으로 되어 있지만 실제로는 매우 강력하고 영향력 있는 집단입니다. 이들 또한 사람들에게 전달하는 정보를 조작함으로써 많은 것을 얻고 있습니다. 군대는 완전히 합법적으로 사람들을 세뇌할 수 있고 또 무력을 갖고 있기 때문에 모든 "종파"중에서 가장 파괴적인 집단입니다.

군사 권력은 역사가 시작된 이래 지금까지 지구상에서 인류에게 저질러진 수많은 살해에 책임이 있습니다. 군대는 국가 예산을 가장 많이 탕진하고 있는데, 이 막대한 돈을 대중의 교육과 과학의 발전에 배정한다면 모든 사람들에게 그 혜택이 돌아갈 것입니다. 이제 사람들은 무기를 쌓아올리는 것이 바보 같은 짓임을 깨닫기 시작했으며 세계적인 군비축소를 요구하고 있습니다. 20세기 말이 가까워짐에 따라 전세계에서 평화를 위한 시위와 군사력에 의해 희생된 사람들을 돕기 위한 활동들이 점점 더 많아지고 있습니다.

삶의 수준이 민족주의나 국기의 색깔보다 더 중요하다는 것이 분명해지고 있습니다. 오늘날 독일과 일본같이 군비를 축소한 국가들이 누리고 있는 경제성장이 좋은 예라 할 수 있겠지요. 이 나라들은 국방비 지출에 쓸 돈을 대신 과학연구와 기술개발에 씁니다. 이와는 반대로 세계 제2의 군사대국이었던 구소련은 붕괴되었으며 세계 최고의 군사대국인 미국은 엄청난 국방비 지출로 경제적 어려움을 겪고 있습니다.

언론의 거짓말

1991년

세계인의 의식 수준이 향상되기 위해서는 정보와 지식의 전달이 잘 되어야 합니다. 이런 점에서 언론매체들은 아주 중요한 역할을 맡고 있습니다. 각종 언론매체들의 편집인들은 사람들에게 정보를 제공하고, 대중의 의식을 향상시키고, 과학을 보급하고, 지식을 공유함으로써 공포심과 미신을 없애는 데 열정을 갖고 진정한 언론을 촉진시키지 않으면 안 됩니다.

그러나 불행하게도 현실은 정반대입니다. 오늘날 언론매체들은 거대한 재벌에 속해 있으며 그들의 유일한 목적은 돈을 버는 것입니다. 따라서 그들에게는 그들이 전달하는 정보의 질이나 진실성보다는 판매부수나 시청률 등이 더욱 중요합니다.

그들은 두려움이 가장 잘 팔린다는 것을 알고 있으며 또한 이를 이용하는 방법도 잘 알고 있습니다. 신문의 톱뉴스들을 한번 보세요. 텔레비전의 뉴스를 한번 들어보세요. 사람들에게 두려움을 조장하는 것이 부정적인 정보입니다. 그들이 긍정적인 정보와 부정적인 정보에 할애하는 지면이나 시간을 한번 비교해 보세요. 이렇게 비교해 보면 실상을 잘 알 수 있습니다.

정치권력이든, 전통종교 세력이든, 군대 권력이든, 이 모든 조직들은 언론과 긴밀한 관계를 유지하고 있습니다. 왜냐하면 이들의 관심사는 자신에게 유리한 정보를 유포시키거나 잘 조율된 거짓말, 즉 왜곡된 정보를 신속하게 꾸며내는 데 있기 때문입니다.

그러나 다행하게도 대중들에게 올바른 정보를 전달하려는 다른 종류의 매체들이 증가하고 있습니다. 정보 시장에서의 이들의 영역은 점점 확대되고 있으며, 반면에 전통적인 매체들의 영향력은 점점 약해지고 있습니다.

파산하는 신문사와 잡지사, 방송사가 늘어나는 것은 매우 긍정적인 일이며 우리에게 새로운 희망을 주고 있습니다. 이런 현상은 사람들의 분별력이 점점 향상되고 있다는 것을 나타냅니다. 사람들은 이제 거짓을 보도하는 신문이나 텔레비전 방송을 거부하기 시작했습니다.

거짓소문

국민들을 조종하거나 국민들의 지지를 얻기 위해 사용하는 거짓말은 언론매체들의 계략과 술수가 없다면 통상적으로는 먹히지 않을 것입니다. 이런 거짓말은 인류의 역사만큼이나 오래된 것으로서, 그런 행위가 없었더라면 인류는 현재와 과거의 많은 고통들을 피할 수 있었을 것입니다.

과거를 한번 돌아봅시다. 과거에도 정보조작이라는 속임수와 사기를 통해 직, 간접적으로 이득을 보는 자들이 있었으며 그런 행위는 모든 곳에서 저질러졌습니다. 당시에는 진실이라는 것이 별 힘이 없었으므로 그들은 진실을 탄압하는 데 두려워할 필요가 없었습니다.

그들이 저지른 “거짓정보의 유포” 즉, 소문에 관한 예를 하나 들어보겠습니다. 오늘날 잘 알려져 있는 역사적 사건의 현장으로 거슬러 올라가봅시다. 2000년 전 로마시대입니다. 무언가 떠오르지 않습니까? 당시 로마에서는 초기 기독교도들이 사자 밥으로 내던져졌습니다.

그 시대의 기독교도들은 많은 사람들의 눈엣가시였습니다. 군대 권력뿐 아니라 유태인들과 로마인들을 불문하고 당시의 정치, 종교 세력들에게도 기독교도들은 골칫거리였지요. 기독교도들은 그들에게 위협적인 존재였습니다. 왜냐하면 그들은 사람들에게 삶의 실상에 관해 의식을 일깨우고 자신의 행위에 대해 책임을 지도록 가르치고 있었기 때문이지요.

그렇지만 사랑에 대해 말하는 사람들을 어떻게 처벌하겠습니까? 그들은 단지 예수의 가르침대로 "너의 이웃을 사랑하라"라거나 "누가 여러분의 오른 빰을 때리면 왼 빰도 내주어라"라고 설교하고 있었을 뿐이지요. 이런 기독교도들에 대해 로마제국의 어느 누구도 부당하다고 말할 수는 없었을 것입니다.

그런데 권력을 유지하는 데는 여론이 큰 역할을 합니다. 여론을 통제하는 자는 원하는 것을 무엇이든 할 수가 있지요. 여론의 지지만 얻는다면 어떤 극악한 범죄행위도 대중이 받아들일 수 있도록 그럴 듯하게 포장할 수가 있습니다. 이제까지 다른 사람들과 같은 건물에서, 같은 거리에서 함께 살아왔던 그들의 이웃들을 어른, 아이 할 것 없이 모두 말살하려는 음모를 수행하는 데 충분할 만큼의 증오심을 불러일으키고 또 그런 행위가 정당한 것이라고 사람들을 납득시키려면 어떻게 하면 될까요? 그러기 위해서는 대부분 사람들의 민감한 부분을 건드리는 거짓말을 꾸며내기만 하면 됩니다.

바로 아이들을 산 채로 제물로 썼다든가, 동성애를 즐기고 있다든가, 매춘을 장려하고 있다든가 등등 일반사람들이 가진 어린이나 성 또는 가족의 개념에 반대되는 거짓말로 사람들을 자극하는 것이지요. 여기에다 이런 사람들을 처형하는 행위를 오락행사처럼 꾸며서 원형경기장과 같은 유명한 무대에 올려놓는다고 생각해보세요. 그러면 만 명에서 5만 명 정도의 군중들은 순식간에 불러 모을 수 있을 것입니다.

그 군중들은 무고한 사람들을 위험한 사회의 적이라고 믿고서는 그들을 처형하는 것이 사회도의의 실천이라 생각하고 끔찍한 학살을 보며 열광합니다.

다행히 오늘날 세상 사람들은 더 이상 손에 몽둥이나 돌을 들고 거리로 뛰어나가 대중의 잣대에 부응하지 못하는 불쌍한 사람에게 집단 린치를 가하지는 않습니다. 그러나 과연 다 그럴까요? 불행하게도 어떤 이슬람 국가들에서는 그렇다는 말을 할 수가 없습니다. 그런 나라들에서는 아직도 간음했다거나 강간으로 임신한 아기를 출산했다는 이유만으로 그 불행한 여성들에게 돌로 집단 린치를 가하여 처형하고 있습니다.

현 시대의 사람들이 자신의 무고함을 다른 사람들에게 알릴 수 있는 수단을 갖고 있는 것은 다행한 일입니다. 따라서 과거와는 달리 무엇이 진실이고 무엇이 거짓인지 검증하기가 용이해졌습니다.

그러나 아직 우리는 경계를 늦추어서는 안 됩니다. 끔찍한 거짓소문들이 여전히 우리 가까이 있어 안심하기는 이릅니다. 거짓소문을 퍼뜨리는 방식이 과거와는 다르다고 해서 거짓소문이 사라진 것은 아니니까요. 무고한 사람들이 직장을 잃거나, 명예가 실추되거나, 비난받거나, 자녀의 양육권을 박탈당하거나, 가족과 단절되거나, 중상모략적인 신문기사로 고통 받고 있습니다. 오늘날에도 대중의 잣대에 벗어난 사람들이 받는 고통은 과거에 비해 조금도 더 나아진 것이 없습니다!

법

"법을 준수해야 합니까?" 과거 어떤 사람이 예수에게 이렇게 물었습니다. 오늘날 여러분이 이와 똑 같은 질문을 나에게 다시 한다면 나는 이렇게 대답할 것입니다. "어떤 법 말입니까?"

반사회적인 법이라면 절대로 복종해서는 안 됩니다. 그렇지만 반사회적인 법이라는 것을 우리가 어떻게 알 수 있을까요? 그것은 간단합니다. "세계인권헌장"이라는 훌륭한 기준과 비교해보면 됩니다. 만약 어떤 법률이 세계인권헌장을 존중하지 않는 것이라면 그것을 따라서는 안 되며, 나아가 그런 법에 맞서 싸워야만 합니다.

과거 독일에서 나치의 법을 따라 유태인들을 고발한 사람들은 모두 법을 지킨 사람들이었습니다. 그러나 그들은 인류 사회를 배신했을 뿐만 아니라 "세계인권헌장"도 저버린 사람들입니다. "세계인권헌장"은 바로 우리의 인권을 보호하기 위해 존재합니다. 마찬가지로 몇 년 전 캐나다 퀘벡의 낡은 법에 따라 동성애자들을 고발한 사람들도 모두 유죄이며 처벌을 받아야 마땅합니다.

반사회적인 법률들은 아주 많습니다. 이런 법안들을 통과시킨 국가들은 언젠가는 우리 창조자들의 심판대에 서서 답변하지 않으면 안 될 것입니다.

어떤 법이 인간과 인간의 자유를 존중하지 않을 경우 우리는 이 법에 대항해서 싸워야만 합니다. 모든 가능한 법적 수단과 절차를 끝까지 이용해 "국제인권재판소"까지라도 끌고 가야 합니다. 이 재판소는 바로 "세계인권선언문"이 잘 존중되고 적용되고 있는지 심판하는 기구입니다. 우리는 자신이 속한 국가나 단체가 모든 인간이 누려야할 권리를 존중하지 않을 경우 주저 없이 그들을 고발해야만 합니다.

어떤 국가나 단체가 인권을 존중하지 않아 전 세계인들이 보는 앞에서 공개적으로 유죄 판결을 받는다면 정말 불명예스러운 일일 것입니다!

암울한 사회

삶에 의미를 부여해주는 정신적 지주를 갖는 것은 중요합니다. 어떤 종류든, 철학은 많은 사람들을 행복하게 만들어줍니다. 가르치는 내용에 따라 철학은 사람들이 자신에 대해 좋은 느낌을 가질 수 있도록 이끌어줍니다. 인도주의에 바탕을 둔 가치관을 가르치는 철학은 사람들의 종교성을 높이고 균형이 잡히도록 만들어줍니다. 그리고 그런 철학은 사람들에게 자신의 행복이 주변 환경에 좌우되는 것이 아니라 자기 자신에 달려 있다는 것을 가르쳐줍니다.

만약 우리가 행복하고 조화롭고 또 개화된 상태에 도달한다면, 만약 우리가 마약이 없어도 행복하고 물질을 소유하지 않아도 행복하다면, 만약 우리가 무한의 일부임을 깨닫고 무한 속에서 살고 있는 데 행복을 느낀다면, 만약 우리가 삶을 사랑한다면, 우리는 계속해서 살아 있기를 바랄 것입니다.

그러나 만약 우리가 우울증에 빠져 있다면 틀림없이 우리는 계속 살아 있겠다는 소망을 갖지 않게 될 것입니다. 실제로 바로 이 이유 때문에 수많은 사람들이 자살을 합니다. 어떤 사람들은 너무나 우울한 나머지 하루를 더 사는 것도 견디기 힘들어합니다. 언론매체들은 이런 보도를 거의 하지 않고 있지만 자살률은 젊은이들 사이에서 특히 위험하게 높아지고 있습니다.

전 세계에서 매일 자살하는 젊은이들이 수십, 수백, 수천 명에 이릅니다. 그들이 자살하는 이유는 불행하기 때문입니다. 그들은 아무 목격자도 없이 집에서 혼자 목숨을 끊습니다. 그들의 그런 마지막 행동을 말려줄 사람이 아무도 없는 상황에서 혼자 자살을 감행한다는 것은 그들이 정말로 극단적인 절망감과 불행 속에 있었다는 것을 의미합니다.

오늘날의 우리 사회는 점점 더 암울해지고 있으며, 이에 따라 불행한 사람들도 많아지고 있습니다. 도대체 우리를 우울하게 만드는 것은 무엇일까요?

일부 사람들의 경우 신체의 화학적 불균형이나 의학적인

이상으로 우울증이 생긴다는 사실이 밝혀졌지만 이런 사람들은 소수에 지나지 않습니다. 우울증의 가장 큰 원인은 바로 우리 사회에 있습니다. 인간사회는 공포와 고통을 만들어내고 각종 의무를 부과하며 소유와 지식을 강요합니다. 게다가 언론매체들은 이런 정보들을 더욱 확대시켜 사람들에게 유포하며 우리가 사는 세상이 얼마나 끔찍한 곳인지 강조하고 있습니다.

그러나 이 세상에는 나쁜 소식만큼이나 좋은 소식들도 있는 법입니다. 인간이 더 행복해질 수 있도록 만들어주는 과학적 발견을 하는 사람들의 수, 다른 사람들을 돕기 위해 자신의 재산을 기증하는 자선가들의 수, 세상 사람들에게 착한 일을 해주는 사람들의 수, 이런 사람들의 수가 나쁜 짓을 하는 사람들의 수보다 훨씬 많습니다.

우리는 멋진 세상에서 살고 있지만 이곳에는 또한 살인자와 강간범, 도둑들도 있습니다. 그런데 뉴스의 초점이 되는 것은 바로 이들 나쁜 사람들입니다. 텔레비전 뉴스는 주로 이들을 다루며 몇 시간 동안이나 계속 이들에 대해 이야기합니다. 이것은 정말로 슬픈 일입니다. 어느 과학자가 질병을 치료할 수 있는 새로운 방법을 발견해낸 뉴스는 잘 보도도 되지 않을뿐더러, 보도된다 하더라도 신문의 맨 마지막 페이지에 대여섯 줄 정도 실릴 뿐입니다.

그러나 행복의 비밀은 우리의 삶에서 아주 단순한 것들에 대해 감사할 줄 아는 데 있습니다. 일출이나 일몰, 한 잔의 물, 가만히 앉아 사랑하는 사람에게 미소 짓는 것 등 살아 있음에 대해 기쁨을 느끼며 자연이 우리에게 무료로 베풀어

주는 모든 혜택을 즐겨야 합니다.

행복의 비밀은 또한 우리가 항상 변화하는 사람들에 둘러싸여 있다는 사실을 이해하는 데 있습니다. 우리가 매순간 변화하듯이 다른 사람들도 고정되어 있는 것이 아니라 항상 변화하고 있습니다. 우리가 패배주의자의 시각이 아니라 정당한 관점으로 다른 사람들을 본다면 문제될 것은 아무 것도 없습니다. 왜냐하면 문제를 해결할 방법은 언제나 있기 때문입니다.

"일신주의 종교는 위험하며 인류의 끔찍한 비극에 대해 책임이 있습니다."

2002년

2002년 9월11일 뉴욕에서 발생한 테러공격은 테러의 원인에 대한 올바른 질문을 우리 스스로에게 던지는 것이 매우 시급하다는 사실을 일깨워주고 있습니다. 이처럼 끔찍한 행동을 저지른 사람들의 마음 깊은 곳에는 어떤 생각이 들어 있는 것일까요? 무엇 때문에 그들은 이마에 붉은 두건을 두르고 보잉 767기를 탈취해 빌딩에 충돌시킴으로써 자신도 죽이고 또 수천 명의 다른 사람들을 죽음으로 몰고 갔을까요?

이 같은 상황이 눈 덩이처럼 확대되는 지금, 우리는 더 이상 누구의 심기도 건드리지 않고 또한 이런 일의 재발을 막을 수도 없는 대답, 즉 정치적으로 옳은 대답에만 만족할 수가 없습니다.

우리는 군사적 또는 폭력적인 수단에 의한 복수는 결코 문제를 해결하지 못함을 알아야만 합니다. 그런 행동은 오히려 더 큰 증오와 더 큰 좌절을 만들어낼 뿐이며, 결코 멈추지 않을 이러한 악순환의 유일한 승자는 테러뿐일 것입니다. 그러므로 이 문제에 대한 공정하고 투명한 이해만이 우리에게 해결책을 제시해줄 것입니다.

나는 TV에서, "지금은 기도할 때입니다. 하느님은 이 비극적인 순간에도 우리와 함께 계십니다."라고 말하는 불쌍한 미국인들을 보고 연민을 느낍니다. 그게 무슨 소립니까? 신이 그 비극의 자리에 함께 있었다면 왜 그것을 막지 않았을까요? 종교가 우리에게 믿게 만들려고 애쓰는 것처럼 신이 전지전능하다면 왜 그런 비극에 미리 개입하지 않았을까요? 신은 아무 것도 하지 않았습니다. 그렇다면 신은 가학증에 걸려 있거나 피에 굶주려 있다는 말인가요? 그렇지 않다면, 이것은 신이 전능하지 않거나 또는 신이 존재하지 않음을 증명하는 것입니다!

우리가 "신"이라고 말할 때, 도대체 어떤 신을 말합니까? 신비적 망상에 사로잡혀 신이 자신의 죄를 사해 주기를 기원하며 "신은 위대하다!"라고 외치면서 빌딩을 향해 비행기를 돌진시키는 이런 미친 사람들의 신을 말합니까? 아니면 테러로 인한 고통에서 벗어나게 해달라고 기도하는 희생자들의 신을 말합니까?

정말 위험한 것은 "전능한" 신에 대한 믿음을 복수하고자 하는 인간의 열망에 지렛대로 삼는 행위입니다. 그렇지만 실제로 신은 무엇을 했습니까? 전혀 아무것도 하지 않았습니다. 이쪽에든 저쪽에든 아무 것도 해주지 않았습니다. 신이 인간을 사랑한다면 왜 어떤 사람들에게만 호의를 베풀고 다른 사람들에게는 그렇게 해주지 않겠습니까? 신이 그렇게 전능하다면 왜 비행기가 빌딩에 돌진하는 것을 막지 않았으며, 왜 무고한 희생자들을 보호해주지 않았습니까?

이 문제의 진실은 전지전능한 유일신에 대한 믿음이 인류가 겪어온 가장 끔찍한 비극들의 원인이 되어왔다는 것입니다. 이것은 수천 년 동안 계속 돼온 사실이지요. 세계의 모든 군대들이 "신은 우리와 함께 있다!" 라고 주장하며 전쟁터로 나섰습니다.

회교도들의 유럽 점령, 예수의 무덤을 차지하기 위해 일으킨 십자군전쟁, 종교전쟁, 종교재판, 나치즘, 그리고 현재까지도 계속되고 있는 파키스탄과 인도의 분쟁, 사이프러스, 북아일랜드, 코소보, 중동 기타 수많은 곳들의 전쟁에서 사람들은 언제나 전지전능한 신의 이름으로 서로를 무참히 찢어 죽이고 있습니다.

이런 모든 악행의 근원은 바로 "자비롭고 사랑에 넘치는 신"으로 묘사되는 그 신에 대한 믿음에 있습니다. 이 잘못을 고쳐야만 합니다! "성스러운" 경전에 쓰여 있는 신에 대한 이런 잘못된 묘사는 수세기 동안 자신의 이익을 위해 편견에 따라 원래의 경전을 왜곡시킨 사람들에 의해 쓰여 진 것들입니다.

구약성서든 복음서든 코란이든 토라든 모든 “성스러운” 경전들은 미움과 불관용, 폭력, 야만적 행동 등을 부추기는 내용을 담고 있습니다. 어떻게 인간이 그런 극악한 짓을 저지를 수 있는지 자문하며 우리가 9.11테러의 원인에 대해 생각하고 있는 바로 지금도 어린이들은 일신주의 종교를 가르치는 학교에서 광신과 불관용에 빠져들도록 교육받고 있습니다.

“눈에는 눈, 이에는 이.” 일신교는 그 시작부터 자신의 색깔을 드러냈습니다. 신은 아브라함에게 칼로 아들의 목을 베어 제물로 바칠 것을 요구했습니다. 그는 이 “사랑의 신”에 복종하여 그렇게 할 준비를 했지요! “너의 오른손이 죄를 범하거든 그 손을 잘라버려라.”라거나 “뒤돌아보는 자는 소금기둥이 될 것이다.”라는 등 잔혹한 가르침의 예는 아주 많습니다.

비유태교도들과의 결혼을 금지하는 유태교 교리서 또한 부족함 없는 불관용의 좋은 예입니다. 오늘날 유태인이면 누구나 자동적으로 이스라엘 국적을 취득할 권리를 갖지만 비유태인의 경우 국적 취득이 불가능합니다. 이 교리는 인종청소에 그 목적이 있는데, 현재 팔레스타인인들에 대해 이것이 적용되고 있습니다.

이슬람교의 경전들도 그들이 “열등”하다고 간주하는 여성들과 이교도들에게 폭력을 행사하라고 아주 명백하게 부추기고 있습니다. 다음은 그들의 "예언자"가 준 명확하고 공식적인 경전의 내용입니다.

"성스러운 달들이 지나고 나면 어디서든 이교도들을 발견하는 대로 죽이고 포로로 잡고 공격하고 또 그들을 기다리며 매복하라. 그러나 만약 그들이 회개하고 기도문을 외우고 빈민구호세를 바치면 그들을 자유롭게 풀어주라. 이와 같이 알라는 관대하고 자비로우시다." (코란 슈라 9-5)

이슬람교는 공식적으로 인종주의와 차별주의를 장려하고 있는데, 이것은 세계인권헌장과 민주주의 법률에 위배되는 것입니다.

"오 그대 믿는 자여! 유태인과 기독교도들을 친구로 삼지 말라. 그들은 서로 친구들이다. 그대들 중 누구라도 그들을 친구로 삼는 자는 명백히 그들과 같은 사람이다. 알라는 이러한 부당한 자들을 인도하지 않는다."
(코란 슈라 5-51)

다음의 가르침 또한 세계인권헌장과 민주주의적 권리에 위배되는 것으로서, 이슬람교는 그들의 신자들에게 남성이 여성보다 우월하다는 구실을 대며 가정에서 폭력을 사용하도록 요구하고 있습니다.

"남자는 여자의 경영자이다. 왜냐하면 알라는 인간들 중 남자를 여자보다 뛰어나게 만들었기 때문이다. 복종하지 않는 여자들에게는 벌을 줄 것이며 다른 침실에 가두고 매를 쳐라." (코란 슈라 4-34)

그것이 어떤 종교이든 세계인권헌장과 민주주의의 법률에 위배되는 이 세 가지 행위들, 즉 살인과 인종차별과 아내 구타를 공식적으로 장려하는 종교가 용납될 수 있겠습니까?

만약 어느 "신흥종파"가 이와 동일한 행위들을 가르쳤다면 그 우두머리는 벌써 감옥에 처넣어졌을 것입니다. 신비적 종교의 광희에 빠졌다고 해서 민주국가들의 법률과 세계인권헌장을 존중하지 않을 권리를 주는 것은 아닙니다.

유일한 해결책은 내가 지난 20년 이상 동안 요구해왔던 바와 같이 전통종교와 신흥종교를 불문하고 다수파종교든 소수파종교든 모든 종교들의 과거 및 현재의 경전들을 조사하여 세계인권헌장과 민주국가들의 법률에 위배되거나 증오심과 폭력을 조장하는 모든 내용들을 삭제하는 것입니다.

그러나 더욱 중요한 것은 그런 경전의 내용들이 더 이상 아이들에게 가르쳐져서는 안 된다는 것입니다! 왜냐하면, 온 세상이 맨하탄의 희생자들을 애도하고 있는 동안에도 다른 곳에서는 아이들을 내일의 테러리스트로 만들고 다른 종교들과 투쟁하게 만드는 광신적 교육을 받고 있는 현실이 존재하기 때문입니다.

우리 인류가 과학의 혜택으로 이 지구를 낙원으로 만들 수 있는 새로운 시대의 새벽에 들어선 이 때, 이제 증오심과 폭력을 조장하는 모든 사상들을 단호하고 엄밀하게 조사하여 그런 사상들을 영원히 파괴하거나 최소한 침묵하게 만들 때가 되었습니다.

문제의 가장 깊은 뿌리에 대한 도전이 없는 한, 즉 사람들을 언제나 광신으로 끌고 가는 일신주의 종교들의 경전들을 제거하거나 조사하지 않는 한 테러리즘에 대한 "정치적으로 옳은" 모든 비난들은 아무 것도 변화시키지 못할 것입니다.

오늘날 우리는 새로운 기술의 혜택으로 인간의 삶에 혁명적인 변화를 가져오는 시대에 들어섰습니다. 유전공학의 발전으로 모든 질병들은 치료되고 전 세계의 식량문제가 해결될 것이며, 나노기술과 로봇공학의 발전으로 노동의 필요가 없어질 것이며, 나아가 복제기술 덕분에 인간은 영원한 삶을 누릴 수 있게 될 것입니다. 아득한 옛 시대의 어리석은 믿음들이 아직까지 이 지구를 중세시대처럼 고통과 폭력과 암흑으로 물들이며 움켜쥐고 있다는 것은 믿을 수 없는 일입니다.

이제 인류는 과학으로 일신교를 대체할 때가 되었으며, 과학만이 우리의 유일한 종교가 되어야 합니다. 과학은 지성이며, 일신교는 어리석음과 암흑입니다. 과학은 생명을 구하고 일신교는 생명을 죽입니다.

유엔의 진정한 임무는 전 세계에 있는 종교 경전들로부터 증오심과 폭력을 조장하는 내용들을 삭제하고 세계인권헌장에 부합되지 않는 모든 문장들을 제거할 수 있는 권한을 부여받은 특별 기구를 창설하는 일입니다. 이것은 세계인권헌장에 보장되어 있는 종교의 자유를 억압하려는 것이 아니라, 증오와 폭력을 조장하는 경전들을 배운 어린이들이 후일 "신의 도구"로써 행동하고 있을 뿐이라고 믿으며 끔찍한 범죄를 저지르는 것을 막기 위한 것입니다.

증오심의 측면에서 고찰할 경우 종교 경전들은 무기보다 더 위험합니다. 왜냐하면 종교 경전들은 이교도들을 죽이라고 부추기고 있기 때문입니다.

일신주의 종교들 또한 종교의 자유를 이유로 용인되어 좀 더 살아남을 수도 있겠지요. 그러나 이런 종교들은 더 이상 "암살"(암살이란 아랍어의 assassin<암살자>에서 나온 말)을 부추기거나 9.11테러와 같은 만행을 저지르지 않는다는 조건하에서만 용인되어야 합니다.

인류의 미래를 준비하고 이 세상을 보다 인간적인 곳으로 만들기 위해서는 더욱 진보된 과학문명에 의해 모든 일신주의 종교들이 사라질 때까지 그들의 부정적 영향을 감소시키는 것이 필요합니다.

아프가니스탄의 탈레반이 텔레비전과 신문, 인터넷을 금지하는 것은 놀라운 일이 아닙니다. 사람들은 정보를 많이 가질수록 일신교에 덜 복종하게 되기 때문이지요.

여러분이 이 책을 읽고 있는 동안에도 많은 이슬람 국가들에서는 이슬람교를 부정했다는 이유만으로 사람들이 감옥에 가고 사형선고를 받습니다. 물론 이것은 개종의 자유를 보장하고 있는 세계인권헌장에 전적으로 위배되는 것입니다.

유엔은 세계인권헌장을 준수하지 않는 국가들에 대해 제재를 가해야만 합니다. 왜 우리는 유엔이 이런 범죄들에 대해 눈감는 것을 용인하고 있습니까?

사람들이 이슬람교의 교리에 범죄를 조장하는 내용이 포함되어 있다는 사실을 깨닫고 이슬람교로부터 떠나기를 원할 경우 유엔과 국제사회는 이들을 보호하고 이들이 즉시 자유롭게 탈퇴할 수 있도록 요구해야만 합니다. 그뿐 아니라, 이슬람 국가들이 그들의 경전을 수정함으로써 세계인권헌장을 따라야함에도 불구하고 이를 거부한다면 유엔은 그런 국가에서 개종을 권장하는 캠페인을 벌여야만 할 것입니다. 또한 개종한 사람들이 안전하게 망명할 수 있는 나라를 찾는 데 도움을 주어야만 할 것입니다.

이슬람교도들이 민주주의 국가에서는 자유롭게 사원을 건설할 수 있는데, 왜 이슬람 국가에서는 교회를 짓는 것이 금지되어 있습니까? 이슬람교에서 다른 종교로 개종하려는 사람들은 왜 감옥에 가야 합니까? 세계인권헌장에는 포교의 권리가 보장되어 있는데도 불구하고 이슬람 국가들에서 기독교도들이 포교활동을 했다는 이유로 감옥에 갇혀 있는 현실을 왜 우리는 용납하고 있습니까?

이슬람 국가들이 국제사회에 통합되어 세계경제와 신기술의 발전에 동참하기를 원한다면 그들은 반드시 민주주의 국가의 원칙들과 세계인권헌장을 준수해야만 합니다. 그렇지 않다면 그들에게는 제재가 가해져야만 하며, 그들은 스스로 선택한 중세의 암흑시대에 갇혀 살게 될 것입니다.

우리가 이와 같이 한다면 폭력과 테러는 영원히 사라지고 우리 세계는 자유를 지킬 수 있을 것입니다. 일신교는 위험하며 인류가 유사 이래 겪은 수많은 죽음과 고통에 대해 책임이 있습니다. 우리는 이 사실을 계속 반복하여 언급하지 않으면 안 됩니다.

과학이 종교를 완전히 대체해야 합니다. 그리고 세계인권헌장이 학교에서 가르치는 유일한 사상이 되어야만 합니다. 이렇게 되었을 때 비로소 인류는 평화와 행복의 세기를 맞이할 희망을 가질 수 있을 것입니다.

주술의 폐해

어떤 사람들은 에스키모나 호주의 원주민 무당들 또는 아프리카나 아마존 주술사들의 주술을 듣고 매료되기도 합니다. 이들은 이상한 소리를 내는 주술사들의 말이 무슨 뜻인지 전혀 이해하지는 못하지만 최면에 걸린 듯한 분위기에 정신을 빼앗겨 주술사들이 경이롭고 정신적이며 지혜로 가득 찬 말을 하고 있다고 멋대로 상상합니다.

애석한 일인지 아니면 다행한 일인지 모르겠지만, 학자들은 이제 이런 주술을 해석하기 시작했으며 옛날부터 전승되어온 주술사들의 주술 내용을 그대로 전해줄 사람들을 찾고 있습니다.

캐나다에는 에스키모 이누잇족 주민들만을 위한 텔레비전 채널이 있는데, 이 채널에서는 누구나 원한다면 이들 원주민들의 행사를 보고 그 문화를 배울 수 있도록 모든 내용을 영어 자막으로 처리하고 있습니다. 그리하여 진실이 알려지게 되었습니다.

무당은 자기 부족이 내일 사냥 나가서 잡아올 바다표범이 얼마나 크고 살찐 놈일지 또 그 놈이 얼마나 많은 고기를 부족에게 제공해줄지 설명하고 작년에 잡은 놈도 살이 많이 쪘었는데 내일 잡을 놈은 더욱 살찐 놈일 것이라고 예상하는 내용을 약 30분 동안 읊조리며 반복해서 노래합니다. 그러고 나서는 다른 제례 노래를 부르는데, 이번에는 흰곰이 얼마나 힘이 세고 위험한 동물인지 그리고 그 곰을 잡는 용사는 얼마나 용감한 사람인지 설명하는 내용입니다. 이 노래도 30분 동안 계속됩니다. 이 모든 내용을 다 듣고 나면 우리는 그 주술에 대한 매력을 잃어버리고 맙니다!

아마존의 원주민 인디언 주술사가 병을 치료하는 의식을 집전할 때 발성하는 주술 내용도 해석되었습니다. 주술사는 열병을 앓고 있는 아이에게 연기를 쐬면서 조상들의 영, 강의 영, 자기 할머니의 영들에게 병이 낫게 해달라고 기원합니다. 이것이 장장 세 시간 동안이나 계속됩니다. 그 다음날 주술사는 반 혼수상태에 빠진 불쌍한 아이를 "하얀 주술사"에게 데려가는데, 하얀 주술사란 서구식 병원을 말합니다. 아이는 그 곳에서 항생제 처방을 받고 며칠 지나면 낫게 됩니다. 그러나 그 주술사는 “아이를 고치는 자신의 치료를 하얀 주술사들이 도왔다.”라고 설명합니다. 이렇게 함으로써 그는 자신의 이미지와 힘을 유지할 수 있게 되었습니다!

요즘 아프리카 일부 지역의 주술사들은 전통적으로 그들의 목에 거는 주술용 장식물들에 더하여 청진기를 걸고 다닙니다. 이것은 무지한 사람들에게 서양 의사들이 가진 권위를 보여주게 되어 상당한 효과가 있습니다. 그러나 주술사들은 청진기를 환자의 몸에 대면서 몸속에 있는 나쁜 영들의 소리를 듣는 것이라고 속입니다!

가장 웃기는 것은 호주 원주민 무당들입니다. 그들의 춤과 읊조리는 노래는 아주 영적으로 보이기 때문에 사람들은 그 내용에 전설적인 비밀이 감추어져 있다고 생각하며 멋대로 상상의 나래를 폅니다.

무당은 병든 아이의 얼굴을 바라보며 조상들의 영, 사막의 영, 바위의 영, 캥거루의 영 등등 수많은 영들에게 몇 시간 동안이나 기원합니다. 그런 뒤 그는 아이의 몸속에 있는 나쁜 영들에게 아이로부터 떠나달라고 정중하게 부탁합니다. 그러나 그 영들은 말을 듣지 않습니다.

이제 그는 아이에게 약간의 묘약을 먹입니다. 이것은 고시니와 우데르조의 골족 마을에 사는 드루이드 사제가 사용하는 파라노믹스라는 약과 비슷한데, 나무뿌리와 마른 두꺼비 껍질 및 다른 몇몇 곤충들로 만든 것입니다. 무당은 아이에게 약을 먹이며 “나쁜 영들은 이 선물을 받고 아이의 몸에서 떠나라.” 라는 내용의 노래를 몇 시간 동안 또 부릅니다.

그 다음날 아침, 의식을 거의 잃은 아이는 그 지역 병원으로 수송되는데 아이의 병명이 맹장염이라고 밝혀집니다. 그러나 주술치료를 받는 동안 시간이 너무 많이 흘러버려 맹장염이 복막염으로 번졌기 때문에 아이는 긴급수술을 받고 맹장을 떼어냅니다. 그리고 며칠 뒤 주술사는 아이를 마을로 데려와, 아이의 치료에 성공한 데는 자신의 주술이 한 몫을 했다고 말합니다.

이것을 외교적인 용어로 “전통의학과의 협력"이라고 부릅니다. 이런 방법으로 서구 의사들은 주술사들과 협력하여 최소한 너무 늦기 전에 환자들을 구할 수 있는 기회를 가질 수가 있다고 생각합니다. 그러나 불행하게도 주술사들이 시간을 너무 지체시킴으로 해서 많은 사람들이 죽고 있습니다. 그럼에도 불구하고 호주 의학계는 최소한 이 같은 “협력” 덕분에 무당들이 혼자 치료를 맡고 있을 때보다 훨씬 더 많은 사람들의 목숨을 구할 수 있다고 주장합니다.

이제 여러분이 무당이나 주술사들의 주술을 들을 때는 위의 이야기들을 다시 한번 돌이켜보시기 바랍니다. 그러면 여러분은 현실을 이해하고, 그런 주술을 들을 시간에 최신 과학 뉴스를 읽기 위해 여러분의 컴퓨터로 달려가게 될 것입니다.

“과학이 없다면 인간은 모두 바보입니다." 엘로힘은 아주 오래 전부터 이 사실을 우리에게 깨우쳐 주었습니다.

제12장

비폭력

*"존중심 없이 옳은 것보다
겸손하게 그른 것이 더 낫습니다."*

당나귀의 우월성

1994년 제2분기 아포칼립스지에서

오늘날 우리 사회는 "존재"보다 "소유"를 더 중시하고 있으며, 마찬가지로 근육의 발달을 외모의 일부로서 높이 평가하고 정신의 발달은 등한시하고 있습니다. 그 결과 이 세상은 폭력이 지배하고 있는데, 이를 놀라워 할 필요는 없습니다. 폭력은 보통 육체적 행동, 즉 근육의 힘에 의해 표현되기 때문에 젊은이들 특히 에너지가 남아돌고 남들로부터 인정받고 싶어 하는 젊은 남성들이 그 피해를 입기 쉽습니다.

이 같은 정신적 혼란과 어리석은 행동에 대해 올바른 기준을 제시해 보기로 합시다. 우선, 근육이란 항상 어리석은 것입니다!

여러분의 마음에 들든 안 들든, 우직한 황소가 세계 보디빌딩 챔피언의 근육보다 훨씬 더 강한 근육을 지니고 있는 것이 사실입니다. 그러므로 쓸모없는 섬유질 덩어리의 근육을 키우기 위해 보디빌딩 센터에서 여러분의 시간을 낭비하기보다는 인간만이 유일하게 갖춘 정신과 지성을 단련할 수 있는 마인드빌딩 센터를 만드는 편이 더 낫습니다.

세상의 모든 비극은 힘을 사용한 결과로 발생한 것입니다.

육체를 사용한 힘이든 무기를 사용한 힘이든, 모든 힘은 두뇌에서 나오는 것으로서 지성과 대화를 앞설 수는 없습니다. 우리 인류는 원시적 과거의 배설물로 뒤덮인 바다에서 이제 겨우 목을 내밀 수 있게 되었습니다. 야만적인 힘은 전쟁과 잔인한 정복이 난무하던 암울한 과거시대에 배설되었던 인류의 가장 더러운 찌꺼기입니다.

우리가 진정으로 이 메스꺼운 원시의 바다에서 완전히 벗어나기를 원한다면 우선 학교에서부터 비폭력을 가르쳐야만 합니다. 학교에서 배우는 많은 어리석은 것들 중에서 더욱 심한 것이 바로 원하는 것은 무엇이든 폭력으로 얻을 수 있다는 사고방식입니다. 실제로 이런 폭력행위는 대학교의 신입생 환영회에서 빈발하고 있는데, 선생님들과 학부모들조차도 힘센 학생들이 약한 학생들에게 폭력을 행사하는 것은 그저 신입생들의 통과의례일 뿐이라는 구실 하에 그런 행위들을 묵인하고 눈감아 버립니다. 그렇지만 선생님들은 학생들이 어떠한 형태로든 폭력을 가하는 행위를 최우선적으로 방지해야만 합니다.

만약 여러분의 이웃이 여러분에게 주먹질을 하면 지체 없이 그를 고소해야 합니다. 그런데 왜 어른들에게 적용되는 것이 학생들에게는 적용되지 말아야 합니까? 그런 법은 없습니다. 다른 학생들을 힘으로 괴롭히는 학생은 힘으로써는 원하는 것을 절대로 얻을 수 없다는 사실을 철저히 배울 수 있도록 반드시 엄하게 처벌해야만 합니다. 이렇게 하지 않는다면 그런 학생은 비행과 범죄로 빠져들게 될 것입니다. 대도시의 중심가를 오염시키고 있는 폭력의 근본 원인은 다른 학생들을 힘으로 괴롭히는 폭력학생들과 그들이 저지르는 야만적 행위들에 너무 관대하고 느슨한 교육제도에 있습니다.

폭력을 쓰겠다는 위협은 그 자체만으로도 엄하게 처벌해야 합니다. 위협을 가하는 것은 원하는 바를 획득하기 위해서는 폭력을 쓰겠다는 의지를 내보인 것이기 때문입니다. 현재 보디빌딩 센터들이 호황을 누리고 있는 이유도 이런 원리 때문입니다

코뿔소나 고릴라처럼 힘을 상징하는 동물들도 보디빌딩을 하지 않습니다. 팔굽혀펴기를 하고 역기를 드는 고릴라를 상상해보세요! 동물들은 자신의 두뇌 수준에 맞는 근육을 타고 납니다. 말하자면, 가장 낮은 계층에서는 야만적인 힘이 지배한다는 말입니다.

반면에 인간의 세계에서는 법이 지배하기 때문에 완력이 더 이상 쓸모가 없습니다. 세계 권투 챔피언이었던 마이크 타이슨이 어떻게 처벌 받았는지 예로 들어봅시다. 한 가냘픈 젊은 여성이 그를 5년 동안 감옥에 보냈습니다. 강제로 성관계를 했다고 그를 고소했기 때문입니다. 젊은이들에게 얼마나 멋진 예입니까? 무지막지한 힘을 가진 세계 챔피언 마이크 타이슨이 연약한 젊은 여성에 의해 바닥에 쓰러지는 모습을 그린 포스터를 세계의 모든 보디빌딩 센터들과 학교들에 게시해야 합니다. 법이 승리한 것입니다. 우리가 젊은이들에게 보여주어야 할 것은 바로 이런 모습입니다!

진정한 힘은 근육에 있는 것이 아니라 인간에 있어 가장 아름다운 것, 즉 정신에 있습니다. 어떤 사람들은 근육을 발달시키면 정신도 발달할 수 있다고 주장하지만, 절대 그렇

지 않습니다. 우리가 근육의 발달에 집중할 경우 두뇌의 발달에는 집중할 수가 없습니다. 만약 두 가지에 같이 집중하려 한다면 모든 시간을 두뇌의 발달에만 집중하는 사람에 비해 두뇌는 반밖에 발달하지 않게 될 것입니다.

더 심각한 일은, 보디빌딩으로 근육을 발달시킨 사람들의 두뇌 속에는 의식적이든 무의식적이든 자신의 생각을 관철하기 위해 자신이 연마한 그 힘을 사용하려는 생각이 자리잡는다는 사실입니다. 이것은 정말로 용납될 수 없는 일입니다!

어떤 사람들은 유전적으로 다른 사람들보다 더 힘이 셉니다. 그러나 이것은 상관없습니다. 그들은 그렇게 태어났기 때문에 근육의 섬유소를 단련하려고 일주일에 몇 시간씩 운동할 필요가 없습니다. 인류역사에서 가장 위대한 사람들은 예외 없이 모두 육체적으로 약한 사람들이었습니다. 피는 두뇌와 이두박근에 동시에 몰릴 수 없습니다. 한 쪽에 피가 많이 몰리면 다른 쪽에 흐르는 양은 줄어듭니다.

소크라테스나 모차르트, 아인슈타인, 레오나르도 다빈치 등은 어느 누구도 보디빌딩을 하지 않았으며 운동선수들처럼 이두박근이 발달하지 않았습니다.

남녀평등이 인정되고 있는 현대사회에서 근육을 만들기 위해 보디빌딩을 하는 것은 여성들을 모독하는 행위나 다름없습니다. 무엇보다도 보디빌딩에 열광하는 사람들은 근육을 단련하는 것이 소위 "약한 여성"보다 우월하다는 것을 보여줄 수 있는 유일한 방법이라고 생각합니다. 그러나 그들이 미처 생각하지 못한 사실이 있습니다. 보디빌딩으로 가장 강한 근육을 발달시킨 사람보다 당나귀가 훨씬 더 강력한 근육을 갖고 있지요. 그렇다면 당나귀가 이들보다 더 우월하다는 말인가요? 나는 그렇게 생각합니다! 다음에 근육을 과시하는 사람을 보면 나처럼 해보세요. 즉 당나귀를 생각하는 겁니다!

사랑과 비폭력

2000년 8월

어떤 것도 폭력을 정당화할 수 없습니다. 심지어 자유를 위한 것일지라도 그렇습니다. 간디가 가장 좋은 예입니다. 간디는 그의 죽음이 필요하다면 기꺼이 죽을 각오를 하고 단식을 했으며, 마침내 영국인들을 인도에서 몰아냈습니다. 그는 사랑과 자기희생을 선택했습니다. 그는 "나는 살아 있는 것은 그 무엇에 대해서도 내 손을 들지 않겠으며 폭력 없이 진정한 승리를 이루어낼 것입니다."라고 말했고, 결국 성공했습니다.

어떤 사람들은 다른 방법을 사용합니다. 일부 강대국들은 "우리는 폭력을 통해 폭력을 벌할 것이며, 사람들 머리위로 폭탄을 떨어뜨림으로써 문제를 해결할 것이다."라는 식으로 행동하고 있는데, 그들은 자신의 방법이 다른 나라들에게 모범이 된다고 믿고 있습니다.

그러나 이런 방법은 위험합니다. 미끄럼틀에서 한번 미끄러지기 시작하면 멈추기가 어려운 법이니까요. 정당하지 않은 행동이라도 한번 시작해버리면 그것을 정당화시키기 위해 계속 해나가야만 합니다. 이제까지 수많은 무고한 시민들을 죽였다면 자신이 옳다는 것을 증명하기 위해 더욱 많은 시민들을 죽일 수밖에 없습니다. 왜냐하면 도중에 멈추는 것은 애초에 시작하지 않는 것보다 훨씬 더 큰 지혜가 필요하기 때문이지요. 결국 우리는 멈출 수 없는 끔찍한 악순환의 함정에 빠지게 됩니다. 이런 상황이 수천 년 동안 계속되어 왔습니다.

폭력은 결코 아무 것도 해결하지 못합니다. 폭력은 또 다른 폭력을 낳을 뿐입니다. 한번 폭력을 쓰기 시작하면 멈출 수가 없으며, 폭력에 휘말리게 되면 더욱 깊이 빠져들 수밖에 없습니다.

온 세상이 엄청난 선전전의 덫에 걸려 있습니다. 즉 국경의 덫입니다. 국경은 사람이 만든 것입니다. 지금 여러분이 있는 곳은 퀘벡이고 따라서 여러분은 캐나다인이지만 그것에 자부심을 느낄 필요는 없습니다. 프랑스인이라거나 미국인이라고 자부심을 느끼는 것도 아무 의미가 없습니다. 국경이란 인위적인 경계선일 뿐인데 그것으로 인해 너무나 많은 충돌이 일어나고 있습니다.

우리는 눈을 떠야만 합니다. 우리는 모두 지구 위에 살고 있는 같은 지구인입니다. 우리들 한사람 한사람은 세르비아인이나 코소보인이나 후투족이나 투치족이나 누구하고든 똑같이 가까운 사이입니다. 그런데 도대체 지금 이 세계를 지배하며 이토록 나쁜 영향을 끼치고 있는 사고방식은 왜 이런 것이어야 한단 말입니까?

나는 이 같은 상황이 너무나도 슬픕니다. 인간에게 용납될 수 있는 유일한 문제해결 방법은 사랑과 겸손과 비폭력을 통한 방법뿐입니다.

사람들은 인명을 잃는 것이 슬프기는 하지만 필요한 희생은 감수하지 않으면 안 된다고 말합니다. 폭력의 논리에 사로잡혀 있는 사람들에게는 이런 말이 당연하게 들리겠지요. 그들은 "우리는 몇 사람을 희생시킨 대가로 수많은 사람들의 생명을 구했다."라고 말합니다. 도대체 누가 다른 사람들을 죽이면서까지 살 권리가 있단 말입니까? 이것은 훨씬 더 엄청난 선전전입니다. 폭력을 옹호하는 선전은 더욱 확산될 것입니다. 왜냐하면 폭력을 통한 방법이 전 세계의 문제를 해결할 수 있는 본보기로 간주되고 있기 때문입니다. 또한 그들이 젊은 세대에게 보여줄 규범이란 폭력 밖에 없으므로, 폭력은 젊은 세대 사이에 널리 퍼질 것입니다.

메시지에는 이렇게 쓰여 있습니다. "어떤 이유로도 한 사람의 죽음을 정당화할 수 없다." 어떤 일이 일어나든, 심지어 그것이 지구를 구하는 길이라고 하더라도 결코 이 가르침을 벗어나서는 안 됩니다. 누구든 한 사람이라도 죽여서는 안 됩니다. 만약 우리가 한 사람을 죽일 수 있다면 다음에는 백만 명을 죽일 수 있게 될 것입니다.

소위 문명화 됐다고 자부하는 나라들은 실제로는 전혀 문명화된 것이 아닙니다. 이런 나라들에게 "문명화"란 "군사화"를 의미합니다. 한 나라는 "시민"(영어로는 "문명"과 동일한 단어: civil) 국가이거나 "군사" 국가이거나 둘 중 하나이지, 동시에 둘 다 될 수는 없습니다.

군사화된 국가라면 그 나라는 군사적인 논리에 따릅니다. 즉 "내가 원하는 대로 하지 않으면 내가 직접 너를 바로잡겠다."라고 말하며 징벌적 조치를 취합니다. 그러나 문명화된 사회라면 이렇게 가르칩니다. "당신이 하고 있는 일은 옳지 않습니다. 당신은 비난받아 마땅합니다. 내가 그 이유를 설명해 드리겠습니다." 이렇게 해도 그들의 의식이 너무 낮아 이해하지 못하고 또 다시 많은 사람들에게 잘못을 행한다면 사회가 나서서 그들의 의식이 향상될 수 있도록 도와줍니다.

비폭력과 사랑은 항상 승리합니다. 그러므로 여러분은 참을성을 갖지 않으면 안 됩니다. 어떤 사람들은 이 신조를 지키려다 생명을 잃기도 합니다. 이 경우 우리는 그들이 자신의 목숨을 희생시키면서까지 우리에게 주려는 선물을 받아야 합니다. 그들은 자신이 하려는 행동의 위험성을 잘 알고 있으며, 그들은 스스로 그 길을 선택한 것입니다.

초기 불교도들은 죽음을 당했지만 부처의 가르침은 전해졌습니다. 초기 기독교도들은 사자 밥으로 던져졌지만 예수의 메시지는 전해졌습니다. 초기 이슬람교도들은 박해받았지만 마호메트의 메시지는 전해졌습니다. 모든 사람들이 다 죽음을 당하지는 않습니다. 언제나 몇몇 사람들은 살아남아 비폭력 정신이 계속 전파될 수 있게 노력합니다.

비폭력이 진정한 문명입니다. 예의를 갖춘 문명이지요.

이 세상에 사랑을 전파하는 일이 얼마나 중요한지 여러분이 느꼈으면 합니다. 세계는 사랑을 너무나 필요로 합니다. 이런 폭력의 악순환 속에서 오늘날처럼 맹목적인 폭력이 계속된다면 세계는 거대한 폭력의 파도에 휩쓸리고 말 것입니다. 너무나 끔찍한 일입니다.

부활절

2003년 4월, 몬트리올

오늘 전 세계에서 부활절을 기념하고 있습니다. 대부분의 사람들은 부활에 대해 논리적 의문을 제기하지 않습니다. 그러나 그들이 믿고 있는 부활이란 신이 개입된 것으로서 완전히 초자연적인 현상을 말하고 있습니다.

사실을 말하자면, 사람들이 기념하고 있는 것은 예수의 복제입니다. 그러나 그들은 이 사실을 깨닫지 못하고 있지요. 그들은 2천 년 전에 일어났던 "죽음에 대한 과학의 승리"를 축하하고 있는 것입니다. 이 보다 더 논리적이고 사실적인 설명은 없습니다.

부활절은 또한 한량없는 선의를 가진 사람들이 보낸 사랑의 승리였습니다. 그들은 지구인들에 의해 방금 희생되었던 그들의 아들을 다시 재생시키기로 결정했던 것입니다. 그것은 한 사람의 생명이 인류 전체보다 더 중요하다는 사실을 보여주기 위함이었습니다.

그리하여 과학의 혜택으로 예수는 인간 세계로 돌아와 다시 한번 사랑에 대해 말하고 이 지구에서 사랑과 의식과 깨달음이 얼마나 중요한지 사람들을 다시 일깨워주었습니다. 그것은 선과 악의 싸움이었으며 의식과 어리석음의 싸움이었습니다.

예수는 십자가를 증오합니다. 그러나 예수를 사랑한다고 주장하는 모든 사람들이 그를 기억하기 위해 하는 짓이란 도대체 어떤가요? 그들은 그 십자가를 목에 걸고 다닙니다! 벽에다 걸어두기도 하고 교회를 장식하기도 합니다. 가장 잔인한 방법으로 예수를 죽인 바로 그 도구를 숭배하고 있는 것입니다! 만약 예수가 칼로 목이 잘려 죽었다면 그들은 예수를 기억하기 위해 작은 칼을 목에 걸고 다닐까요? 이 얼마나 괴이한 일인가요! 예수에게 고통을 준 상징물을 사랑하면서 어떻게 동시에 예수를 사랑한다고 주장할 수 있단 말입니까? 예수는 십자가를 증오합니다.

인간의 잔인성이 어디까지 갈 수 있는지 기억하는 것은

중요합니다. 인간들은 엘로힘의 메신저에 대해서도 그렇게 했습니다.

예수는 사랑에 대해서만 말했습니다. 그는 우리에게 "너희 이웃을 너 자신처럼 사랑하라."라는 말을 해주러 왔습니다. 이 말은 "눈에는 눈, 이에는 이"라는 아주 원시적인 그전의 말을 대체하는 것이었지요. "눈에는 눈, 이에는 이"라는 말은 "누가 너를 때리면 너도 그를 때려라. 누가 너를 공격하면 너도 그에게 반격하라."라는 의미입니다. 이것은 사랑과는 전혀 다릅니다.

유태인 중 한사람이었던 예수는 유태인들에게 가서 또 이렇게 말했습니다. "오른 뺨을 맞으면 왼 뺨도 내밀어라." "친구보다 적을 더 사랑하라, 적들은 너의 친구들보다 더 많은 사랑이 필요하기 때문이다. 친구들은 네가 이미 사랑하고 있지 않느냐? 누가 너를 미워하면 폭력이 아니라 사랑으로 대해주라. 두 팔을 벌리고, '나를 때리고 싶으면 때려라. 그러나 너는 너의 양심에 짐을 지고 살게 될 것이다.'라고 말해주라."

이것은 너무나 혁명적인 가르침이었으며, 이 때문에 예수는 죽임을 당했습니다.

인류 역사에서 비폭력의 가장 위대한 상징은 의문의 여지없이 예수와 간디입니다. 간디는 세계에서 가장 막강한 군대에 맞서 이렇게 말했습니다. "우리를 죽여라, 그러나 우리는 손가락 하나 들지 않을 것이며 복수도 하지 않을 것이다."

오늘날 달라이 라마도 티베트를 위해 동일하게 행동하고 있습니다. 그는 국민들에게 무장봉기를 선동하고 중국인들에게 폭탄을 던지라고 부추길 수도 있었습니다. 그러나 그 대신 그는 "폭력은 절대 안 된다. 때가 되면 인간의 의식이 자랄 것이다. 그러면 인간들 사이에는 이해심이 생기게 될 것이다."라고 말했습니다.

인류에게 필요한 것은 바로 이런 형태의 사랑과 비폭력입니다. 사랑이 증오를 대신하지 않는 한, 사랑이 폭력을 이기지 못하는 한, 오른 뺨을 맞았을 때 왼 뺨 내밀기를 거부하는 한, 전쟁은 결코 멈추지 않을 것이기 때문입니다. 우리 지구는 아름다운 곳이며 구원할 가치가 있는 곳입니다. 사랑만이 그것을 가능하게 해줍니다.

오늘 나는 여러분에게 우리 창조자들의 이름으로 예수의 메시지를 완성시키는 이 메시지를 전합니다.

"한 사람의 생명은 인류 전체보다 더 중요하다."

이것은 엘로힘의 가르침 가운데 가장 중요한 내용 중 하나입니다. 엘로힘은 우리에게 이 세상에서 한 인간의 죽음을 정당화할 수 있는 이유는 아무 것도 없다는 사실을 일깨워 주었습니다. 예를 들어, 누가 여러분에게 인류 전체를 구하기 위해 전 지구를 감염시킬 수 있는 사스(SARS) 환자 한 사람을 죽이라고 명령하더라도 여러분은 그렇게 해서는 안 됩니다!

어떤 명분으로 첫 번째 사람을 죽이면 앞으로 수백만 명을 더 죽일 수 있게 됩니다. 나치에게 죽임을 당한 첫 번째 유태인 뒤에는 수백만 명의 유태인들의 죽음이 이어졌습니다! 한 사람의 살해를 받아들이면 그 다음 사람의 살해도 받아들일 수 있게 됩니다. 한 사람만으로 제한시킬 방도는 없습니다. 한 사람을 죽였다면 두 사람은 왜 안 되겠습니까? 그리고 두 사람을 죽이면 네 사람은 왜 안 되겠습니까? 네 사람을 죽이면 여덟 사람은 왜 안 되겠습니까? 여덟 사람을 죽이면 수백만 명은 왜 안 되겠습니까? 가장 중요한 사람은 어떤 명분으로든 처음에 죽일 사람입니다.

한 영국 기자가 이렇게 질문한 적이 있습니다. "사담 후세인을 제거하기 위해 우리가 이라크에서 한 사람의 목숨을 빼앗았다면 그것을 정당화할 수 있을까요?"

아닙니다! 절대로 그럴 수 없습니다!

한 불쌍한 이라크 어린이가 팔다리와 부모를 잃고 온몸의 60%가 넘는 부위에 화상을 입어 생존할 수 있을지조차 알 수가 없습니다. 그러나 그 아이는 사담 후세인을 제거하는 데 동의한 적이 없습니다. 정치인들은 이런 아이를 두고 "부수적인 피해"라고 말합니다. 이것보다 더 역겨운 말은 없습니다.

시간과 국민 그리고 의식은 아이들의 팔을 잃게 할 필요 없이 언제나 독재자들에게 승리를 거둡니다. 간디는 이 원칙이 옳으며 이것이 가능하다는 것을 증명했습니다!

이 아이를 절대 잊지 말아야 합니다. 이것을 거울삼아 더 이상의 잔혹한 행위를 피해야 합니다. 어떤 사람은 우리가 타인의 고통을 이용한다고 말할지도 모릅니다. 맞습니다. 우리는 그렇게 이용해야만 합니다. 강제수용소에 갇혀 거의 굶어죽다시피 된 불쌍한 유태인들이 열을 지어 가스실로 들어가는 사진을 이용하여 다시는 그런 일이 재발하지 않도록 하는 것과 똑같이 말입니다. 지구상의 어떤 독재자나 정부라도 어떤 명분으로든 단 한 사람이라도 감히 죽이지 못하도록 말입니다.

부활절은 바로 이런 의미를 갖고 있습니다. 예수가 우리에게 가져다준 사랑을 기억하는 날이지요.

오늘 나는 우리 인류에게 가장 위대한 비폭력의 본보기인 엘로힘이 우리에게 가르쳐준 절대적인 세 가지 규칙과 함께 여러분에게 그들의 더욱 큰 사랑을 전해드립니다.

어떤 명분으로든 단 한 사람의 생명도 빼앗아서는 안 됩니다.

그것이 우리 모두를 구하는 길이라고 하더라도 안 됩니다. 그리고 인류 전체를 파멸시키겠다고 위협하는 사람이 있을지라도 우리는 그를 보호하고 그와 함께 살아가야 합니다. 이것이 바로 사랑이며 자신을 주는 것입니다. 나는 누가 나를 죽이기를 원한다면 그의 목숨을 빼앗는 대신 나의 목숨을 주겠습니다. 그렇지만 이런 상황이 닥치는 일은 거의 없을 것입니다. 왜냐하면 다른 해결책이 언제나 있으니까요.

인류를 구하기 위해서는 누군가를 죽여야 한다고 강요

하더라도 그것을 거부해야만 합니다.

우리는 다른 사람의 생명을 위협하거나 고통을 주는 명령에는 복종하기를 거부해야만 합니다. 우리는 어떤 명령이 자신의 양심에 반하거나 세계인권헌장에 위배될 경우 그것에 따르기를 거부해야만 합니다. 비록 그 명령이 엘로힘 또는 그들의 예언자가 내리는 것일지라도 그렇습니다.

명령에 따르는 사람은 명령을 내리는 사람과 동일하게 자신의 행위에 대해 책임을 져야 합니다.

논리적 혼란:
"가장 힘센 자가 항상 이긴다."

2000년 4월

"가장 힘센 자가 항상 이긴다."라는 주장은 지혜가 철저히 결여되어 있음을 보여주는 것입니다. 이런 생각은 폭력의 기초가 되고 끔찍한 세계적 혼란과 사고체계의 혼돈을 낳아서 다음 세대가 더욱 끔찍하게 되도록 만듭니다. 어릴 때부터 폭력을 일상적으로 봐오며 자라난 다음 세대로서는 폭력이 매우 정상적으로 보일 것이기 때문에 그들의 미래는 소름끼치도록 불안정하게 될 것입니다. 오늘날 세계의 벽들은 폭력의 문장들로 채워지고 모든 텔레비전 화면들은 폭력의 영상들로 가득합니다.

만약 역사책이 올바로 만들어졌다면 간디와 부처, 예수에 관한 내용이 100페이지 넘게 실릴 것이고 평화를 위해 노력했거나 민족들과 국민들, 종족들, 개인들 간의 이해를 증진시키기 위해 헌신했던 모든 사람들과 성자들의 이야기들이 언급되어 있을 것입니다. 그리고 나폴레옹과 히틀러, 시저 및 훈족의 아틸라가 저질렀던 범죄에 대한 이야기는 한 페이지밖에 실리지 않았을 것입니다.

그러나 불행하게도 역사책에는 인류의 살인자들이 모두 영웅으로 그려져 있습니다. 이 살인자들은 미국, 프랑스, 캐나다 기타 모든 나라들의 역사책을 장식하고 있습니다. 이들이 바로 우리 인간의 영웅으로 되어 있지요. 그러나 이들의 영웅주의는 순수한 폭력에 기초한 잘못된 것입니다.

인간 세계에서 가장 슬픈 일은 사람들이 이 같은 "논리적 폭력"이 옳은 것이라고 믿는다는 점입니다. 독일인들은 어느 날 나치가 되어 기본적으로 전혀 나쁜 사람들이 아닌 유태인들과 동성애자들과 집시들을 학살했습니다. 그들은 단지 무시무시한 논리 속에 빠졌을 뿐입니다. 그 논리는 그들에게 너무나 일관되게 보였으므로 아무 의심 없이 그 시스템을 받아들였습니다. 그들은 자기가 "옳은" 일을 하고 있고 대의를 위해 행동하고 있다고 믿었습니다.

현재 가장 위험한 정신적 혼란이 일어나고 있는 곳은 스포츠계입니다. 광분한 사람들이 자신이 좋아하는 팀의 깃발로 거대한 스타디움을 가득 채우고 있습니다. 여기에 작은 불씨 하나만 던지면 수십 명이 죽는 사고는 쉽게 터질 수 있습니다. 폭력은 표면 바로 아래에 잠재해 있으며, 자기 팀이 패배하면 다이너마이트의 퓨즈에는 쉽게 불이 붙을 수 있지요. 왜 한 팀은 자기편이 되고 다른 팀은 아닌가요?

우리는 누구든 재능을 가진 사람을 응원해야 합니다. 다른 생각은 어리석을 따름입니다. "초록색을 응원하자!" 얼마나 웃깁니까? 우리 인간은 모두 같습니다. 재능만이 우리를 서로 다르게 합니다. 그러므로 우리는 선수들이 소속된 국가나 팀이 아니라 재능 있는 선수 개개인을 칭찬하고 상 주어야 합니다. 그런 팀은 외국에서 우수한 선수들을 돈으로 사와서 만든 것일 뿐이니까요.

나는 스포츠를 사랑합니다. 그러나 국기와 국가가 없고 선수들을 제비뽑기로 편을 갈라 팀을 만든다면 더 좋아할 것입니다. 그렇게 하면 얼마나 멋지겠습니까! 이 경우 재능에 대해서만 상이 주어지게 될 것이며 다른 팀의 응원단들 사이의 폭력사태는 먼 과거의 일이 될 것입니다.

우리 인류가 언급해야할 진정한 영웅들은 예수와 간디, 부처 그리고 인류의 의식을 높이고 모든 장벽을 없애기 위해 헌신한 사람들뿐입니다. 이들은 "서로 싸우지 말라. 폭력을 쓰지 말라. 서로 사랑하라."라고 가르칩니다.

생명을 보호하는 평화유지군

2002년 12월 14일, 콩고에서의 강연

겸손은 가장 중요한 덕목입니다. 특히 여러분처럼 전쟁으로 분열된 나라들에서는 더욱 중요합니다. 겸손한 사람들은 군인이 되지 않습니다. 겸손하면 싸우지 않지요.

그러나 군인들도 평화의 수호자가 될 수 있습니다. 과거 군인이었던 사람들이 정신 이상자와 미치광이, 폭력적인 사람들에 맞서 평화유지군이 된다면 좋을 것입니다. 그러나 그들을 중형으로 벌주는 것이 아니라 그들의 병든 마음을 치료해주는 방법을 써야만 합니다.

엘로힘의 메시지에도 언급되어 있듯이, 평화유지군이 약간의 무력을 갖는 것은 좋습니다. 그러나 그 군대가 무력을 사용하여 권력을 잡아서는 안 됩니다. 그것은 완전한 탈선이며, 우리는 그런 행위가 지구상의 많은 나라들에서 어떤 결과를 빚었는지 잘 알고 있습니다.

절대적인 비폭력은 겸손에서 나옵니다. 왜 나는 다른 사람에게 나의 뜻을 강요하려고 합니까? 나는 누구입니까? 아무 것도 아닙니다. 한 톨의 먼지에 불과하지요. 우리 모두는 먼지에 지나지 않습니다. 다만 의식을 가진 먼지이지요.

우리는 스스로 의식할 수 있는 무한의 일부임을 인식하는 먼지입니다.

우리 인간은 지성을 가진 무한입니다. 무한은 그 자체로는 무의식이지만 느끼고 생각하는 두뇌를 통해 지성을 갖게 됩니다. 생명이 없는 무한은 지성이 없습니다.

우리의 의식은 무한의 일부인 원자들에게까지 생명을 불어넣습니다. 우리 몸속에 있든 몸 밖에 있든 사물은 같은 요소로 구성되어 있습니다. 내가 지금 만지고 있는 이 물체에는 과거 어느 때인가 여러분의 조상들 몸속에 있었던 원자들이 들어 있습니다. 그들 몸속의 원자들은 이렇게 남아 있지만 그러나 그들의 의식은 더 이상 존재하지 않습니다. 왜냐하면 이 원자들은 더 이상 생각할 수가 없고 아무 것도 느낄 수가 없기 때문이지요.

여러분이 죽으면 지금 여러분을 구성하고 있는 원자들은 카펫과 풀의 일부가 되거나 다른 사람들이 들이마시는 공기에 섞이게 될 것입니다. 그것들은 어디에든 모든 곳으로 퍼질 것입니다.

자신은 영원의 시간 동안 먼지로 있다가 아주 짧은 순간 의식을 갖고 살아 있다는 사실을 의식할 수 있어야만 우리는 겸손해지고 연약한 생명을 존중할 수 있게 됩니다. 생명을 위협하지 않고 보호하는 것이 이 지구상에 살고 있는 모든 인간들의 의무입니다.

제13장

서로 다를 수 있는 권리

"인간의 성은
유전적으로 결정되는 것으로서
동성애자를 보고 동성애자라고 비난하는 행위는
고양이를 보고 고양이임을 비난하는 것과 똑같이
어리석은 짓이다."

의식의 규격화

2001년 2분기

우리는 서로 다를 수 있는 권리를 지키기 위해 정치적으로 옳은 것, 종교적으로 옳은 것, 성적으로 옳은 것과 맞서 싸워야 합니다. 오늘날 우리 사회는 우리의 마음을 규격화하고 제약하여 양들처럼 순종하게 만듦으로써 모두 똑같이 생각하고, 똑같이 투표하고, 똑같이 사랑하고, 똑같이 기도하도록 만들기 위해 모든 수단을 다 동원하고 있습니다.

소위 자유롭고 문명화되었다는 사회의 이 같은 "탈레반화" 문화는 모든 사람들이 똑같은 생각만을 하도록 만드는 결과를 빚고 있습니다. 여기서는 다른 사람들과 너무 다른 생각을 갖고 있으면 위험한 사람으로 간주됩니다. 그러나 나는 반대로 모든 사람들과 똑같이 생각하는 것이야말로 정말 위험하다고 말하고 싶습니다!

우리 사회에는 극우파나 극좌파 정당들의 지도자들을 악마처럼 묘사하는 경향이 있습니다. 소위 "자유의 옹호자"들은 이런 정당들을 금지시키려고 노력하고 있으며, 이들은 만약 극좌 또는 극우 정당이 선거에서 승리할 경우 폭동을 일으키도록 국민을 선동하려 하고 있습니다.

프랑스의 어느 장관이 하는 말을 들어보면 정말로 웃깁니다. "만약 선거에서 올바른 생각을 갖지 않은 사람이 선출

되지만 않는다면 민주주의는 최상의 제도이다." 그는 민주주의에 대해 말하면서 동시에 자가당착적인 말을 함께 하고 있습니다. 이것은 이 장관이 국민들의 다수결 투표로 선출된 정부를 무력으로 뒤엎을 준비가 되어있다는 것을 의미합니다. 그는 민주주의의 핵심 원칙을 부정하고 스스로 테러리스트가 되겠다는 말과 다를 바 없습니다. 그들은 아직 프랑스가 자유의 땅이라고 주장하고 있지만, 이래서야 프랑스의 이미지가 어떻게 되겠습니까!

종교의 자유에 있어서도 마찬가지입니다. 프랑스 정치인들은 공개적으로는 서로 다를 수 있는 권리에 대해 피력하며 종교적 소수파들을 존중해야 한다고 말하고 있습니다. 그러나 뒤로는 이단종교 퇴치 활동에 재정지원을 해주고 소수종교들을 탄압하는 법률들을 통과시켰습니다.

성문제에 관해서도 공식적 입장은 동성애자들을 존중하고 보호하는 것으로 되어 있으나 실질적으로는 동성애자들이 합법적인 결혼을 할 수 있는 권리는 여전히 없습니다. 동성애자들은 너무나 "다르기" 때문에 이런 권리를 가질 수 없다는 것이지요. 그래서 그들만을 위한 특별한 제도를 시행하고 있습니다. 이처럼 동성애자들은 여전히 차별대우를 받고 있으며 특히 직장에서의 부당한 차별대우는 심각합니다.

그리고 "정상적인" 범주에 속한 사람들 중에서도 노인들이 여전히 성생활을 하고 있다는 사실을 드러내는 것은 금기시되고 있으며, 청소년들의 경우에는 아예 성행위가 금지되어 있습니다. 그러나 오늘날 생물학적 증거들을 고찰해

볼 경우 인간의 성 능력은 대략 12세의 사춘기 때부터 시작해서 죽을 때까지, 즉 대략 80 내지 85세까지 지속된다고 합니다.

15살 이전에 성관계를 갖는 것은 정치적으로 옳지 않은 행위로서 법률로 금지되어 있습니다. 그러나 청소년들 중 90%는 어떻게든 성관계를 하고 있는데, 이에 대해 염려하는 사람들은 별로 없습니다. 양로원에는 여성 구역과 남성 구역이 정교하게 차단되어 있는데, 다행히 정신이 맑은 몇몇 노인들은 이 차단설비를 뚫고 맞은편으로 숨어들기도 합니다.

식사법적으로 옳은 것

2001년 2분기

정치적, 종교적, 성적 사고방식의 획일화 목록에 이제 우리는 "획일화된 맛"의 항목을 추가하지 않으면 안 되게 되었습니다. 농담이 아닙니다. 어떤 사람들은 현재 우리에게 "식사법적으로 옳은" 것을 먹게 만들려고 시도하고 있습니다.

어느 유명한 프랑스 요리사가 최근 유전자개량식품에

항의했는데, 그의 말에 따르면 그것은 토양에서 나오는 다양한 생물들을 사라지게 만들고 맛의 규격화를 가져오게 된다는 것입니다. 예를 들면, 지구상에는 동일한 맛을 지닌 오직 한 종류의 토마토만 남게 될 것이라고 그는 주장합니다.

그는 정말로 아무 것도 이해하지 못하고 있습니다. 그가 할 일이란 아무 것도 모르는 일에 대해 뭐라고 지껄이는 대신 주방에 돌아가 양념 맛이나 보는 것입니다. 실제로 유전자개량식품이나 복제에 반대하는 사람들은 대부분 그들이 무엇에 관해 말하고 있는지 잘 모르고 있습니다.

유전자개량식품은 식물의 다양성에 종지부를 찍는 것이 아니라 더욱 맛있는 다른 식물들을 만들어내고 있습니다. 예를 들면, 현재 우리가 먹고 있는 풍미 없고 수분만 가득 찬 딸기 대신 강한 야생딸기의 맛을 지닌 매우 커다란 딸기를 만들 수 있습니다. 그리고 그런 딸기는 매우 크게 만들 수 있기 때문에 한 사람이 하나만 먹어도 훌륭한 디저트가 될 수 있을 것이며, 운반과 보관도 훨씬 용이할 것입니다.

우리는 또한 전혀 새로운 색깔과 맛을 지닌 과일과 야채들을 창조해낼 수 있을 것입니다. 예를 들면, 바닐라 맛이 나고 토마토처럼 둥근 푸른색 바나나를 만든다거나 사과만큼 크고 계피 맛이 나는 백포도를 만들 수도 있을 것입니다. 물론 맛도 뛰어날 것입니다. 요리사들의 상상력이 유전공학기술과 합쳐지면 수많은 문화와 지역적 식성에 적합하고 다양한 맛을 지닌 수천 종의 다른 식물들을 창조해낼 수 있을 것입니다.

오늘날 "식사법적으로 옳은 것"은 우리가 먹을 수 있는 동물의 종류에까지 확대되고 있습니다. 왜 어떤 동물들은 먹어도 되고 어떤 동물들은 안 되는가요? 참치는 먹을 수 있지만 돌고래는 손대서는 안 됩니다. 정말 이상한 말입니다! 그런데 최근 한 프랑스 여배우가 한국의 개고기 식용 관습을 금지시키기 위해 끈질기게 노력하고 있습니다.

이들 식사법의 대가들이 일관성을 가질 수 있는 유일한 길은 채식주의자가 되는 것입니다. 만약 그들이 많은 동물들이 받고 있는 고통에 대해 개탄하기를 원한다면 우선 그들부터 귀여운 눈망울을 가졌던 송아지 고기를 그들 접시 위에 올려놓지 말아야 하고, 그토록 귀여웠던 병아리에서 성장한 닭고기를 거부해야 하며, 3주일 동안이나 불쌍한 거위에게 끔찍한 고통을 가해 만든 거위 간 요리를 절대로 먹어서는 안 될 것입니다. 그렇지 않고서는 그들이 어찌 어떤 동물은 먹어도 된다고 하면서 다른 동물은 먹어서는 안 된다고 아우성칠 수 있단 말인가요! 잘 조리된 한국의 개고기가 닭튀김 요리를 먹는 것보다 더 나쁠 이유가 없습니다.

나는 이런 정치적으로 옳은 자들의 모습을 생생히 그릴 수 있습니다. 다음 휴일 불그레한 얼굴에 살이 두툼하게 찐 그들은 야만인들에게 희생되고 있는 불쌍한 동물들에 대해 개탄하면서 포와그라(거위 간 요리)를 게걸스럽게 삼키고 있을 것입니다.

이처럼 프랑스인들이 한국의 개들을 불쌍히 여기고 있는 동안 미국인들은 달팽이와 개구리 다리, 토끼를 먹는 프랑스인들, 살아 있는 생선을 즐겨 먹는 일본인들을 보고 메스꺼워 합니다.

그럼 우리는 채식주의자가 되어야 하는가요? 그러나 최근 과학자들은 식물도 그들의 환경을 인식하며 고통을 느낀다는 사실을 증명했습니다. 그렇다면 당근을 땅에서 뽑아 올릴 때 또는 상추를 칼로 썰 때 너무 큰 고통을 주므로 우리는 당근이나 상추를 먹지 말아야 합니까?

우리는 무언가를 먹지 않으면 안 됩니다. 그럼 남은 것은 무엇일까요? 우유와 치즈는 어떻습니까? 새끼들을 먹이려고 생산하는 우유를 훔치기 위해 소를 기르면서, 죽은 동물들을 갈아 만든 사료를 먹여 광우병을 일으키거나 아니면 식물들에게 고통을 주며 만든 식물사료를 먹이는 것이 용납될 수 있습니까?

그렇다면 계란은 어떻습니까? 그러나 인간의 배아에서 추출한 줄기세포의 이용을 비난하는 생명옹호론자들의 요란한 아우성을 고려해볼 때, 틀림없이 그 늙은 여배우는 계란에서 태어나게 될 귀여운 병아리의 이름으로 이렇게 목청을 높일 것입니다. "그들을 살게 하라!" 그리고 틀림없이 "태어날 병아리의 권리를 옹호하는 협회"가 창설될 것입니다. 그러므로 계란도 안 됩니다!

그럼 우리는 무엇을 먹을 수 있단 말입니까? 그렇습니다. 바위가 있습니다! 그러나 나는 벌써 "지구의 친구들"과 다른 환경주의자들이 눈썹을 치켜세우면서 하는 말을 듣고 있습니다. 실제로 어떤 사람들은 우리 “어머니 지구”가 “영혼”을 갖고 있다고 주장하고 있지 않습니까?

이제 우리에게 유일하게 남은 길은 죽는 것뿐입니다. 그러면 벌레들과 박테리아들이 우리를 먹으며 잔치를 벌이겠지요. 그것들에게는 아무런 죄의식이 없을 것입니다.

그러나 진지하게 생각해봅시다. 지구상에 존재하는 모든 것들은 인간에게 기쁨을 주고 영양을 공급하기 위해 엘로힘이 창조한 것입니다. 거기에는 어떤 사람이 좋아하든 싫어하든 모든 동물들과 식물들이 포함됩니다. 유일한 규칙은 동물이든 식물이든 가능한 한 적은 고통을 주며 죽이라는 것입니다.

나는 학대받은 프랑스의 송아지 고기를 먹느니 차라리 고통 없이 죽인 한국의 개고기를 먹겠습니다.

나는 지구상에 존재하는 음식들을 거의 모두 먹어봤습니다. 상어, 악어, 거북이, 돌고래, 고래, 비버, 타조, 들소, 해파리, 말, 심지어 아프리카 메뚜기까지 먹어본 적 있습니다. 다음번 한국을 방문할 때는 기꺼이 개고기를 시식해 볼 생각입니다. 그러나 그 개는 확실히 고통 없이 죽인 것이어야만 합니다. 나는 닭이 전기로 가동되는 양계장에서 사육되었거나 학대받았다는 것을 안다면 그런 닭고기를 먹지 않으며, 그리고 ‘포와그라’에는 손도 대지 않습니다.

일관성을 가져야 합니다. 그리고 동물차별을 해서는 안

됩니다. 어떤 동물은 먹어도 되고 어떤 동물은 안 된다고 하는 것은 "식사법적으로 옳은" 말일 뿐입니다. 만약 송아지가 말을 할 줄 안다면 이렇게 물을 것입니다. "왜 개가 아니고 나입니까?"

패션에 관한 생각

2003년 2월 3일

뉴욕타임스 패션부 기자와의 인터뷰에서 라엘이 대답한 내용입니다.

라엘리안 무브먼트는 평화와 비폭력 등 거창한 명분을 위해 계속 투쟁해왔지만 우리는 또한 작은 명분에도 관심을 갖고 있는데 그 중 하나가 패션입니다. 모든 것은 서로 연결되어 있습니다. 큰 주제는 패션과 같은 작은 주제들과 연결되어 있습니다. 인간들이 걸치고 있는 이 지독한 패션은 정치적으로 옳은 패션이지요.

인류의 역사를 살펴보면 사람들은 우아하게 디자인된 옷들을 입어왔습니다. 14세기부터 17세기까지의 귀족들이 어떻게 입고 다녔는지 기억하십니까? 그러다가 갑자기 정장과 넥타이가 등장했습니다. 이 정장이 한 때만의 유행으로 끝났더라면 좋았을 텐데 생산성만을 고려하여 디자인된 이런 볼품없는 옷을 남자들이 입고 있는 지가 벌써 1세기나 지났습니다.

이 정장은 산업화와 민주주의와 함께 탄생했지요. 그 배경이 되는 사상은 대체로 좋은 것입니다만 전부 다 좋다고는 말할 수 없습니다. 특히 모든 사람이 똑같이 보이기를 바라는 것은 좋지 않습니다. 과거 사람들은 이것을 진보라고 생각했지만 그러나 모든 사람이 똑같이 보이는 것은 진보가 아니라 오히려 그 반대입니다. 모든 사람들은 서로 달라야 하기 때문입니다.

권리의 평등은 의복의 평등을 의미하는 것이 아닙니다. 사람들은 모든 것을 혼동하고 있습니다. 사람들은 평등한 권리를 갖고 있기 때문에 모든 사람들이 똑같이 볼품없는 회색 정장을 입어야 한다고 생각했습니다. 이것은 획일화의 시작이었으며, 획일화는 오늘날까지 전 세계에서 계속되고 있는 문제입니다.

공산주의처럼 최악의 정치제도들은 항상 획일화하는 일부터 시작합니다. 모든 사람들은 소위 "올바른" 의상 지침에 따라 똑같은 옷을 입지 않으면 안 되지요. 그러면서 사람들이 깨닫지도 못한 사이에 점차 "정치적으로 올바르게" 그리고 "종교적으로 올바르게" 변해가도록 만듭니다.

여성들은 패션에 관해 남성들보다 좀 더 자유롭습니다. 일반적으로 여성들은 언제나 다양한 색깔의 아름다운 옷들을 입을 수 있지만 불쌍하게도 남성들은 그렇지 않지요! 지난 몇 세기 동안 패션이 자주 변했지만 언젠가부터 갑자기

변하지 않고 그대로 있습니다. 정신을 차려서 이런 상황에서 벗어나지 않으면 안 됩니다.

모두 같은 옷을 입으면 모두 같은 생각을 하게 되는 배경을 갖추게 됩니다. 패션과 창조적인 생각 그리고 패션과 혁명적인 생각 사이에는 연관이 있습니다. 칼 라거펠드와 베르사체 같은 많은 패션 디자이너들은 사람들에게 미의 혁명을 가져다주었습니다.

나의 철학은 비폭력적으로 있는 한 다른 사람들이 어떻게 생각하든 자기만의 모습을 갖는 것입니다. 그러나 다른 철학 그룹들은 모든 사람들이 같아지게 만들려고 노력하고 있습니다. 나의 바람은 정 반대입니다.

나는 라엘리안들이 1주일간의 세미나를 마치고 귀가할 때 처음에 도착했을 때보다 무척 달라진 것을 보면 가장 큰 행복을 느낍니다. 30년 전부터 나는 그들에게 이렇게 말해왔습니다. "여러분 자신만의 모습을 가지세요. 유행에 대해 신경 쓰지 말고 여러분이 원하는 옷을 입고 좋아하는 색을 즐기세요."

어느 날 나는 나 자신도 검은 색 옷에 갇혀있다는 것을 깨닫고는 옷을 바꾸기로 마음먹었습니다. 그래서 내가 직접 내 옷을 디자인했습니다. 나의 목표는 내 옷이 정신성과 우주, 미래 등을 표상하고 특히 매우 편안하게 만드는 것이었습니다. 그 이후 더 이상 좋은 디자인을 발견하지 못하고 있기 때문에 옷감만 바꿔가며 계속 같은 스타일의 옷만을 입고 있습니다. 사람들은 가끔 내 옷을 두고 시비를 걸기도

하지요.

엘로힘은 여행할 때 몸에 딱 붙고 상하 일체형으로 된 얇은 녹색 옷을 입습니다. 그들이 어떻게 그 옷을 입는지 나도 모르겠습니다. 그러나 그들의 행성에서는 벗고 다닙니다. 그들은 기후를 조절할 수가 있기 때문이지요. 그곳에서는 밤에만 비가 오고 낮에는 놀라울 정도로 화창합니다. 그들이 옷을 입는 것은 오로지 아름답게 보이기 위해서입니다. 다른 이유로 옷을 입는 것은 어리석은 짓이라고 생각합니다.

* 기자 : 흰색은 메시지의 순수성과 관련이 있습니까?

* **라엘** : 아닙니다. 그러나 사람들이 흰색을 순수성과 연관시킨다면 그것은 괜찮습니다. 그렇다고 해서 흰색이 검은색보다 더 순수하지는 않습니다. 여기 있는 나의 아프리카인 친구에게 물어보세요! 흰색과 검은색은 모두 중립 색입니다. 내가 흰색을 고른 이유는 흰색이 빛을 반사시켜 나의 메달을 더 잘 보이게 해주기 때문이지요. 따라서 흰색과 순수성은 서로 연관이 없습니다.

나는 어떤 면에서는 나 자신을 하나의 바이러스라고 생각합니다. 나는 새로운 생각과 새로운 비전, 새로운 철학으로 이 세상을 물들게 하는 바이러스입니다. 우리가 다른 사람들과 같은 수준에 머물러 있다면 사람들을 앞으로 밀어줄 수가 없습니다. 사람들을 더 멀리 끌려면 우리가 그들보다 훨씬 더 멀리 앞서 있지 않으면 안 됩니다. 부처와 예수 등 정신적 지도자들이 모두 그렇게 했지요.

교육은 모든 것을 바꿀 수 있습니다. 교육이 부족한 사람들이 인종차별주의자나 동성연애반대자 기타 자기와 다른 것에 대해 반대하는 사람이 됩니다. 우리는 사람들이 이웃들을 존중할 뿐만 아니라 가능한 한 이웃들과 많이 다르게 되도록 고취시키는 교육을 해야만 합니다. 사람들이 서로 많이 다르면 다를수록 세상은 더욱 풍요로워지기 때문이지요.

우리가 "정치적으로 옳은" 것에 복종하면 스스로 생각할 수 없게 됩니다. 그저 모든 사람들이 하는 대로 따라하게 되는 것이지요. 그렇기 때문에 나에게는 패션이 피상적인 주제가 아닙니다. 패션의 힘은 사회를 바꾸는 근원입니다. 남자들이 조지 부시 대통령처럼 보이려고 스리피스 정장에 넥타이를 매는 것을 그만 두어야 하는 이유가 바로 여기에 있습니다.

핑크색 옷은 어떻습니까? 치마는 왜 안 됩니까? 얼마 전 나는 친구들과 함께 이야기하던 중, 최근 나의 옷을 모방한 옷이 사람들 사이에 퍼지기 시작했다는 말을 듣고 한참 웃었던 적이 있습니다. 그래서 지금 생각중인데, 다음에는 핑크색 미니스커트를 입고 세미나를 해볼까 합니다. 내가 그렇게 입으면 아주 귀엽게 보이지 않을까요?

제14장

젊은이들에게 전하는 메시지

"안전을 추구할수록 더 위험하게 되고,
위험을 추구할수록 더 안전하게 된다."

젊은이들에게 부족한 정신성

2000년 3분기

오늘날 "존재"보다 "소유"가 더 높은 자리를 차지하고 있지만 죄의식을 심어주는 신앙과 원시적 신화들에 기초한 신비화된 정신성이 퇴화한 것은 기쁜 일입니다. 안타까운 점은 많은 사람들이 이 과거의 정신성을 다른 것으로 대치하지 않고 그 자리를 사막처럼 그대로 비워두고 있다는 사실입니다. 이 빈자리의 주위는 마치 신기루와도 같은 물건들로 가득 차 있습니다. 사람들은 자신의 눈에 보이는 것을 소유하고 싶은 욕망에 자극받아 앞으로 나아갑니다. 그리고 물건을 삽니다. 그들은 잠시 동안 행복을 느끼지만 그 물건에 익숙해지고 나면 쾌감도 사라집니다.

결국 그들의 행복감은 고갈되어버리고 맙니다. 이제 그 물건은 더 이상 그들에게 행복한 환상을 심어주지 않습니다. 그래서 사람들은 행복해질 기대를 안고 다른 곳을 찾아 헤맵니다. 여기에는 더 이상 정신성이라는 것은 존재하지 않습니다.

신에 대한 믿음이라든지 악마에 대한 두려움이라든지 이런 커다란 신비는 사라지고 없습니다. 그런데 어느 날 사람들은 은행에 아무리 많은 돈이 저축되어 있어도 어떤 물건을 소유하고 있어도 그것이 자신을 더 행복하게 만들어주지는 않는다는 사실을 깨닫고 깊은 절망감을 느끼게 됩니다.

이런 깊은 절망감은 보통 젊은이들에게서 많이 나타납니다. 나이든 사람들은 이 점에 있어 유리한데, 그것은 그들의 두뇌가 젊은이들보다 잘 기능하지 않기 때문입니다. 따라서 나이든 사람들은 자신이 행복하지 못한 상태에 있다는 사실을 잘 인식하고 있지 못하거나 혹은 뒤늦게 깨닫게 됩니다. 아니면 그들은 젊은이들보다 더 참을성이 많기 때문일 수도 있겠지요. 또한 나이든 사람들은 죽음을 두려워하므로 자신의 삶을 서서히 마지막으로 끌고 가는 시간의 현실을 정면으로 바라보기를 회피하기 때문일지도 모르겠습니다.

젊은이들에게는 모든 것이 훨씬 빨리 지나갑니다. 그들은 삶을 즐기고 싶고 행복해지고 싶어 합니다. 그러나 행복은 저절로 생기는 것이 아니라 키우지 않으면 안 되는 것입니다. 우리는 젊은이들에게 행복은 창조하고, 키우고, 만들어나가는 것이라는 사실을 가르쳐야만 합니다. 우리는 "존재"의 합당한 자리를 되돌려 주어야만 합니다. 이것은 아무것도 소유해서는 안 된다는 의미가 아닙니다. 우리는 안락한 삶을 위해 "소유"할 필요는 있지만 먼저 "존재"에 초점을 두어야 한다는 의미입니다. 왜냐하면 "존재"는 우리가 소유하고 있는 물건들에서 생겨나는 것이 아니니까요.

오늘날 젊은이들에게 가장 큰 문제는 바로 이것입니다. 최근 전 세계에서의 자살자 수가 교통사고나 암, 에이즈를 크게 앞질러 제1의 사망 원인이 되고 있는 원인은 바로 여기에 있습니다. 세계보건기구의 조사에 따르면 2000년도에 전 세계에서 약 백만 명이 자살했으며, 자살을 시도한 사람들의 수는 이보다 10배 내지 20배 더 많다고 합니다. 정말로 놀라운 일입니다. 이것은 평균 40초마다 한 명꼴로 자살하고 3초마다 한 명꼴로 자살을 시도한다는 말입니다.

매년 백만 명의 사람들이 어느 날 자신이 더 이상 "존재"하지 않음을 깨닫고 괴로워하다가 죽기로 결심합니다. 우리가 "존재"할 때는 죽고 싶은 생각이 없습니다. "소유"는 우리가 "존재"하고 있는 것으로 착각하게 만듭니다. 그러다가 어느 화창한 날 아침 자리에서 일어날 때 우리는 아무것도 "소유"하고 있지 않다는 사실을 깨닫게 됩니다. 바로 공허입니다.

바로 이 때야말로 우리가 순수한 정신성으로 눈을 돌려야 할 순간입니다. 이 작은 느낌은 우리에게 "살아 있음"의 특권을 인식하게 만들어주고, 우리가 무의식의 입자들로 구성되어 있으나 그것들은 의식하는 무한으로 될 수 있다는 것을 깨닫게 해줍니다. 불현듯 우리는 자신의 무한성을 깨닫게 된 것이지요. 이것은 의식하는 인간의 특권입니다.

순간적으로 지나가버리는 삶에서 최대한의 기쁨을 이끌어내는 사람들은 행복합니다. 나는 사람들이 행복하지 못함을 느낄 때 자살하기로 결심하는 심정을 이해할 수 있습니다. 우리가 태어났을 때 우리에게는 전혀 선택권이 없었지만 죽을 때는 선택할 수가 있습니다.

과거 우리 조상들은 매우 불편한 상태에서 살았습니다.

그들에게는 먹을 것도 충분하지 않았고 몸은 추웠으며 전혀 안전하지 않았습니다. 의료보험도 없었고 다른 아무런 보장책도 없었습니다. 그래서 그들은 불행했습니다. 마치 짐승의 세계나 마찬가지였습니다. 끔찍했지요. 그런데도 불구하고 자살하는 사람들은 극히 드물었습니다. 왜냐하면 그들에게는 인간의 미래에 대한 믿음이 있었기 때문입니다.

우리는 이런 믿음을 재발견하여 젊은이들에게 되돌려 주어야 합니다. 새로운 사회가 눈뜨기 시작하고 있습니다. 모든 것이 끝난 것이 아니라 그 반대로 우리는 지금 행성간 문명, 은하간 문명을 건설하는 한가운데 있다는 사실을 이해해야만 합니다. 만약 내가 지금 15세 또는 16세의 소년이라면 장차 다른 행성을 방문하여 다른 문명과 교류할 수 있을 것이라는 생각에 무척 흥분할 것입니다. 얼마나 멋진 일입니까? 환상적입니다!

많은 젊은이들이 "우리에게 미래는 없어."라고 말합니다. 그러나 무대의 막은 내리지 않았습니다. 이 새로운 정신성이 자라나기를 기대하며 희망을 갖고 젊은이들을 고무시켜 주세요. 정신성은 모든 인간에게 너무나 중요한 것입니다.

어느 위대한 철학자가 말했듯이 인간은 종교적 동물입니다. 인간에게는 종교가 필요합니다. 그러나 낡은 원시적인 종교가 아니라 인간적인 새로운 종교가 필요합니다. 종교의 원어는 라틴어의 "religere"입니다. 이것은 예를 들면 자연과의 연결이라든지, 내가 다른 것과 연결된 느낌을 말합니다.

오늘날 이런 종교가 나타나기 시작하고 있습니다. 생태주의운동이나 아시아의 다양한 종교들이 혼합된 단체, 또는 나무나 식물, 동물, 지구, 태양과 달의 주기 등에 연결되어 있음을 느끼는 미국 원주민들을 결합한 단체들이 그런 종류입니다. 이런 것이 진정한 정신성입니다. 이것은 유물론적인 정신성인데, 바로 오늘날의 사람들이 필요로 하는 것입니다. 악마나 신을 앞세우는 비현실적인 정신성은 더 이상 아무도 원하지 않습니다. 적어도 젊은이들은 다 그렇습니다. 그들이 옳습니다. 우리는 인간이 스스로 "신"임을 이해하는 그런 정신성을 원합니다. 즉 우리 자신이 모든 것이며, 우리 자신이 무한임을 깨닫는 것이지요. 우리는 지구상의 모든 사람들과 서로 연결되어 있고 생명이 있거나 생명이 없는 모든 것, 수많은 별들, 다른 행성들, 그리고 무한과도 연결되어 있습니다.

주위를 둘러보고 느껴보세요. 여러분은 스스로를 의식하는 무한의 일부입니다. 여러분은 별들과 행성들과 동물들과 나무들과 연결되어 있습니다. 모두 "하나"입니다. 이것을 느껴보세요. 우리 주위에 있는 모든 것들, 우리 몸속의 세포들, 우리 몸을 구성하고 있는 것들, 우리 가까이 있는 사람들과 멀리 떨어져 있는 모든 사람들, 우리 주변에 살아있는 생명체들, 나무들, 바다, 달, 우주, 이 모든 것들과 연결된 느낌으로부터 나오는 정신성을 체험해 보세요. 그러면 절대로 죽고 싶은 마음이 들지 않을 것입니다.

우리가 정신성과 믿음을 깊이 추구하지 않는다면 자살률은 일분에 몇 명꼴로 더 늘어날 것이며 사망자의 명단은 더욱 더 길어질 것입니다. 젊은이들은 더 이상 교회에 가고 싫어 하지 않습니다. 그들은 신부와 악마, 다른 모든 헛소리들에 질렸습니다. 그들은 무언가 다른 것을 원하고 있습니다.

정신적 모험

1995년, 퀘벡

이 지구에 남아있는 마지막 모험은 정신적 모험입니다.

과거에는 아프리카 정글이라든지 세상의 끝을 발견하러 나서는 탐험을 꿈꾸었지요. 사람들은 목숨을 걸고 열광적으로 탐험에 나섰습니다. 식민지를 건설하기 위해 아메리카 대륙에 맨 처음 도착한 사람들은 바로 여러분의 조상들, 초기 퀘벡인들이었습니다. 그들은 굉장한 희망을 안고 여기로 왔습니다. 이곳은 그들에게 놀라운 땅이었지요. 생전 처음 보는 동물들과 목숨을 걸고 싸우기도 했지만 그들의 뜨거운 열정과 희망이 모든 두려움을 이기게 했습니다.

이제 이런 시절은 모두 끝났습니다. 모든 땅들이 탐험되었지요. 다른 행성에 가서 탐험하고 싶기는 하지만 우리의 과학이 아직 충분히 발달하지 못했습니다. 그렇다면 지금 우리에게 어떤 모험이 남아 있을까요?

인간에게는 모험이 필요합니다. 젊은이들에게는 더욱 더 그렇습니다. 예전에 우리는 핸들을 잡고 시속 200km의 빠른 스피드로 달리면서 속도감에 취할 수 있었습니다. 그러나 요즘은 옛 이야기가 되어버렸지요. 자동속도감시 레이더가 도처에 설치되어 있기 때문입니다. 이제 제한속도는 시속 100km로 되어 있어 200 내지 300마력짜리 엔진을 장착한 신형 자동차들도 40년 전에 만든 구형 자동차들보다 조금도 더 빠른 것처럼 보이지가 않습니다. 정말 이상스러운 광경입니다!

이제 더 이상 남아 있는 모험은 없습니다. 모든 스포츠도 통제받고 있으며, 운동선수들은 다치지 않도록 신체 각 부위별로 보호 장구를 착용해야만 합니다. 아무도 더 이상 위험을 감수할 수가 없습니다.

그러나 아직 우리에게는 모험이 하나 남아있는데 그것은 바로 정신적인 모험입니다. 나는 오래 전부터 정신적 사파리 모험을 주선하는 정신탐험여행사를 창설하는 꿈을 갖고 있습니다. 하루는 사이언톨로지(정신요법 치료를 추구하는 신흥종교) 신도, 또 하루는 불교도, 그 다음날은 유태교도, 또 다음날은 이슬람교도, 또 다음날은 라엘리안이 되는 거지요.

변하세요. 주위를 둘러보고 찾아보세요. 한번 시도해보세요. 현존하는 종교들을 섭렵하는 여행은 흥미진진합니다. 그렇게 하는 과정에서 어쩌면 여러분에게 꼭 맞는 종교를 발견할 수도 있겠지요. 여기저기 모든 곳을 살펴보아야 합니다. 다른 종교들과 어깨를 부비면서 여러분 자신을 풍요롭게 만들어보세요.

만약 여러분이 이단종파들에게 다가가는 것이 꺼려진다면 혹시 두려움 때문에 모험을 못 떠나는 것이나 아닌가 하고 자신을 한번 돌아보세요. 그것은 매우 안타까운 일입니다. 정말 그렇다면 여러분이 발견할 수 있는 것은 이제 아무것도 남아 있지 않습니다.

"위험은 인생의 양념입니다."

1995년 11월 13일, 몬트리올

두 퀘벡 청년들과의 대담에서 라엘이 들려준 대답

질문: 젊은이들의 실업에 대해 어떻게 생각하십니까?

실업은 젊은이들이 절망하는 원인들 중 하나입니다. 공부를 그렇게 오랫동안 해도 손에 쥐는 것은 졸업장뿐이고 직장을 못 갖는다면 무슨 소용이 있겠습니까? 이 문제에는 철저한 책임회피가 개입되어 있는데, 그것은 위험 없는 문화로부터 기인한 것입니다. 사람들은 직장을 구하려하면서 "국가가 이렇게 해줘야... 사회가 저렇게 해줘야... 다른 사람들이 어떻게 해줘야..."라고 말합니다. 연봉도 충분히 보장 받아야 하고, 의료보험도 들어줘야 하고, 기타 모든 것을 다른 누군가가 마련해주기를 바랍니다.

당신 쪽에서는 무엇을 제공합니까? 당신이 감수할 위험은 무엇입니까? 그렇습니다. 여기서 중요한 부분은 바로 위험을 감수하는 것입니다.

재정적으로 성공한 사람들, 특히 백만장자가 된 사람들 대부분이 학위가 없고 독학으로 일어선 사람들이라는 사실을 아십니까? 이들은 위험을 감수하는 방법을 알았던 것입니다. 흥미롭지 않습니까?

학교에 가지 말라는 말이 아니라, 무언가를 배울 동안에만 학교에 머물다가 가능하면 빨리 학교에서 나와야 한다는 말입니다. 그러다가 어떤 것을 창조하고 싶은 마음이 생겼을 때는 그대로 뛰어들어 위험을 감수해보는 것이지요!

예를 들면, 어느 날 눈 위를 달리는 스키 스쿠터를 발명하는 모험을 해보기로 결심한 사람들이 있었습니다. 이것을 발명한 사람은 발꾸르의 봉바르디에 씨였는데, 처음에는 모두가 그를 미쳤다고 생각했습니다. 그러나 오늘날 그의 회사는 수많은 직원들이 근무하는 대기업이 되었습니다. 그는 계속 말을 타고 눈 속을 여행할 수도 있었지만 위험을 감수했던 것이지요!

아직도 창조하고 발명하고 위험을 감수해야할 것들이 무수히 많습니다. 나는 젊은이들에게 위험을 감수하며 독립적으로 할 수 있는 일을 해보라고 권하고 싶습니다. 그러면 그들은 스스로 고용을 창출하여 독립적으로 일할 수 있으며 자신의 문제를 자신이 처리할 수 있게 될 것입니다.

처음으로 퀘벡에 도착한 사람들은 "일자리를 좀 주세요." 라고 말하지 않았습니다. 그들은 숲 속에 들어가서 모피를 구해왔습니다. 의료보험도 없었습니다. 그들은 스스로 자신을 돌보았고, 그 결과로 오늘날 이렇게 훌륭한 나라로 성장했습니다. 그들은 지구의 반대편까지 가서 무엇을 찾게 될지도 몰랐지만 다른 나라로 떠나는 위험을 감수했던 것입니다. 그들은 기회를 놓치지 않았으며 자신의 행동으로 인한 결과를 받아들였습니다.

위험을 감수하는 것은 매달 실업수당을 타기 위해 긴 줄을 서서 기다리는 것보다 훨씬 더 흥미진진할 것입니다. 지금 내가 여러분에게 말하고 있는 동안에도 몇 주 동안이나 계속해서 늙은 교수의 지루한 강의를 듣고 있는 젊은이들이 있습니다. 그들은 매일 지루한 수업을 받다가 집에 가면 지루한 부모들을 봅니다. 그들은 졸업장은 받겠지만 그 다음에는 아마 실업수당을 타려는 대열 속에 서 있을 것입니다. 그들이 마지막에는 자살을 생각하더라도 왜 그런지 나는 이해할 수 있습니다.

그러나 어느 날 갑자기 그들은 자리를 박차고 일어나며 이렇게 외칠지도 모릅니다. "그만, 이제 됐어. 한번 주위를 둘러봐야겠어. 내 생각을 바꿔봐야지. 나의 삶에 약간의 정신성을 갖추려면 철학 공부를 좀 해야겠어. 그러면 그것이 내 인생의 지주가 되고 삶의 기쁨이 무엇인지 알게 해줄 거야. 또 내가 어디에서 왔는지, 왜 여기 존재하는지, 어디로 가고 있는지 이해할 수 있게 해줄 거야. 그러면 정말 좋은 기분이 될 거야. 나 자신을 스스로 책임지고, 나만의 일을 창조해낼 거야. 아직까지 존재하지 않는 개념으로 나 자신의 회사를 만들어야겠다. 나는 나의 두발로 우뚝 설 거야."

우리 사회에 다시 위험을 가져옵시다. 물론 위험합니다! 그러나 집에 가만히 있다거나 매주 실업수당을 받기 위해 줄을 선다고 해서 모든 위험을 제거할 수 있다고 믿습니까? 아닙니다. 모든 위험 중에서 가장 큰 위험이 아직 남아 있습니다. 그것은 바로 지루해지는 위험입니다. 너무 지루해지면 죽고 싶어질 것입니다. 가장 큰 위험이지요.

모든 위험이 제거되고 없는 사회를 원한다면 우리는 더 이상 사는 것이 아닙니다. 모든 위험으로부터 안전하기를 원한다면 다른 사람의 입에 키스도 할 수 없습니다. 세균이 묻어올지도 모르니까요. 또 항상 마스크를 쓰고 숨을 쉬어야 합니다. 위험을 감수하는 것은 살기 위해서입니다. 삶이란 위험을 감수하는 것을 의미합니다!

그렇다고 불필요한 위험까지 감수하는 미친 짓을 하라는 말은 아닙니다. 그래서는 안 됩니다. 우리는 위험을 감수하기 전에 먼저 우리의 의식을 사용해야 합니다. 예를 들면, 성관계를 가질 때 콘돔을 사용하거나 길을 건널 때는 좌우를 돌아보아야 하는 것이지요.

넘어지는 위험을 감수하기 싫다면 걷지 않는 것이 최선의 방법입니다! 내가 살아있다는 사실은 위험을 감수하고 있다는 의미입니다. 위험을 감수하는 것 자체를 피하려면 자살할 수밖에 없겠지요. 그러면 더 이상 어떤 위험도 감수할 필요가 없게 됩니다. 그러나 그것은 목적 자체를 없애버리는 것으로서 아무 의미가 없습니다.

위험을 감수하고 다른 사람들과 부딪치며 도전해보도록 용기를 내세요. 어느 곳이든 가서 자신의 손과, 자신의 머리와, 자신의 마음과, 자신의 가슴으로 무언가를 해보세요. 물론 실패의 고통을 겪을 위험도 있겠지만 결국 여러분은 이길 것입니다. 멋지지 않습니까? 그러면 여러분은 진정으로 이렇게 외칠 수 있을 것입니다. "나는 살아있다!"

질문: 학교의 교과과정에 대해서는 어떻게 생각하십니까?

학생들은 현재 그들이 졸업할 때면 완전히 시대에 뒤쳐져 버리게 될 그런 내용을 배우고 있습니다. 이것은 아주 심각한 문제입니다! 학생들도 이 사실을 알고 있으며, 이 점에 대해서 점점 더 많이 의식하고 있습니다. 10년 전에 학교에서 배운 내용은 현재 시장의 요구에 전혀 부응하지 못하는 것으로서 기업의 필요를 전혀 충족시키지 못하고 있습니다.

지금 학생들에게 가르치고 있는 것 역시 미래의 직업과 맞지 않습니다. 학생들은 자판을 치고 속기로 받아 적는 법을 배우는 데 많은 시간을 보내고 있지만, 이러는 동안 자판 없이 음성을 인식해 컴퓨터 화면에 바로 글자가 나오게 할 수 있는 마이크로칩을 장착한 컴퓨터가 개발되고 있습니다.

우리는 항상 몇 년 전의 것을 학생들에게 가르쳐주는데 이렇게 하면 학생들이 미래에 대비할 수가 없습니다. 그러므로 우리가 학생들에게 가르쳐야 하는 것은 미래에 하게 될 일에 대해서입니다. 물론 이렇게 하려면 위험을 감수해야 합니다. 그러나 우리는 학생들에게 위험을 감수하는 법을 가르칠 필요가 있습니다. 스포츠에서, 직업의 측면에서, 그리고 사랑을 나누는 데 있어서 위험을 감수하는 경험을 하도록 도와주어야만 합니다.

우리는 현재 학생들이 자신을 과보호하도록 가르치고 있는데 이런 교육은 위험이 점점 더 많아지게 될 미래의 사회에 더 이상 맞지 않습니다. 우리는 학생들이 위험에 맞설 수 있도록 준비시키지 않으면 안 됩니다. 그리고 위험의 아름다움을 발견할 수 있도록 도와주어야만 합니다. 왜냐하면 위험은 아름답고 또 흥분되는 것이니까요!

오늘날 에이즈가 확산되고 있습니다. 에이즈에 걸리지 않으려면 어떻게 해야 할까요? 성관계를 전혀 갖지 말아야 될까요? 아니면, 콘돔을 사용해야 될까요? 성관계를 절대 갖지 말라구요? 한번 노력해보세요!

이것은 실제로 교황이 주장하는 말입니다. 바로 "금욕"이지요. 15세나 16세가 되면 인간은 화산처럼 됩니다. 후지산이 폭발하는 것이지요! 그럼 어떻게 해야 하나요? 금욕해야 합니까? 좋습니다. 그러면 여러분은 자녀들의 손을 침대에 묶어두지 않으면 안 될 것입니다. 과거 기독교도들이 썼던 방법이지요. 그러나 좀 더 현실적으로 생각해봅시다.

왜 수많은 사람들이 번지점프를 하러 갈까요? 왜 수많은 젊은이들이 가장 높은 산의 꼭대기까지 오를까요? 왜 또 그들은 거친 파도를 헤치며 서핑을 하거나 세일링을 할까요?

그것은 모두 위험을 감수하고 싶어 하기 때문입니다. 인간은 그렇게 하도록 만들어졌습니다. 우리는 삶에 위험을 감수해야만 그 소중함을 알기 때문입니다.

이 세상에 태어나는 것 자체가 위험입니다. 임신되기 위해서도 엄청난 위험을 감수해야 합니다. 우리의 임신을 가능하게 해주는 정액 속에는 3억 마리의 정자가 함께 들어 있습니다. 그러나 하나만 살아남고 나머지는 다 죽습니다. 그 한 마리의 정자가 오늘 우리를 이렇게 살아 있게 만들었습니다. 놀랍지 않습니까! 우리의 생명은 3억대 1이라는 생존경쟁의 위험을 뚫고 시작되었던 것입니다. 그리고 우리는 성공했지요! 우리의 탄생은 존재를 향한 도전이었습니다.

우리는 학생들에게 희망을 가르쳐야 합니다. 이 사회에서 투쟁하며 우리의 두뇌를 자극하고 우리의 마음을 흥분시키는 도전을 시도하는 일이 얼마나 아름다운 것인지 가르쳐야 합니다. 그런 도전이 우리에게 삶의 의욕을 주기 때문이지요.

제15장

행복한 인류

"국경도 없고 군대도 없는 통합된 세계의 시민들이 다른 사람들과 얼마든지 다를 수 있는 자유를 누리게 되었을 때,

그리하여 사람들이 자신을 더욱 더 사랑할 수 있게 되었을 때,

종교와 철학의 수가 무한히 증가하여 모든 사람이 각자 누구와도 비교할 수 없이 유일한 자기 자신의 의식을 믿는 종교 또는 자기 자신의 유전자코드를 믿는 종교를 갖게 되었을 때,

그리하여 자신만이 자기 종교의 유일한 신도가 되었을 때,

이런 단계에 도달했을 때 비로소 인류는 어떤 사람은 신이라 하고 나는 우주의식이라고 부르고 싶은 그런 위치를 갖게 될 것입니다."

깨어나는 인류

1992년 12월

우리는 지금 새로운 인간의 탄생을 보고 있습니다. 새로 태어나는 사람들은 모두 실업자가 될 것입니다. 아기가 태어나면 어머니 자궁 속의 세포들은 모두 "쓸모없게" 되는데, 그런 세포들처럼 되는 것입니다.

다른 길은 없습니다. 새로운 거시구조적 인류, 거대한 새로운 아기 인류가 태어나고 있는 것입니다. 아기 인류는 그런 과정을 거쳐야만 다음 단계로 상승하여 우주적 인간으로 발전할 수가 있습니다. 이것이 현재 일어나고 있는 일입니다.

그래서 사람들이 남아도는 것입니다. 세포들과 비교할 때 인간의 이점은, 인간은 더 이상 아무런 기능을 하지 않더라도 세포들처럼 자동적으로 제거되지 않는다는 것이지요. 물론 일시적인 재정적 어려움은 있을 것입니다. 그러나 불평하거나 비난하거나 왜곡된 정보에 관심을 갖는다고 해서 이런 실업사태를 중단시킬 수 있는 것은 아닙니다.

제3세계에 대한 지원

"제3세계의 상품을 삽시다!"

1992 12월

모든 텔레비전, 라디오 방송들이 프랑스 제품, 캐나다 제품, 독일 제품을 사라고 시끄럽게 선전해댑니다. 그러다가 같은 화면에서 "제3세계를 도웁시다." 라는 내용이 방송됩니다.

사람들은 이 문제를 어떻게 보고 있을까요? 저개발국들을 위해 모금함을 돌려 모금하고 그 돈을 보내줌으로써 그들이 원조만을 기대하도록 만들고 영원한 국제 거지로 남는 법을 가르치는 것이 진정으로 그들을 돕는 길일까요? 아니면 우리가 이 제3세계 국가들의 제품을 사주어야 할까요? 분명히 두 번째 방법이 우리가 그들을 도와줄 수 있는 최선의 길일 것입니다!

일본이 전쟁 후 비극적인 가난에서 벗어날 수 있었던 이유도 바로 우리가 모두 일본 제품을 사주었기 때문입니다. 우리가 갖고 있는 시계와 카메라, 캠코더 등은 모두 일본 제품입니다. 제3세계를 진정으로 도와주는 길은 그들의 제품을 사서 쓰는 것입니다.

자신의 이웃을 사랑하는 것은 좋은 일입니다. 그러나 외국인을 사랑하는 것은 더욱 좋은 일입니다. 우리가 외국 제품, 특히 매우 가난한 나라의 제품을 사 쓰면 그것은 그 나라의 수백만 명을 돕는 것이나 마찬가지입니다. 그들에게 기부금을 주는 대신 그들이 월급을 받을 수 있게 해주는 것이 되지요. 그런 제품의 이익이 별로 크지는 않겠지만 그들로서는 적어도 종업원들의 월급은 줄 수 있을 것입니다. 모금운동을 해서 기부금을 그들에게 보내주면 그들이 거지가 되도록 만드는 것밖에 되지 않습니다. 그러므로 그들이 급료를 받을 수 있게 해주는 것이 훨씬 더 좋습니다.

우리는 이웃을 자기처럼 사랑하라고 배웠습니다. 이제 우리는 "먼 외국에 있는 사람들"도 자기처럼 사랑하는 법을 배워야만 합니다. 진정으로 저개발국들을 도울 수 있는 길은 그들의 제품을 사주는 것입니다. 그러면 언젠가 이 행성에 살고 있는 모든 사람들은 모두 굶주리지 않고, 따뜻한 옷을 입고, 잠잘 수 있는 장소를 갖고, 그리고 인간으로서의 존엄성을 지키며 인간답게 살 수 있는 최소한의 조건을 갖출 수 있게 될 것입니다.

혁명적인 행동

1992년 12월

옛날 예수는 회당에 차려져 있는 장사꾼들의 진열대들을 뒤엎었습니다. 오늘날에도 뒤엎을 것들은 여전히 많습니다. 그 때문에 우리는 비폭력적 혁명아들이 되어야만 합니다. 폭력을 써서는 안 됩니다. 그러나 행동해야 합니다. 비폭력적이지만 열정적으로, 비폭력적이지만 단호하게 행동해야 합니다. 오늘날 누가 예수를 두고 폭력적이었다고 말하겠습니까? 그렇지만 그는 장사꾼들을 쫓아냈습니다.

마호메트는 고국에서 추방당했습니다. 후에 그는 검을 가지고 다시 돌아왔습니다. 그러나 폭력을 쓰지 않고 사람들이 그를 존중하도록 만들었습니다. 초기 불교도들도 마찬가지였습니다. 처음에 그들은 수많은 공격을 받았고 무시당했습니다. 그들은 폭력을 쓰지 않았지만 무예를 발전시킨 사람들은 바로 이들입니다.

항상 소수파 속에서 의식이 발전해왔습니다. 정신성이 흘러넘치는 데는 언제나 소수파였지요. 부처 생전에 불교신도가 되고 예수 생전에 기독교신도가 된 사람들은 정말로 대단한 사람들이었습니다.

과거의 모든 예언자들과 메시아들의 메시지는 모두 곧 다가올 새로운 시대에 정교하게 초점이 맞춰져 있습니다. 우리는 이 새로운 시대가 도착하기 전에 스스로 준비를 갖추지 않으면 안 됩니다. 20세기에 여전히 기독교도로 머문다는 것은 구시대에 자신을 가둔다는 의미입니다. 오늘 이 자리에 예수나 부처가 있다면 그들은 라엘리안이 될 것입니다.

2000년 전 예수가 당시로서는 엄청나게 앞선 메시지를 갖고 도착했을 때 사람들은 그를 죽여 버렸습니다. 마호메트가 가르침을 베풀기 시작했을 때도 같은 이유로 그를 도시 밖으로 추방했습니다. 우리가 어느 예언자와 같은 시대에 살면서 그를 따른다면 우리는 다른 사람들보다 한발 앞서가는 것입니다. 이 한발 앞선 사람들이야말로 앞으로 다가올 새로운 시대에 가장 적합한 가장 혁명적인 사람들로서, 그들이 시대를 이끄는 활동을 하게 됩니다. 이런 사람들에게는 어떤 공통점이 있습니다. 그들은 인류를 너무나 사랑하기 때문에 인류를 위해서라면 그들의 직장도, 친구도, 재산도 모두 버릴 각오가 되어 있는 사람들입니다.

인간들이 저 우주 어딘가에 자신보다 더 진보된 다른 사람들이 존재한다는 사실을 이해하기란 쉽지가 않습니다. 또한 인간들은 자신이 이 우주의 중심에 있지 않고 또 이 우주에서 가장 뛰어나지도 않다는 사실을 인정하기가 어렵습니다. 그러나 몇몇 사람들은 이런 사실을 이해하기에 충분한 겸손을 갖추고 있습니다. 이것은 참으로 다행한 일입니다. 우리 인간들이 이토록 공격적이고 또 사랑과 동정심이 부족한데도 이 우주에서 최고의 존재라면, 그래서 이 우주에서 우리보다 더 아름다운 존재들을 발견하는 것이 불가능하다면 얼마나 슬픈 일이겠습니까!

"아무도 미래를 알 수가 없습니다."

1999년 4월

인간의 반응에 있어서 확실한 것은 아무것도 없습니다. 매순간 모든 것이 가능합니다. 삶이 그토록 경이로운 것은 바로 이 때문입니다. 우리가 하나하나의 선택을 할 때마다 그것은 모두 온갖 가능성들을 지닌 미래로 통하는 여러 문들을 열어줍니다.

오늘 어떤 사람이 미래에 일어나게 될 꿈을 꾸는 것에 대해 내게 물었습니다. 그러나 그런 꿈은 존재하지 않습니다.

만약 어느 여성이 일생의 반려자가 될 남성을 만나는 꿈을 꾸었는데 꿈속에서 그는 갈색 머리에 붉은색 셔츠를 입고 있었다고 해봅시다. 그러면 그녀는 아침부터 기대에 부풀게 됩니다. 그가 누구인지도 모른 채 붉은색 셔츠를 입은 갈색 머리의 남성을 찾습니다. 물론 그녀는 그런 남성을 찾아낼 것입니다. 그런 모습의 남성은 어디에나 있기 마련이니까요. 그래서 그런 남성과 마주치게 되었을 때 그녀의 얼굴에는 자연히 미소가 가득해질 것입니다. 그녀는 그 남자를 꿈에서 보았기 때문에 전혀 경계심을 갖지 않습니다. 이렇게 되면 이 두 사람은 십중팔구 접촉을 시작하게 될 것입니다. 젊고 아름다운 여성이 갈색 머리에 붉은색 셔츠를 입은 남성에게 환하게 웃었을 때 그가 미소로 화답할 것이라는 데에 내 주머니 돈을 다 걸어도 좋습니다. 그리고 그는 그녀에게 다가가서 대화를 시작합니다. 이제 그들은 함께 카페에 가서 음료수를 마시며 서로를 바라볼 것입니다. 사랑이 시작되는 것이지요.

그러면 이 여성은 자신 있게 말할 것입니다. "나는 미래에 일어날 일에 대한 꿈을 꾸었는데, 갈색 머리에 붉은색 셔츠를 입은 남자를 만나는 꿈이었어. 그런데 그 일이 정말 일어난 거야!" 물론 그녀가 그를 만날 수 있었던 것은 그런 남자를 찾으러 나갔기 때문입니다. 즉 그녀가 그런 만남을 만들어낸 것이지요. 진짜 그녀의 반려자가 될 사람은 금발 머리에 초록색 옷을 입은 남자이고 그 남자가 바로 그녀 옆에 앉아 있었다고 하더라도 그녀는 그를 쳐다보지도 않았을 것입니다. 그 갈색 머리의 남자는 성격이 나쁜 사람일 수도 있으며 그녀를 때리고 돈을 다 빼앗을 수도 있습니다. 그러나 그녀는 그를 "꿈에서" 만났기 때문에 그를 사랑하게 됩니다.

조심하세요! 초자연적인 것에 대한 믿음이 많은 사람들의 인생을 좌우하고 있습니다. 그러나 우리의 인생을 좌우하는 것은 자신의 오감을 통한 사물의 인식이라는 사실을 이해하는 것이 중요합니다. 우리가 주변 환경 속에서 먹고, 보고, 듣는 모든 것들은 우리가 알든 모르든 우리 인생에 영향을 줍니다.

그녀는 왜 갈색 머리에 붉은색 셔츠를 입은 남자의 꿈을 꾸었을까요? 아마 갈색 머리에 붉은색 셔츠를 입은 멋진 배우가 나오는 영화를 봤을지도 모르지요. 그 배우는 그녀의 마음에 들었고 따라서 그날 밤 꿈에 나타나서 그와 즐거운 시간을 가졌던 것입니다. 꿈은 우리 두뇌의 기억 속에 쌓여 있는 사실과 생각과 욕구들의 혼합물일 뿐입니다. 이것들이 우리가 밤에 잠잘 동안 두뇌활동을 통해 표출되는 것입니다.

이 같은 예는 바로 우리가 우리 자신의 인생에 전적으로 책임이 있다는 것을 보여줍니다. 이 사실을 이해하는 것은 매우 중요합니다. 나만이 내 인생에 책임질 수 있는 사람입니다. 매 순간 나는 좋은 것과 나쁜 것을 선택할 수 있습니다. 이것은 너무나 불행한 나머지 어떤 사기꾼의 말도 믿을 준비가 되어 있는 사람들에게 엉터리 희망을 주는 자들이 부추기는 초자연적인 대상에 의지하는 것보다 비교할 수 없을 정도로 더 낫습니다. "이것은 예견된 일이었어."라고 말하는 것은 전혀 옳은 자세가 아닙니다. 그것은 여러분이 그 일에 대해 선택권을 행사하지 못했다는 의미일 뿐이니까요.

모든 선택이 가능할 때가 훨씬 더 좋습니다. 내가 어떤 새로운 것을 할 때마다 이제까지 알지 못했던 수많은 기회의 문들을 나 스스로 여는 것이지요. 이 얼마나 멋진 일입니까! 나의 선택에 따라 매순간 자신의 인생을 바꿀 수가 있는 것입니다. 인생에서 행복이란 매순간 가능한 모든 기회를 갖는 것입니다. 예를 들면, 내가 의식적으로 선택한 사람에게 자유롭게 다가갈 수 있는 그런 기회 말입니다. 그 사람과 나는 잠시 즐거운 시간을 갖게 될지도 모르고, 혹은 아주 오랫동안 함께 지낼지도 모르지요.

인생의 행복은 또한 직업이나 국가나 언어를 바꿀 수 있는 기회를 가질 때 찾아오기도 합니다. 우리에게는 모든 가능성이 열려 있습니다. 인간의 모험은 정말 환상적입니다. 우리의 일생은 모험이며, 우리는 자신의 의식을 사용하여 인생을 선택할 수 있는 것입니다.

정신혁명과 기술혁명

1999년 12월

우리는 곧 그렇게나 말이 많았던 서기 2000년, 즉 제3의 천년기에 진입하게 됩니다. 그러나 2000년은 기독교 달력에만 나옵니다. 모든 사람들이 이 달력을 쓰고 있기는 하지만 이렇게 된 것은 기독교도들이 사람들에게 그들의 달력을 쓰도록 강요했기 때문이라는 사실을 기억해야 합니다. 그들은 이 지구에서 다수파도 아닌데 말입니다.

전에도 이야기한 적이 있지만, 2000년이 가까워질수록 온갖 소수 집단들이 세계 도처에서 세상의 종말에 대해 떠들어대고 있습니다. 매우 재미있는 일입니다. 그러나 세상의 종말이 아니라 그 반대입니다. 이제까지 세계에 대해 사람들이 생각해오던 "방식"의 종말이라면 맞는 말이겠지요. 실제로 2000년은 세상의 종말이 아니라 새로운 세상의 시작이라는 말이 맞습니다.

우리는 지금 아주 어린 아이들조차도 아무 부담 없이 신기술을 받아들이는 놀라운 시대에 접어들고 있습니다. 바로 며칠 전 나는 조이스틱을 가지고 게임을 하는 6살짜리 아이들을 취재한 프로그램을 보았습니다. 한마디로 믿을 수 없을 정도였습니다! 이들은 바로 부모들 코앞에서 엄청난 속도로 게임을 하며 즐기고 있었습니다. 그런데 부모들은 자신들과는 완전히 다른 세계관을 갖게 될 아이들을 키우고 있다는 사실에 대해 전혀 깨닫지 못하고 있었습니다.

그 부모들이나 내가 어렸을 때 가지고 놀던 장난감은 나무로 만든 것들이었지요. 그 장난감들도 좋았습니다. 우리의 상상력을 키워주었지요. 그러나 나는 요즘 태어났더라면 얼마나 더 좋을까 하고 생각해봅니다. 누구나 손쉽게 키보드를 조작하여 인터넷을 탐험하고 세상을 발견하는 이 세대에 말입니다.

컴퓨터 시대는 정말 놀랍습니다. 우리는 가상세계로 탐험을 떠나 이 행성에 살고 있는 모든 사람들과 즉석에서 연결될 수 있으며 채팅 방에서 그들과 대화를 나눌 수가 있습니다. 엘로힘이 메시지에서 언급했듯이, 컴퓨터들이 만들고 있는 네트워크는 인류의 중추신경계가 되고 있습니다. 우리는 모든 곳에 서로 연결되어 있는데 이것은 두뇌 속의 모든 신경세포들이 서로 연결되어 있는 것과 똑같습니다. 어느 날 갑자기 지구상의 모든 사람들이 서로 연결될 수 있게 된 것이지요. 정부의 통제나 국가기관의 검열도 소용없습니다. 우리를 전 세계와 연결시켜주는 인터넷은 정말 놀라운 것입니다.

오늘 이 세상에 살고 있다는 것이 얼마나 큰 행복인지요!

존재한다는 것이 얼마나 큰 기쁨인지요! 인류의 역사 속에서 우리보다 전에 살았던 사람들은 이런 혜택을 누릴 기회를 갖지 못했습니다. 물론 화약과 인쇄기가 발명되어 많은 것들을 변화시키기도 했지만 이런 스케일과는 전혀 비교가 되지 않습니다.

우리가 과거에는 결코 볼 수 없었던 거대한 기술변혁의 시대에 살고 있다는 것은 엄청난 특권입니다. 나무 장난감에서 컴퓨터로, 말에서 자동차로, 그리고 비행기, 인공위성, 인터넷에 이르기까지 오늘날 우리는 인류역사상 가장 놀라운 변혁을 경험하고 있습니다.

내가 말하고자 하는 것은 기술적인 측면만이 아닙니다. 정신적인 측면도 마찬가지입니다. 수많은 사람들이 순전히 상상의 대상에 불과한 초자연적인 신을 짊어지고 비틀거리고 있습니다. 자연에 신성을 부여하고 섬기는 자들도 길을 잃고 혼란을 일으키며 당황하고 있습니다. 새로운 것이 나타날 때마다 그들은 타격을 받고 넘어집니다. 새로운 과학적 발견들은 그들의 신앙으로 쌓아올린 부서지기 쉬운 집의 기둥들을 갉아내고 있습니다.

우리는 이제 곧 실험실에서 생명을 창조하게 될 것이고 우리 스스로 신처럼 될 것입니다. 앞으로 다가올 세상의 모습은 전혀 상상조차 할 수 없으며 희미하게 윤곽을 드러내고 있는 세계적 규모의 혁명 또한 엄청날 것입니다. 과거의 많은 예언자들이 새로운 시대와 놀라운 미래에 대해 말해왔는데 그것은 그저 정신적인 것에 불과했습니다. 오늘날 우리는 정신적인 것으로부터 과학으로 이동하고 있는 중입니다.

“행복은 진보의 결과입니다.”

2001년 10월 7일, 제네바의 국제총회에서

우리는 상상력이 부족한 사회에 살고 있습니다. 우리 사회는 어린이들에게 상상 따위는 하지 말고 기억력을 기르라고 가르칩니다. 기억은 지나가버린 과거에 관한 것입니다. 끝나버리고 없는 것이지요. 이런 의미에서 과거는 죽은 것입니다.

예술가와 과학자는 모두 순수한 상상력을 갖고 있습니다. 모든 발견과 발명, 모든 예술적 창작들은 상상으로부터 나옵니다. 그렇다면 상상이란 무엇일까요? 상상이란 기존의 것에서 새로운 것을 만들어내는 것입니다. 두뇌는 이미 갖고 있는 정보를 이용하여 새로운 것을 만들어낼 수 있을 뿐입니다. 자신의 영감에 따라 새로운 방법으로 정보를 조직하는 것이지요. 복제라든지 나노기술이라든지 모든 미래지향적 기술들은 이렇게 하여 탄생된 것입니다.

곧 우리는 영원한 삶을 살 수 있게 될 것입니다. 그렇습니다. 영원히 사는 것 말입니다. 이것은 단계적으로 서서히 진행되겠지만, 우리는 머지않아 거기에 도달하게 될 것입니다. 40세 미만인 사람들은 생전에 이런 시대를 볼 수 있을 것입니다. 여러분은 결코 죽지 않을 수가 있게 됩니다! 내가 지금 40세라고 말했는데, 그러나 50세, 심지어 60

세도 가능할 수 있습니다. 그건 아무도 모르지요.

어찌됐든 과학 덕분에 인간의 수명이 길어질 것은 확실합니다. 얼마 전까지만 해도 평균수명은 35세 내지 40세가 고작이었습니다. 그런데 오늘날의 평균 수명은 85세에 달하고 있으며 또 이것은 곧 120세까지 연장될 것이라고 합니다. 미국의 생명보험사들은 이미 120세가 될 때까지 혜택을 주는 보험약관을 사용하고 있습니다.

따라서 우리가 120세까지 산다고 가정했을 때, 그것은 앞으로 70년 내지 80년이 더 지나야 한다는 말이니까 그때까지 과학은 더욱 발전하여 인간의 수명은 지금보다 50% 내지 100% 더 늘어나게 될 것입니다. 비관적으로 생각하여 50%만 늘어났다고 칩시다. 그러면 120 더하기 60은 180이 되지요. 즉 우리는 180세에서 200세 정도까지 살 수 있게 된다는 말이 됩니다.

이렇게 되면 우리는 굉장히 많은 시간을 다양한 기쁨을 추구하는 데 쓸 수가 있습니다. 그리고 이 늘어난 60년 동안 우리는 더욱 많은 발견들을 해낼 수 있을 것입니다.

앞으로 10년 동안에 우리는 지난 몇 세기 동안 발견한 모든 것들보다 더 많은 것을 발견해낼 것입니다. 그리고 이 기간은 매번 반으로 짧아질 것입니다. 즉 다음에는 5년만에 이전에 우리가 발견한 모든 것들보다 더 많은 것을 발견할 것이고, 그 다음에는 2년 반만에, 그 다음에는 1년만에, 그 다음에는 6개월만에, 그 다음에는 3개월만에, 이렇게 점점 짧아질 것입니다.

인간의 발전 속도는 누구도 상상할 수 없을 만큼 빠르게 가속되고 있습니다. 심지어는 가장 위대한 과학자들조차도 예상할 수 없을 정도입니다. 그들 중 몇몇 사람들이 약간의 전망을 내놓기는 했지만 말입니다.

따라서 우리의 수명은 또 연장될 수 있습니다. 우리가 40세 내지 50세를 더 산다면 그때까지 발전 속도는 지수함수적으로 빨라져서 인간의 수명을 100년 더 연장시킬 수 있는 방법을 발견해낼 수 있게 될 것입니다. 그리고 그 후 몇 년만 지나면 다시 300년을 더 살 수 있는 방법을 발견해낼 것입니다.

이렇게 우리 인간은 아주 오래 살 수 있을 것이라고 전망되고 있습니다. 지금 이 시점에서 우리에게 필요한 것은 길을 건널 때 차에 치여 죽지 않도록 참을성을 갖고 신호를 기다리며 조심하는 것입니다.

몇 단계에 걸쳐 인간의 수명이 연장되면 마침내 우리는 최대 한계치에 도달하게 될 것입니다. 이것은 아직 우리로서는 상상할 수 없지만, 엘로힘이 이 지구상에 처음 인간을 창조했을 때 일어났던 일을 돌이켜보면 인간의 세포가 갖는 자연적 최대 수명은 700년 내지 900년이라고 판단됩니다. 이것은 구약성서 창세기에 나오는 이스라엘 민족의 조상들에 관한 기록을 보면 알 수가 있지요.

그 때가 되면 우리는 복제기술을 이용하여 자격이 있는 사람들에게는 새로운 육체를 만들어 주게 될 것입니다. 우리의 성격과 기억을 새로 만든 육체 속으로 옮기면 다시 700년을 살 수 있는 것이지요. 틀림없습니다. 이것은 공상 과학 소설이 아닙니다. 우리는 그곳에 거의 다 와 있습니다!

과학자들은 이 모든 것이 20년 후면 가시화될 것이라고 예측합니다. 여러분이 40세라면 60세 때 가시화되는 것이고 60세라면 80세 때 가시화되는 것입니다.

과거 과학자들은 2020년경에 인간게놈이 해독될 수 있을 것이라고 예측했었는데 벌써 작년(2000년)에 미국 회사 세레라 제노믹스가 인간게놈을 해독해냈습니다. 과학은 항상 예측한 것보다 더 빨리 발전합니다. 따라서 지금은 20년 후라고 말하고 있지만 이것이 5년 후가 될 수도 있습니다. 어쨌든 염려할 것은 아무것도 없습니다. 걱정이 많으면 빨리 늙을 뿐이니까요.

과학은 많은 것들을 변화시켰고 인류에게 희망을 가져왔습니다. 우리가 우울증에 빠져 있다면 이 모든 것들이 그다지 희망적으로 느껴지지가 않을 것입니다. 불행한 사람들에게는 수명이 단지 7년만 연장된다는 것도 너무나 잔인한 일이기 때문입니다. 그러므로 사람들이 오랫동안 살면서도 계속해서 창조하고 사랑하며 자기계발을 할 수 있도록 하기 위해서는 행복해지는 법을 가르치지 않으면 안 됩니다.

돈

2001년 4월

우주탐험은 좋은 일입니다. 그러나 엘로힘이 이미 경험했듯이 우리 인간은 우주를 모두 탐험할 수는 없을 것입니다. 무한우주의 모든 곳을 다 가본다는 것은 불가능한 일이기 때문이지요.

우주탐험도 좋지만 우리가 현재 살고 있는 이곳에서 행복해지는 것도 중요합니다. 그러기 위해서는 인구가 너무 과잉되지 않도록 주의하는 것이 필요하겠지요. 그리고 폭력 없는 지구를 만드는 것도 중요하겠지요. 또 노동하지 않고도, 돈 없이도 행복하게 살 수 있을 만큼 충분한 지혜를 갖추는 것이 필요합니다.

현재로서는 돈이 사라진 세계의 개념은 아직 너무 유토피아적입니다. 돈과 자본주의는 아직 좋은 것이라고 생각할 필요가 있습니다. 왜냐하면 역설적으로, 미래에 돈이 사라진 세계를 만들기 위해서는 자본주의가 가장 좋은 방법이기 때문이니까요.

자본주의와 세계화는 모두 인간을 자유롭게 만드는 데 있어 매우 중요합니다. 오늘날의 공산주의 국가들을 살펴보면 공산주의가 우리에게 무엇을 가져다줄지 잘 알 수 있습니다. 이런 형태의 지배구조가 얼마나 인류의 발전을 가로막고 또 발전 가능성들을 파괴하고 있는지 우리는 분명히 보았습니다. 반면에 자본주의는 사람들이 우리 사회에 공헌하면서 사회를 발전시키고 또 과학적 발견들을 이루어내는 데 도움을 줄 수 있도록 해줍니다. 자본주의에서는 과학과 기술의 발전이 가능합니다. 그러므로 현재로서는 돈은 꼭 필요한 것입니다.

하지만 돈의 가장 큰 적은 바로 돈입니다. 우리는 우리 사회가 가능한 한 많은 돈을 만들 수 있도록 도와주어야만 합니다. 돈이 많아지면 많아질수록 언젠가 그 내부붕괴의 위력은 더 커질 테니까요.

나노기술 덕분에 식량이라든지 공산품들이 엄청나게 적은 비용으로 엄청나게 빠르게 생산될 수 있을 것입니다. 또한 벌써 우리 문 앞에까지 와서 노크하고 있는 수많은 신기술 덕분에 우리는 곧 엄청난 사회경제적 대변혁을 겪을 것이며 따라서 금융시스템도 저절로 붕괴될 것입니다. 그렇더라도 이 모든 일들이 내일 당장 일어나지 않을 것은 확실합니다.

따라서 지금으로서는 이 모든 일들에 이미 가속도가 붙기 시작했다는 사실에만 만족해야 합니다. 노동이 사라짐으로써 돈도 서서히 사라질 것입니다. 우리가 일하는 이유는 먹고살 돈을 벌기 위해서입니다. 만약 아무도 일하지 않는다면 사람들은 어떻게 살 수 있을까요? 이 경우 우리는 모든 사람들의 의식주를 해결할 수 있는 사회제도를 만들어내지 않으면 안 될 것입니다. 그리하여 우리는 모든 사람들의 기본욕구가 충족되면서 행복하게 살 수 있는 놀라운 세계로 들어서게 되는 것입니다.

자신의 지성을 이용하여 예술적 또는 과학적 창조물들을 만들어내고 싶은 사람들은 순수한 사랑을 주기 위해 그렇게 할 수가 있게 됩니다. 화가는 더 이상 자신의 그림을 백만장자에게 팔기 위해 그림을 그릴 필요가 없고 그 대신 좋아하는 사람에게 선물로 주는 기쁨을 얻기 위해 그림을 그리게 될 것입니다. 과학자는 돈을 벌기 위해서가 아니라 자신의 발견이나 발명을 통해 다른 사람들의 삶이 개선될 수 있다는 기쁨을 얻기 위해, 그리고 과학연구의 순수한 기쁨을 추구하기 위해 연구하게 될 것입니다. 이것이 바로 우리가 나아가고 있는 세상의 모습입니다.

* 라엘의 다른 저서 "Yes! 인간복제" 참조

인간의 자유로운 선택

2001년 8월

엘로힘은 그들의 자유로운 선택으로 우리 인간을 창조했습니다. 그들은 인간을 자유의지를 갖도록 만들었습니다. 그들은 우리를 좋은 일만 하는 로봇으로 만들 수도 있었을 것입니다. 만약 우리에게 선택의 여지가 없어서 좋은 일만 한다면 그것은 의식으로부터 나오는 행동이 아닙니다. 그렇다면 인간은 항상 같은 일을 같은 방식으로 반복하는 기계나 다름없을 것입니다. 그러나 인간은 기계가 아닙니다. 의식을 가진 존재이지요. 엘로힘은 우리를 그런 방식으로 만들기를 원했습니다. 우리가 의식을 갖고 있다는 것은 우리 자신의 인생에 있어 자유로운 선택을 할 수 있다는 의미입니다.

좋은 일을 하는 것은 우리의 자유로운 선택이며, 이것은 멋진 일입니다. 그리고 우리가 언제나 선택할 수 있는 존재라는 사실은 너무나 좋습니다. 나는 손으로 누군가를 어루만질 수도 있고 죽일 수도 있습니다. 한 손만 가지고도 사람을 죽일 수 있지요. 주먹 한 방으로 사람을 죽일 수 있고, 한 손으로 목을 조를 수도 있습니다. 또는 그 반대로, 동일한 손을 사용하여 사람을 쓰다듬거나 도움을 주거나 생명을 구할 수도 있습니다. 따라서 중요한 것은 도구가 아니라 그 도구를 사용하는 방법입니다. 그리고 그 방법은 바로 우리의 의식이 결정하는 것입니다.

자유가 없이는 아무도 의식을 가질 수 없다는 사실을 절대로 잊어서는 안 됩니다. 자유는 의식을 위한 가장 필수적인 조건입니다. 이 원칙은 엘로힘이 우리 인간을 위해 마련해준 선물이 어떤 것인지를 반영해주고 있습니다. 그들은 인간을 생물로봇으로 만들었고 거기에 의식을 부여했습니다. 그러나 어느 날 인간은 창조자들을 거부했습니다.

기계에 너무 많은 의식을 부여하면 지나치게 강력해져서 만든 자들을 능가할 위험이 있습니다. 이런 것을 상상해보는 것은 우리의 겸손을 배양하기 위해 흥미로운 훈련이 될 수 있을 것입니다. 왜냐하면 이것은 우리 인간이 생각만큼 뛰어난 존재가 아니라는 사실을 일깨워주니까요.

오늘날 가장 뛰어난 컴퓨터 공학자들은 이미 이런 가능성을 현실화시키려고 생각하고 있습니다. 그들은 초지능을 갖고 있으되 인간에게는 도전할 위험이 없는 그런 슈퍼컴퓨터를 만들려고 시도하고 있습니다.

미국에 "트랜스휴머니스트(초인류)"라는 이름의 단체가 있는데, 그들은 인간이란 통과해야할 하나의 단계에 불과하고 인간은 자신의 종족보전 본능으로부터 자유로워져야 한다고 주장합니다. 그리고 만약 컴퓨터가 지구상에서 가장 뛰어난 종족이 되어 우주가 인간 대신 컴퓨터들과 더 잘 해나갈 수 있다면, 우리는 그렇게 되도록 전폭적으로 도와주어야 한다고 말합니다. 인간에게는 그것이 더 큰 고통을 피할 수 있는 길이라는 것이지요. 이 얼마나 멋진 생각입니까? 물론 이것이 맞는 말은 아니지만 참으로 흥미로운 생각입니다!

우리는 그들의 생각과 유사하게, 인간의 몸속에 마이크로 칩을 이식하여 의식 수준을 향상시킴으로써 전 세계의 평화와 사랑과 우의를 이룰 수 있을 것이라는 기대를 가질 수 있습니다. 그러면 우리의 몸속에 내장된 작은 컴퓨터들은 자기들의 창조자인 인간들이 얼마나 멋진 존재인지 감사해 하며 기쁘게 우리를 돕고 사랑할 것입니다.

“우생학에 찬성합시다.”

최근의 과학연구를 통해 지성은 유전자에 의해 결정된다는 사실이 입증되고 있습니다. 유전학 덕분에 우리는 곧 자녀의 성과 외모뿐만 아니라 예술적 재능이나 과학적 재능, 게다가 뛰어난 지성까지도 선택할 수 있게 될 것입니다. 인간 DNA에 대한 이해가 증진됨에 따라 우생학이 확실한 과학으로 자리 잡아가고 있는 것입니다.

인간의 유전자를 향상시키는 것은 위험한 일이라는 구실을 대며 사람들에게 공포심을 심어주려고 하는 구시대의 보수적인 과학자들도 많이 있습니다. 그들은 이 분야가 그들이 아직도 믿고 있는 신의 영역이라고 주장하며 우생학에 대해 근본적으로 반대하고 모든 연구를 비난합니다. 또한 이들은 과거 나치가 사로잡혔던 “우월한 인종”에 대한 망상을 들먹이며 우생학과 인종차별주의를 연관시키는 낡은 수법을 동원하기도 합니다.

그러나 가장 최근의 과학적 발견에 따르면 지성은 유전자에 좌우된다는 것이 증명되고 있습니다. 만약 지성이 유전자에 따라 결정된다면 우리는 곧 지성을 향상시킬 수 있게 된다는 의미입니다.

이런 생각에 반대하는 모든 종류의 사람들은 케케묵은 골동품 같은 사람들로서 여기에 관한 말만 들어도 히스테리

반응을 보입니다. 그들의 생각으로는 지성이란 단지 환경에 의해서만 결정될 뿐이라는 것이지요! 저능아와 다운증후군 환자도 환경 탓이란 말입니까!

이 세상의 모든 부모들은 가능한 한 똑똑한 자녀를 갖기를 기대합니다. 만약 부모들이 조상 대대로 안짱다리나 코끼리 귀를 물려받았다면, 혹은 더 심한 경우 치명적인 유전병을 물려받았다면 그들은 당연히 이런 결함들을 자기 자녀들에게 물려주고 싶어 하지 않을 것입니다.

자기 자녀가 똑똑하기를 바라지 않는 부모가 있다면 이런 사람을 부모라고 부를 수는 없을 것입니다. "내가 고통 받고 있는 이 유전병이 내 자녀에게 물려질지 아닐지는 운명이나 신만이 결정할 권리가 있다."라고 말하는 것은 정말 무책임하고 범죄적인 행동입니다. 조금이라도 지각이 있는 부모라면 그런 유전병을 없앨 수 있는 기술을 거부하지 않을 것입니다. 만약 우리의 후손들에게 질병을 물려주는 그런 범죄행위를 방지할 법률이 제정되지 않는다면 반과학적인 소수의 골수 보수주의자들은 계속해서 유전적인 장애아들을 낳을 것입니다.

이와 같은 진보에 반대하는 사람들이 현대의 우생학에 나치의 프로젝트를 연관시킬 때 잊고 있는 한 가지 중요한 점이 있습니다. 나치는 하나의 인종만을 다른 인종들에 비해 우수하게 개선시키기를 원했습니다만, 그 반대로 유전학에 기초한 현대의 우생학은 인종이나 종교에 상관없이 모든 인간들을 개선시키려는 것입니다.

그리고 오늘날 우리는 폭력적인 행동도 유전적인 것이라

는 증거들을 발견하고 있습니다. 이것은 정말 놀라운 발견입니다. 곧 우리도 엘로힘의 행성에서 하고 있는 것처럼 유전적인 폭력성을 지니고 있는 사람들을 유전학적으로 치료할 수 있게 될 것이며, 이것은 우리 지구를 감옥이 없는 세계로 한걸음 더 가까워지게 만들 것입니다.

"인간은 원래 선합니다."

2001년 10월

다른 사람들을 많이 평가할수록 덜 사랑하게 됩니다. 다른 사람들을 평가하기보다는 그들을 이해하는 편이 더 좋습니다. 그리고 다른 사람들의 행동이 옳지 않거나 부적절할수록 더욱 더 그들의 행동을 이해하려고 노력해야 합니다. 사람들은 문제가 많을수록 더 기분이 저하되고 날카로워지며 공격적으로 됩니다. 문제가 많은 사람일수록 부정적인 생각이 발달하기 때문에 계속 문제가 더 많아질 것입니다. 그렇기 때문에 그들은 더 많은 사랑을 받고, 더 많이 이해되고, 더 많은 가르침을 받을 필요가 있는 것이지요.

우리가 어떤 사람을 평가할 때는 그가 한 일의 결과만을 평가할 수 있을 뿐이지 원인은 이해하지 못합니다. 그 원인을 이해한다면 우리는 그들에게 훨씬 더 많은 사랑과 동정심을 베풀 수 있을 것입니다. 그들이 무엇을 하고 있는지에 초점을 맞추는 것이 아니라 그들이 왜 그렇게 하고 있는지에 초점을 맞추는 것이 훨씬 더 중요합니다. 그렇게 함으로써 우리는 사람들이 잘못된 행동을 하는 이면에는 항상 어떤 이유가 있다는 것을 발견할 수가 있을 것입니다.

이렇게 하면 잘못을 저지른 사람들을 보다 잘 이해할 수 있고 그들을 보다 더 사랑할 수 있게 됩니다. 그들이 스스로 문제를 해결할 수 없는 경우에는 그 잘못을 바로 그 자리에서 지적할 필요는 없는 거지요. 그러나 바로 지적하는 것이 그들을 도울 수 있는 길이라면 그렇게 해야 합니다. 사람들이 성장할 수 있도록 시간을 주는 법을 아는 것은 매우 중요합니다.

사람들이 자신의 행동을 변화시키고 개선하도록 도울 수 있는 유일한 방법은 그들에게 훌륭한 본보기를 제시해주는 것입니다. 그런 본보기가 되는 사람들의 행동은 그들에게 자신의 행동을 돌이켜보도록 자극을 줄 수가 있을 것입니다.

인간의 속성은 모두 선합니다. 간디의 말이던가요? 그는 "악인은 없고, 고통 받고 있는 사람들이 있을 뿐이다."라고 말했습니다. 불쾌한 행동양식을 가진 사람들이 있습니다만 원래 모든 사람들은 친절합니다.

나는 이런 상상을 좋아합니다. 지금 화면에는 웃으며 뛰노는 귀여운 아이가 보입니다. 그러면 이것을 지켜보는 모든 사람들의 얼굴에는 미소가 피어오릅니다. 이 아이가 즐겁고 행복해하는 모습이 참으로 아름답게 보이는 것이지요.

그러나 이 아이의 이름이 아돌프 히틀러라는 것을 알게 된다면 사람들은 어떤 생각이 들까요? 그들의 표정은 금방 굳어질 것입니다.

그러나 히틀러도 우리가 그랬던 것처럼 한때는 천진난만한 아이였습니다. 다른 모든 아이들처럼 곤충과 꽃과 새들을 보고 감탄의 소리를 질렀지요. 그런데 도대체 무엇이 그를 무자비한 폭군으로 만들었을까요? 틀림없이 교육의 영향, 잘못 제시된 본보기, 일련의 실수 등 많은 요인들이 작용했을 것입니다.

가장 흉악한 범죄자일지라도 그들을 판단하기 전에 그들도 모두 한때는 귀엽고 순진한 아이들이었다는 사실을 잊어서는 안 됩니다. 우리가 그들에게 해준 것은 무엇일까? 그들이 그렇게 될 때까지 우리 사회는 무엇을 했을까? 그들을 그렇게 만든 환경적 요인은 무엇일까? 이런 점들에 대해 우리가 더 자주 생각할수록 범죄자들에게 좀 더 많은 동정심을 갖게 될 것입니다.

그렇다고 범죄자들로부터 우리 사회를 보호하기 위해 필요한 조치들을 하지 말라는 뜻은 아닙니다. 그런 조치 외에, 드러난 증상보다 문제의 근원을 해결하는 것이 더 효과적이지 않을까요? 그렇게 함으로써 우리는 사람들이 잠재적인 범죄자가 되는 것을 예방할 수 있고 또 그들을 감옥에 가두거나 사형시키는 대신 치료해줄 수 있게 될 것입니다.

천재정치

2000년 4월 8일 암스테르담, 국경 없는 인권 위원회 회장과의 인터뷰

* **윌리엄 포레** : 사람들은 라엘리안 무브먼트가 천재정치 원칙에 입각한 세계정부의 수립에 찬성한다고 비난합니다. 이런 정치제도에서는 소정 IQ 이상 되는 사람들만 투표권을 갖게 될 것입니다. 그렇다면 당신은 사람 위에 사람 있고 사람 밑에 사람 있는 그런 세상의 도래를 준비하는 것이 아닙니까?

* **라엘** : 오히려 그 반대입니다. 인간의 몸과 한번 비교해 보겠습니다. 발의 세포가 두뇌 세포보다 "열등"할까요? 그렇게 생각한다면 어리석을 것입니다. 두뇌는 발이 필요합니다. 모든 세포들은 각각 자신의 특성을 갖고 있습니다.

재미있는 이야기 하나 해드리겠습니다. 프랑스의 한 유머 작가가 두뇌와 항문 사이의 대화를 지어냈습니다. 어느 날 두뇌가 항문에게 너는 아무짝에도 쓸모없다고 말했더니 항문이 이렇게 대답했답니다. "내가 아무 짝에도 쓸모없다면 난 일을 그만두겠다." 1주일 후 두뇌에는 독소가 들어차서 더 이상 기능할 수 없게 돼버렸기 때문에 두뇌는 항문에게 다시 문을 열어달라고 애원했다고 합니다. 매우 재미있는 이야기이지요. 신체의 각 부분은 서로 우열을 가릴 수가 없습니다. 모든 기관들은 철저히 상호연관성을 갖고 있지요.

인류도 마찬가지입니다. 인류에 있어서의 문제는, 현재 우리 인류를 지배하고 있는 자들은 항문이라는 데 있습니다. 이것은 정치, 경제 등 모든 분야에서 확인할 수 있습니다. 그 결과로 이 세상에는 기아와 폭력과 전쟁이 난무하는 것입니다. 지구의 모든 곳에서 우리 인류는 매우 나쁜 방식으로 통치 받고 있습니다.

모든 독재자들이 민주적인 방식으로 정권을 잡았다는 사실도 잊어서는 안 됩니다. 민주주의는 훌륭하며 인류역사에서 중요한 단계이지만 이것이 최종단계는 아닙니다. 그리스 철학자들이 나보다 훨씬 오래전에 말했던 것처럼, 이상적인 형태는 현자들이 세상을 통치하는 것입니다. 현인들이란 진실하고 공정한 사고를 하는 사람들입니다.

현재의 IQ 테스트로는 우리를 통치할 현자들을 찾을 수가 없습니다. IQ는 지성의 작은 부분을 나타낼 뿐입니다. 거기에는 감성지수나 최근 발견되기 시작한 다른 요소들은 반영되지 않고 있지요.

차를 운전하기 위해서도 운전면허증이 있어야 합니다. 그렇다면 투표를 할 수 있는 면허는 왜 필요 없겠습니까?

엘로힘은 우리가 아직 알 수 없는 방법을 통해 두뇌의 전체적인 능력을 측정할 수 있습니다. 그들은 이 방법으로 누가 발의 세포로 적합한지, 누가 두뇌의 세포로 적합한지 판단합니다. 그리고 그들의 행성에서는 결정하는 사람들은 발이 아니라 두뇌이지요.

이것이 바로 엘로힘의 행성에서 시행되고 있는 천재정치입니다. 천재정치는 보다 지성적인 사람들이 나머지 다른 사람들을 행복하도록 만드는 제도입니다. 오늘날 우리가 시행하고 있는 제도로써는 이 세상 모든 사람들을 행복하게 만들기에는 너무나 부족합니다.

제16장

아프리카

"모든 지구인들이여,
하나로 뭉칩시다.
우리는 모두 동족입니다.
흑인이든, 백인이든, 황인종이든,
이슬람교도든, 기독교도든, 무신론자든,
우리는 모두 같은 손의 손가락들입니다!"

아프리카 식민지화에 따른 피해

1987년

얼마나 많은 무고한 아프리카인들이 르완다에서처럼 내전으로 더 죽어야 합니까? 우리는 이 비극의 진정한 원인이 끔찍한 유럽의 식민지정책 때문이라는 사실을 잘 압니다.

이 거대한 대륙에 도착한 식민지배자들은 대륙을 조각내었습니다. 그들은 아프리카의 자원을 나눠 갖고 약탈하기에 가장 편리한 방식으로 마음대로 선을 그어 완전히 인위적으로 나라들을 만들었던 것입니다. 그들은 그곳에 살고 있는 주민들의 특성은 전혀 고려하지 않았습니다. 그 결과 오늘날의 아프리카 각국은 전통과 관습과 언어가 전혀 서로 다른 수많은 부족들이 한 나라에 함께 소속되는 결과를 맞게 되었습니다. 서로 너무나 다르기 때문에 의사소통도 제대로 되지 않습니다.

아무도 그런 것에는 상관하지 않았습니다. 식민지배자들은 이 모든 다양한 부족들이 멋대로 그어진 국경 안에서 함께 살아야 한다고 선포했습니다. 각국은 강력한 수도를 중심으로 운영되었는데, 수도에 사는 원주민들의 생활은 제약을 받았습니다. 아프리카인들의 잘못이란 기술이 부족해서 침략자들을 퇴치하지 못했다는 것뿐이었지요.

식민정권의 강압통치가 계속될 동안에는 아무 문제가 없

었습니다. 아프리카의 모든 부족들은 똑같이 폭정에 시달렸지요. 이것이 그들을 가깝게 만들고 공동의 적에게 함께 대항하도록 만들었습니다. 이전에 서로 싸우던 많은 부족들이 연합하게 되었지요. 식민세력의 부당한 탄압에 대한 반감이 점차 커져갔고 마침내 최초의 무력봉기가 일어났습니다.

세계는 변하여 이제 야만적인 군대의 힘에 의해서가 아니라 인간의 기본권리에 기초한 새로운 질서가 잡혀나갔습니다. 그리고 이런 세계에서는 피할 수 없는 현상으로서 식민지 해방이 이루어졌습니다. 식민지배자들은 아프리카를 떠났지만 유럽 국가들의 제도에 기초한 중앙집권적 정부 체제는 그대로 남겨두고 갔습니다. 이런 체제는 각 부족의 서로 다른 문화적 현실을 전혀 고려하지 않은 것이었습니다.

독립을 이루자마자 문제가 발생하기 시작했습니다. 아프리카의 각 국가에서는 식민지배자들에게서 물려받은 민주주의적 원칙에 따라 가장 인구가 많은 부족이 자동적으로 권력을 잡았기 때문입니다.

진정한 식민지 해방은 식민지배 권력에 의해 강제적으로 합병되었던 모든 부족들을 원래대로 모두 독립시키는 것입니다. 그렇게 되면 수많은 작은 독립국들이 생겨나게 되겠지요. 후투족과 투치족도 각각 자신의 영토를 갖게 되고, 지금처럼 전쟁을 하지 않아도 될 것입니다.

이 같은 과정을 거치면서 아프리카의 작은 국가들도 미합중국이나 유럽연합에 견줄 만한 아프리카연방을 만들 수 있을 것입니다. 지금도 너무 늦은 것이 아닙니다. 식민지배 권력에 의해 만들어진 국가들과 국경들을 모두 없애고 처음부터 다시 시작하는 것입니다.

일년 후 라엘은 식민지해방에 관해 다시 언급했습니다.

아프리카 국가들의 국경은 분별력이라고는 전혀 없는 식민정권의 관리들이 지도 위에 선을 그음으로써 생겨났습니다. 아프리카인들이 자신의 문제들을 해결하기를 원한다면 우선 아프리카 대륙의 완전한 식민지해방을 이루지 않으면 안 됩니다. 그렇게 하려면 식민 약탈자들이 수립한 중앙집권적 정부형태를 비롯하여 강제적으로 만들어진 모든 국가조직들을 해체해야만 합니다.

과거 식민지배자들이었던 서구 국가들은 지금도 거대한 대륙의 천연자원을 약탈하는 데에만 바쁘지 실제로 아프리카인들에게 도움이 되는 일은 아무 것도 해주지 않고 있습니다. 그들은 정치경제적인 이면거래를 감추기 위해 주저없이 내전을 부추기기도 합니다. 소위 식민지에서 "해방"되었다는 국가들의 부패한 관리들을 이용하여 그 나라의 자원을 계속 빼돌리는 것은 그들로서는 너무나 쉬운 일이지요.

아프리카의 각 부족들이 자신의 영토에서 나오는 천연자

원에 대한 통제권을 되찾게 된다면 유럽의 약탈자들이 다국적 기업들을 중간에 내세워 가격과 생산량을 조작하기가 훨씬 더 어려워질 것입니다.

유럽 국가들이 아프리카의 내전을 공식적으로 비난하고 겉으로는 개탄하고 있지만, 그러나 그들 나라의 무기제조업자들이 모든 분쟁지역에서 무기를 팔아 막대한 이익을 챙기고 있다는 사실을 잊어서는 안 될 것입니다.

유럽 국가들에 의한 최근의 군사개입을 보면 소위 식민지해방 국가들에게 주어진 독립은 완전한 것이 아니라는 사실이 입증되고 있습니다. 가령 어느 아프리카 국가의 원수가 다른 나라에게 특권을 주는 관계를 맺으려고 하면, 과거 그 나라를 지배했던 국가는 이것을 용인하지 않고 바로 군대를 파견하여 개입합니다. 때로는 민주적으로 선출된 정부를 해산시키고 자기들에게 동조하는 자들을 대신 권력에 앉히기도 합니다.

만약 어떤 지도자가 저항하면 스위스 은행 계좌에 거액의 자금을 넣어줍니다. 여기에 반응하지 않는 사람은 없지요. 실제로 거의 모든 아프리카 지도자들이 스위스 은행에 계좌를 갖고 있는데, 이것은 흥미로운 일입니다. 그들 나라에서는 빈약한 자본이 국외로 반출되는 것을 방지하기 위해 엄격한 외환반출규제가 시행되고 있는데도 말입니다. 이런 스위스 은행 계좌들에 들어있는 자금의 출처는 어디일까요?

아프리카인들이여, 깨어나세요! 여러분이 선택하지 않은 현재의 국경선들을 없애고 식민지배 이전에 존재했던 자연적인 경계선이나 전래의 부족을 기초로 하는 새로운 국가들을 만들어야 합니다. 그런 후 여러분 자신이 만든 많은 국가들이 모여 아프리카 연방을 창설해야 합니다. 이렇게 하면 아프리카의 자원으로부터 나오는 혜택은 이익에 굶주린 다국적 기업이 아니라 아프리카인들에게 돌아갈 수 있을 것입니다.

그리고 각 종족과 부족들은 자신의 뿌리와 전통과 언어를 되찾을 수 있을 것입니다. 또한 이 거대한 아프리카 대륙의 모든 국민들은 서로 의사소통할 수 있는 제2의 언어를 채택할 수 있을 것입니다. 이 언어는 과거 지배국의 언어가 아닌 편이 더 낫겠지요. 그렇게 된다면 과거 프랑스의 지배를 받던 나라들은 현재 세계적인 공용어가 되고 있는 영어를 제2의 언어로 채택하면 될 것입니다.

학생들과 일반국민들에게 아프리카의 전통종교들을 공식적으로 가르쳐야 합니다. 이런 종교들은 아직도 남아 있습니다. 이런 전통종교들은 아프리카인들의 문화적 유산의 일부입니다. 이렇게 하면 아프리카인들은 점차적으로 기독교에서 벗어나게 될 것입니다. 기독교가 피지배민들을 노예로 만들고 그들의 정체성을 없애기 위해 사용된 도구라는 사실을 아프리카인들이 결코 잊어서는 안 됩니다.

아프리카 전래의 문화 속에는 다양한 종교들이 있었지만 식민지배자들은 그것을 경멸하며 원시적이라고 무시했습니다. 그러나 아프리카의 종교들은 아름다우며 기독교나 이슬람교 못지않게 당당한 근거가 있습니다. 왜냐하면 그 종교들은 엘로힘과 직접적인 연관이 있으니까요.

과거의 지배국들이 아프리카를 돕는다는 명분으로 "협력단체"니 "자문기구"니 하는 것들을 내세우고 있는데, 이런 조직들을 통해 협력과 자문을 가장하여 그들의 통제권을 계속 유지하려는 음모임을 아프리카인들은 분명히 깨달아야 합니다. 그들은 명목상의 독립을 줄 뿐, 실질적인 독립은 결코 주려고 하지 않습니다.

그렇습니다. 이제 아프리카인들이 허울뿐인 독립이 아닌 진정한 독립을 이루어야할 때가 되었습니다. 제3세계 국가들에게 필요한 것은 적선이 아니라 발전할 수 있는 자유입니다.

"열등감이 여러분의 가장 큰 적입니다."

2001년 12월 13일, 브라자빌콩고에서의 연설

나는 많은 아프리카인들이 유럽인들에 대해 아직 열등감을 갖고 있다는 것을 압니다. 여러분의 가장 큰 적은 과거 식민지배자들도 아니고 정치, 경제, 문화적인 식민지배 그 자체도 아니라 바로 여러분 자신입니다.

여러분이 백인들보다 열등하다고 생각할 때마다 여러분은 자신을 부정하는 것이 됩니다. 나는 여러분에게 큰 소리로 외치건대, 여러분은 백인들보다 전혀 열등하지 않습니다! 오히려 나는 여러분이 그들보다 약간 더 우월하다고 말하고 싶습니다. 이 말을 깊이 새겨두세요!

왜냐구요? 여러분은 그들이 이미 상실해버린 순수성을 지니고 있기 때문이지요. 그들은 그들의 문화와 특히 그들이 저지른 범죄 때문에 순수성을 잃어버렸습니다. 그들이 저지른 범죄는 여러분이 겪은 노예제도와 식민지배 등 모든 악행들입니다. 여러분은 희생자들이며 그들은 죄인입니다. 이렇게 죄의식을 느낌으로써 그들은 순수성과 결백성을 잃었습니다. 그들은 마음이 뒤틀리고 점점 더 기쁨을 잃게 됩니다. 그들에게서 점점 사랑이 사라지고 그들의 사회는 해체되어 결국 사라지게 될 것입니다.

반면에 아프리카는 여전히 열정과 신선함을 간직하고 있으며, 아프리카인들은 이것을 이해해야만 합니다.

나는 이런 말을 자주 들었습니다. "백인들은 모든 것을 발명하고 발견했지만 우리 불쌍한 아프리카인들은 아무것도 하지 못했다." 다시는 이런 말을 해서는 안 됩니다! 물론 그것은 맞는 말입니다. 그들은 크고 작은 발견들을 많이 해냈습니다. 그들 가운데 천재들이 있었기 때문이지요. 그러나 그런 사람들은 예외적인 천재들이었고, 대부분의 백인들은 화약이나 전기나 유전자를 발견하지 못했습니다.

아직도 발견할 것들이 많이 있습니다. 그러므로 여러분이 콤플렉스를 느낄 필요는 전혀 없습니다. 백인들 중에는 똑똑한 사람들도 많고 멍청한 사람들도 많으며 편협한 사람들도 많습니다. 그것은 여러분들도 마찬가지입니다.

똑똑한 사람들은 아프리카인들을 해치거나 아프리카 문화를 파괴하는 범죄를 결코 저지르지 않았습니다. 아프리카를 침략한 자들은 그저 어리석은 식민주의자들에 지나지 않았으며, 그들은 다른 사람들이 발명한 화약이나 비행기를 침략에 이용했을 뿐입니다. 오늘날에도 여전히 같은 종류의 사람들이 같은 저의를 품고 아프리카를 정치적, 문화적으로 지배하려고 여러분을 이용하고 있습니다.

지금 여러분의 최대 임무는 젊은이들을 교육시키는 것입니다. 젊은이들은 여러분의 미래입니다. 그러나 교육에 관한 서구국가들의 조언을 따라서는 안 됩니다. 그들은 아프리카 국가들이 산업훈련을 시행해야 한다고 말합니다. 그렇지만 그들이 노리는 바는 여러분을 계속 “개발도상국”에 묶어두고 자기네가 언제나 앞서나가려는 것입니다. 이것은 새로운 식민주의에 불과합니다!

내가 바라는 것은 산업훈련이 아니라 모든 아프리카 어린이들이 학교에서 컴퓨터를 갖는 것입니다. 이것이 아프리카 국가들의 최우선 순위가 되어야만 합니다. 모든 아프리카인들이 가능한 한 빨리 인터넷에 연결되어야 합니다. 그러면 여러분은 모두 전 세계의 정보와 지식에 직접 접근할 수 있습니다. 그렇게 되면 여러분은 다른 대륙의 사람들과 같은 수준으로 빨리 진보하여 그들을 따라잡을 수가 있을 것입니다.

여러분에게서 콤플렉스를 없애버리세요. 여러분의 두뇌에 독을 주입할 수 있는 사람은 여러분밖에 없습니다. 여러분은 모든 면에서 백인들보다 더 훌륭해질 수 있습니다. 분명히 모든 면에서 그럴 수 있습니다. 여러분 자신을 믿어야 합니다.

여러분 자신을 믿기 위해서는 여러분의 뿌리와 문화를 되찾아야만 합니다. 그와 동시에 미래과학에 대한 자신감을 가져야만 합니다. 미래과학은 여러분을 과거 식민지배자들과 동등하게 만들어줄 뿐 아니라 그들을 능가할 수도 있게 만들어줄 것입니다.

아프리카의 지성

그 다음날 라엘은 이렇게 덧붙였습니다.

어느 한 나라가 다른 나라들보다 더 빨리 발전하기 위해서는 적시적소에 몇 명의 발명가들만 나타나주면 됩니다. 발전이란 극히 소수의 사람들에 의해 좌우되는 것이지요.

그러나 실제로는 지금 존재하는 모든 것들은 새로 발명된 것이 아니라 이미 어딘가에 존재했던 것들입니다. 우리가 하는 일은 재발견일 따름입니다. 주의 깊게 관찰하고 구체적으로 표현할 수 있는 능력이 요구될 뿐이지요. 유전자, 원자, 철, 바퀴, 전기 기타 모든 것들은 우리가 발견하기 이전부터 존재하고 있었습니다. 이런 것들을 생산하려는 마음을 먹고 끈기 있게 관찰한 사람들만이 발견해낼 수 있었습니다.

아프리카인들 사이에도 발명가들이 있고 모차르트가 있으며 아인슈타인이 있습니다. 그러나 그들은 아직까지 그들의 재능을 표현할 수단을 갖지 못했습니다. 아인슈타인이나 모차르트가 늑대들과 함께 자랐다면 그들도 늑대들처럼 짖어댈 뿐 결코 교향곡을 작곡하거나 과학발전에 기여하지 못했을 것입니다.

여러분은 이 점을 이해해야만 하며, 이것은 매우 중요한 진리입니다. 천재로 태어난 아이라 할지라도 늑대들 사이에서 키우면 인간 늑대가 될 뿐입니다. 인간 늑대들은 세계 곳곳에서 발견된 적이 있습니다. 그들은 네 발로 기어 다녔으며 일어서지 못했습니다. 일정 나이가 될 때까지 두 손과 두 발로 땅을 짚고 기어 다니기만 하면 결코 똑바로 서서 걸을 수가 없게 됩니다. 그들은 또한 말도 할 줄 몰랐습니다. 실제로 그들은 더 이상 인간이 될 수가 없었지요.

만약 모차르트를 늑대와 함께 키운다면 아무리 그가 천재성을 타고났다 하더라도 결코 피아노를 연주할 수 없을 것입니다. 멜로디를 창작하기 위해서는 우선 지식을 습득해야 하고 그래야만 그의 천재성을 표현할 수 있기 때문입니다. 그래서 지능이 뛰어난 아이들을 천재로 키우기 위해서는 좋은 교육을 시키고 충분한 정보와 지식에 접근할 수 있도록 해주어야 합니다.

여러분도 이 세상의 다른 모든 나라들과 마찬가지로 발전하고 있다는 사실을 절대로 잊지 마세요. 이제 더 이상과 편견이나 열등감 때문에 멈칫거리지 마세요.

과학을 탐구하고 지식을 쌓으세요. 여러분의 자녀들을 밀어주고 격려해주세요. 그들이 백인들과 동등해지기 위해서가 아니라 백인들을 추월할 수 있도록 용기를 심어주세요. 그들은 그렇게 할 수 있고 그렇게 해야만 하기 때문입니다. 아마 언젠가는 여러분의 문화가 매우 발전해서 많은 유럽인들이 아프리카를 배우러 오게 될 것입니다.

제17장

미국의 실수

"명분은 항상 잘못된 것이며, 사랑만이 옳습니다."

2002년 4월 7일, 몬트리올

과학자들이 만든 "지구최후의 날" 시계가 있습니다. 우리 인류가 자멸하기 전까지 남아 있는 시간을 보여주는 시계이지요. 얼마 전까지만 해도 지구최후의 날까지는 9분이 남아 있었습니다만 지금은 7분밖에 남아 있지 않습니다. 시간이 점점 촉박해지고 있습니다.

이렇게 된 이유는 아주 간단합니다. 의식의 가장 아름다운 표현인 사랑이 이 세상에 충분하지 않기 때문입니다. 너무나 많은 잔혹한 행위들이 벌어지고 있습니다. 너무나 많은 살인이 저질러지고 있습니다! 이 모든 살인행위에 대해 살인범들은 언제나 나름대로 "정당한" 이유를 갖다댑니다. 자신의 조국이나 가족, 혹은 명예를 지키기 위해서였다는 것이지요. 만약 어떤 사람이 그의 아내가 다른 남자와 잤다는 이유로 아내를 죽였다면 이것은 "정당한" 이유가 됩니다. 그러나 "이유"는 항상 잘못입니다. 사랑만이 옳습니다.

허리에 폭탄을 두른 이슬람 전사들이나 비행기에서 폭탄을 투하하는 연합군 조종사들이나 모두 똑같이 테러를 자행하는 사람들입니다.

이 세상에서 자행된 가장 끔찍한 테러행위는 바로 자유를 수호한다고 주장하는 미국이 저질렀습니다. 미국은 단 한 사람의 명령에 따라 단 일격에 30만 명을 죽였습니다. 히로시마와 나가사키에 살고 있던 30만 명의 불쌍한 시민들이 죽었습니다. 이 숫자는 9.11테러 때 숨진 2,700명의 사람들보다 100배나 더 많습니다. 한번에 30만 명이 죽었습니다. 이 사람들이 군사시설 부근에 살고 있었기 때문이 아니었습니다. 미국 정부는 이 같은 끔찍한 공격을 통해 일본인들을 공포에 떨게 만들어 항복을 받아내고 종전 문서에 서명을 받아낼 수 있다고 생각했으며, 그 때문에 30만 명이 죽었던 것입니다.

다른 사람들을 자신의 뜻에 복종시키기 위해 항복을 받아내려고 폭력을 쓴다면 이것을 인류를 위한 행위라고 말할 수 있을까요? 평화를 지킨다는 아름다운 명분만 갖고 있다면, 그런 명분을 지닌 목적은 모든 수단을 정당화시킬 수 있는 것일까요?

아닙니다! 대의명분이란 아무리 정당화시키더라도 항상 잘못된 것입니다. 왜냐하면 그것은 죽음을 불러오기 때문입니다. 단 한사람의 죽음도 끔찍한 일입니다. 그 사람이 누구편이든 상관없이 말입니다.

우리는 "무고한 시민"들이라는 말을 씁니다. 이것은 군인들에게 죄가 있으므로 그들을 죽이는 것이 정당화될 수 있다는 의미일까요? 아닙니다. 무고한 시민들을 죽이는 것이나 죄 있는 군인들을 죽이는 것이나 그 무엇이든 정당화될 수 없습니다.

공포심을 이용하여 다른 사람들을 굴복시키려는 행위가 바로 테러입니다. 그런데 권력을 가진 사람들은 무력을 통해 테러리즘을 해결할 수 있다고 착각하고 있습니다. 그러나 결코 무력이 테러리즘을 해결할 수는 없습니다. 북아일랜드가 가장 좋은 예입니다.

조지 부시 대통령이 자만심 대신 조금만 더 사랑을 가졌더라면 이렇게 말했을 것입니다. "이유와 동기가 어떻든 나는 다른 사람의 목숨을 빼앗거나 누구에게라도 고통을 주고 싶지 않습니다." 그러나 그는 그렇게 하지 않았습니다. 그는 전 세계에 정의의 본보기를 보여주고자 했고, 그 결과 자신의 나라를 세계에서 가장 큰 테러단체로 만들어버렸습니다.

이와는 반대로, 사랑은 완전히 다른 사고체계입니다. 예수는 "오른 뺨을 맞으면 왼 뺨도 내주어라."라고 말했습니다. 간디는 단식투쟁을 했는데, 그를 따르는 사람들에게 바닥에 앉아 침묵으로 항의를 표시하라고 말했습니다. 그는 인도인들의 명분에 호소한 것이 아니라 그들의 의식에 호소했던 것입니다.

최근 팔레스타인 민간인들에게 총 쏘는 것을 거부했던 이스라엘의 젊은 군인들도 의식을 사용한 훌륭한 예입니다. 이스라엘에는 현재 이런 사람들이 약 600명에 이릅니다. 이들은 20년이나 감옥에서 보낼 위험이 있지만 사람을 죽이느니 자신의 자유를 포기하는 편을 택했습니다!

이들의 행동은 유태인들이 살인이라는 죄를 범하는 것은 그들이 유태인이기 때문이 아니라 그들에게 의식이 부족하기 때문이라는 사실을 잘 보여주고 있습니다. 이것은 유태인이나 아랍인들이나 미국인들을 막론하고, 또한 그들의 종교가 무엇인지 가릴 것 없이 누구에게나 마찬가지입니다.

팔레스타인인들은 다른 방식의 항의도 생각해볼 수 있을 것입니다. 만약 팔레스타인인들 사이에 또 다른 간디가 있었다면 그는 백만 명의 팔레스타인인들을 넓은 장소에 불러모아 모두 죽을 각오를 하고 단식투쟁을 시작했을 것입니다. 이렇게 한다면 이스라엘을 포함한 전 세계가 매우 신속하게 반응하고 평화를 성사시키기 위한 해결책을 찾아낼 것입니다.

인류의 생존가능성이 줄어드는 이유는 사랑이 없기 때문입니다. 사랑이 우리의 유일한 희망입니다. 필요하다면 자신의 생명조차도 주려고 하는 것이 사랑입니다. 사랑은 자신의 생명이 아닌 다른 사람의 생명이 희생되는 것은 결코 바라지 않습니다. 이것이 바로 비폭력적인 사랑입니다.

사랑은 바로 지금 일상생활에서 시작됩니다. 여러분의 파트너나 이웃들과 사소한 다툼이 생겼을 때 사랑을 베풀어 해결해보세요. 바로 이런 행동으로 여러분은 세상을 변화시킬 수 있습니다. 여러분은 우리 인류의 본보기가 되어야 합니다. 예수가 말한 바대로 이렇게 말하세요. "나는 당신에게 상처를 입히고 싶지 않습니다." 그러나 만약 당신이 나의 권리를 거부한다면 나 스스로 나에게 상처를 주겠습니다."

이렇게 하면 여러분은 다른 사람들을 공격하는 대신 그들의 의식에 호소하게 됩니다. 그리고 우리가 사람들의 의식에 호소할 때 우리는 사랑으로써 문제를 해결할 수가 있습니다.

비폭력은 항상 폭력보다 우월합니다. 그러나 어떤 사람이 여러분에게 물리적인 공격을 가한다면 여러분은 그 사람을 무력하게 만들면서 자신을 방어할 권리가 있습니다. 이런 경우 총보다는 맨손을 사용하는 편이 더 좋습니다. 무엇보다도 그 사람을 죽이지 않도록 최대한 노력하는 것이 중요합니다!

사랑은 이 세상을 구하기 위한 궁극적이고도 유일한 해결책입니다.

제18장

군대의 조작

라엘은 불법적인 폭격을 정당화하기 위해
군부의 선전으로 여론을 조작하는 행위를 비난하고,
비폭력의 중요성을 강조하고 있다.

보도자료, 1999년 5월 11일

국제 라엘리안 무브먼트의 지도자 라엘은 NATO의 불법적인 폭격을 비난하며, 비폭력만이 인류를 통일되고 평화로운 사회로 이끌 수 있다는 점을 우리에게 상기시키고 있다. 그는 다음과 같이 선언했다:

NATO군의 선전에 의해 여론이 좌우되는 것은 대단히 수치스러운 일이다. 라엘리안 무브먼트가 제시하는 가장 중요한 가치관 중의 하나가 여기에 적용되어야만 한다. "단 한 사람의 무고한 생명일지라도 전 인류의 미래보다 더욱 중요하다."

이 가치관은 특히 NATO의 폭격으로 수천 명의 여성들과 어린이들이 살해되는 이때 그 중요성이 강조된다. 그러나 그들은 이러한 살인행위를 책임질 수 없는 군대에 의한 "부수적인 피해"라는 상투적인 표현으로 정당화하고 있다.

많은 언론인들의 생명을 뺏은 유고 텔레비전 방송국에 대한 폭격은 국제 언론협회의 비난을 받았다. 그러나 국제 언론기관들이 여전히 NATO의 기자회견장에 충실하게 참석함으로써 인류에 대한 이 범죄행위의 공범이 되고 있는 것은 놀라운 일이다. 최소한 기자들은 그들의 동료들을 살해한 데 대한 항의의 표시로 폭격 다음날 NATO 대변인에게 등을 돌리는 상징적인 행위를 할 수도 있었을 것이다.

NATO의 언어도단적인 선전은 크로아티아와 보스니아에서 자행된 인종청소의 희생자들인 75만 명에 달하는 세르비아계 난민들에 관해서는 결코 언급하고 있지 않다. NATO는 슬로보단 밀로세비치를 아돌프 히틀러에 비교하고 있지만, 그것은 우스운 일이다. 히틀러는 이웃 나라들을 침략한 반면, 유고슬라비아는 지난 10년 동안에 자기 영토의 4분의 3을 상실했다.

NATO는 집단학살에 대해서 말하고 있지만, 그것은 유태인들, 아르메니아인들 또는 티베트인들에게 자행된 진짜 집단학살의 희생자들에 대한 모욕이다. 유고슬라비아인들은 알바니아계 코소보인들을 그들의 국경 밖으로 몰아내었다. 반면에 히틀러는 유태인들을 쫓아내지 않았다. 히틀러는 유태인들을 떠나지 못하게 했으며, 그들을 보다 철저히 절멸시키기 위해 모든 곳을 찾아다니며 색출해내기까지 했다. 이것이 집단학살인 것이다.

코소보의 비극에 대해 책임져야 할 사람들은 세르비아 당국에 대한 테러 공격을 시작함으로써 그들이 반격하지 않을 수 없게 만든 독립주의자들이다. 라엘리안 무브먼트는 지구상의 어떠한 민족이나 지역이라도 그들의 독립권을 지지하지만, 그러나 그것은 결코 폭력을 통해 이루어져서는 안 된다고 믿고 있다. 절대적인 비폭력으로 영국을 인도로부터 쫓아낸 간디가 모델이 되어야만 한다.

NATO 회원국들은 불법적으로 폭력의 악순환을 개시했으며, 무고한 희생자들은 수천 명으로 증가하고 있다. 밀로세비치가 범죄적인 행위를 저지른 것은 용납될 수 없다. 그러나 스스로 "문명국"이라고 자부하는 나라들이 NATO의 기치 아래 연합하여 불법적으로 한 주권국을 폭격함으로써 수많은 사람들을 살해하는 행위는 더욱 용납될 수 없다. 왜냐하면 그것은 "선"의 이름으로 자행되고 있기 때문이다.

NATO의 공격이 시작되기 전에는 밀로세비치는 자기 국민 중 소수의 지지만 받고 있었을 뿐이었다. 그러나 이제 우리는 그를 국민적 영웅으로 만들어 버렸으며, 그는 곧 잃어버릴 뻔했던 권력을 오랫동안 유지할 수 있을 것이다.

더욱 나쁜 것은 미군의 선전에 의해 서방세계의 여론이 조종되고 있는 일이다. 미국은 무기에 쏟아 붓는 것과 거의 맞먹는 자금을 여론을 조종하는 데 쓰고 있다. 따라서 그들은 세르비아 텔레비전 방송국이 그들 정부의 선전을 방송하지 못하도록 막겠다는 명목으로 방송국을 공식적으로 폭격했다.

세르비아 정부는 누구에게 선전을 했는가? 자기 국민을 향한 세르비아의 선전이 어떻게 NATO의 폭격에 방해가 되는가? 방해가 되지 않는다. 그렇지만 NATO를 방해하는 것은 NATO 회원국들의 언론매체들이 세르비아 텔레비전 방송국의 방송 덕분에 세르비아의 파괴와 고통에 대한 영상을 얻을 수 있다는 점이다. 세르비아 텔레비전 방송국이 폭격된 후 이제 국제 언론기관들은 "부수적인 피해"의 결과에 관한 영상을 얻을 수 없게 되었다. 이것을 바로 언론통제라고 부른다.

이제는 "외과수술"과 같은 폭격의 "깨끗한" 영상들만이 NATO에 의해 전달되고 있을 따름이다. 우리는 원거리에서 촬영한 다리나 건물들의 파괴 장면을 볼 수 있을 뿐, 더 이상 폭격에 쓰러진 사람들이나 병원 침대에서 신음하는 사람들의 모습을 볼 수가 없다.

미군의 네이팜탄 공격으로 불타는 마을로부터 도망쳐 나오는 한 어린 베트남 소녀의 사진이 여론의 방향을 바꿈으로써 미국의 패배를 초래하게 된 이래, 미국인들은 "여론통제부(POC: Public Opinion Control)"라는 공식 명칭을 가진 기관을 통해 그들의 전쟁 영상들을 항구적으로 통제하고 있다. POC는 대중매체들에게 제공되는 모든 정보를 관리한다.

따라서 F117기는 격추된 것이 아니라 “고장”을 일으켰으며, 세 명의 미군 병사들은 사로잡힌 것이 아니라 “불법적으로 유괴”되었고, 유고 당국은 전쟁포로를 석방한 것이 아니라 “인질”을 석방했다는 등등의 표현이 통하는 것이다.

그러나 더욱 더 나쁜 것이 있다. NATO 군사공격의 폭력은 젊은이들 사이에 장기간에 걸쳐 폭력을 재생산하는 악영향을 미칠 것이다. 미국의 한 학교에서 발생한 총기난사 사건은 불행하게도 앞으로 계속될 사건들의 서곡에 지나지 않는다. 우리가 아무리 텔레비전 광고에 인기 배우를 출연시켜 “폭력은 아무 것도 해결해주지 못한다.”라고 말하더라도, 그와 동시에 정부가 국제문제들을 해결하기 위해 폭력을 사용한다면, 젊은이들은 우리가 말하는 것을 듣기 보다는 우리가 행하는 것을 더 유심히 볼 것이다.

유고에 대한 NATO의 폭격은 간디나 “오른 뺨을 맞으면 왼 뺨도 내주어라”라고 말한 예수의 본보기를 젊은이들에게 이해시키기 위해 오랜 기간의 재교육을 필요로 하게 만들 것이다. 그렇게 하지 않는다면, 범죄와 사회불안이 급속히 증가하게 될 것이다.

제19장

세계인권헌장을 준수하지 않는 국가들에 대한 보이콧

"서로 다를 수 있는 권리를 존중해야 합니다."

“동성애를 금지하는 이집트를 보이콧합시다.”

카이로 고등법원은 동성애자라는 이유로 일단의 남성들에게 1년 내지 5년씩의 징역형을 선고했습니다. 게다가 이들에게는 항소권도 박탈되었습니다. 유죄 판결을 받은 남성 23명 가운데 22명이 양심수입니다.

이 판결은 기본적으로 이 남성들이 다른 남성들과 성관계를 가졌는지를 입증하는 증거를 바탕으로 내려졌습니다. 따라서 피고인들은 항문 성관계를 맺었는지 확인하기 위한 잔인하고 비인간적이며 모욕적인 의료검사를 받아야만 했습니다. 나머지는 피고인들의 자백만을 근거로 하고 있습니다. 이번 사건은 이집트의 동성애자들이 단지 동성애자라는 이유만으로 얼마나 차별대우를 받고 또 폭력적인 학대를 받고 있는지 잘 보여주고 있습니다.

프랑스 정부는 이런 판결을 내린 국가인 이집트의 대통령 호스니 무바라크를 공식 초청함으로써 프랑스 또한 세계인권헌장을 존중하지 않고 있음을 다시 한번 과시했습니다. 이 세계인권헌장은 오래전에 프랑스에서 시작되었는데도 말입니다. 이와 같이 프랑스 대통령 자크 시라크는 이집트 정부의 인권유린을 묵인하면서 그들이 저지른 범죄행위의 파트너임을 드러냈습니다.

서로 다를 수 있는 자유를 포함한 세계인권헌장을 존중하지 않는 이집트 및 그와 유사한 나라들을 보이콧해야 합니다. 이 보이콧에는 그런 국가들에서 생산되는 제품들이 포함되어야만 합니다.

프랑스의 차별행위:
"프랑스 제품을 보이콧합시다."

2000년 10월

미국 언론 앞에서 말할 기회가 있을 때마다 나는 프랑스가 소수파를 존중하지 않는 한 프랑스산 포도주를 마시지 말고 프랑스 제품도 사지 말라고 권고합니다. 프랑스에서 소수종교단체들이 존중되지 않는 한 전 세계 모든 국가들은 프랑스 제품들을 보이콧해야만 합니다. 프랑스는 자신의 불관용에 대한 대가를 치르지 않으면 안 됩니다.

나는 또한 바르샤바에서 개최될 예정인 유럽안보협력기구의 심포지엄에서 프랑스에 대해 종교적 차별을 철폐하기 위한 다음 네 가지 조치를 취하도록 압력을 가할 것을 촉구합니다.

첫째, 의회가 제출한 이단종파 보고서를 철회할 것.
둘째, 내각에 설치된 이단종파퇴치 위원회를 폐지할 것.

셋째, 소수종교단체들을 불법화하기 위한 모든 프로젝트를 중단할 것.

넷째, 소수종교단체들을 프랑스 사회에 통합시키기 위한 위원회를 창설할 것.

우리 사회는 사람들이 서로 모두 다를 수 있는 권리가 존중되도록 보장해주어야만 합니다. 이와 같은 존중은 자기가 좋아하는 차이뿐만 아니라 모든 차이에 대한 존중을 의미합니다.

오늘날 프랑스에서는 서로 다를 권리가 있지만 여기에는 엄격한 제한이 있습니다. 유태인이나 아랍인, 흑인들이라면 자신을 드러낼 수 있습니다. 혹은 다른 인종이라 하더라도 너무 돌출행동만 하지 않는다면 별 문제는 없습니다. 지금 프랑스에는 약 500만 명의 아랍인들이 있습니다. 그러므로 이슬람교를 금지할 수는 없습니다. 만약 그렇게 한다면 아랍인들의 반발로 엄청난 소요사태가 발생할 것입니다. 그리고 프랑스에는 수백만 명의 유태인들이 살고 있습니다. 유태인들도 신중하게 다루지 않으면 안 될 만큼 많은 숫자입니다. 그러나 그들은 소수종교단체의 경우 그 구성원들의 수가 적기 때문에 아무 문제가 없다고 생각합니다. 그래서 소수종교단체들을 가차 없이 덮치고 있습니다.

따라서 프랑스에서 우리는 아랍인이나 유태인이나 흑인은 될 수 있지만 소수종교단체의 멤버가 되는 것은 완전히 금지됩니다. 소수종교는 너무 심하게 다르다는 것이 그 이유이지요!

더욱 우려할 일은, 소수종교단체들 사이에서조차 서로 다를 수 있는 권리가 충분히 존중되지 않고 있다는 사실입니다. 우리 라엘리안들이 관용을 촉구하는 대중시위에 참가하려고 하자 다른 소수종교단체들이 우리의 참가를 방해했습니다. 어떤 때는 그들도 라엘리안들을 덮칩니다. 이것은 너무나 경악스러운 일이 아닐 수 없습니다. 소수종교단체들 사이에서조차 불관용이 판을 치고 있는 것입니다!

이러고도 "서로 다를" 수 있는 권리가 "완전히 다를" 수 있는 권리를 포함한다고 말할 수 있습니까? 이러고도 서로 다를 수 있는 권리가 자기 자신으로 존재할 수 있는 권리를 포함한다고 말할 수 있습니까?

우리 라엘리안들은 정말 다릅니다. 우리는 서로 다르기 때문에 너무나 행복합니다. 하나의 단체로서 다른 단체와 매우 다를 뿐 아니라 라엘리안 각자가 또 서로 매우 다른 것에 진정한 행복을 느낍니다. 우리 지구는 바로 이런 사람들이 행복하게 살아야 하는 곳입니다!

제20장

유엔의 해체

비열한 미영 연합군의 이라크 공격 이후, 심지어 미국과 영국을 포함하여 전 세계에서 유례없는 반전시위들이 일어나고 있습니다. 그러나 슬프게도 이러한 저항들은 두 침략국들의 피로 얼룩진 공격을 중단시키지는 못하고 있습니다.

프랑스, 독일, 러시아 및 중국과 같은 용기 있는 국가들이 유엔의 승인 없이 시작된 이 침략전쟁에 공개적으로 반대하고 있음에도 불구하고 이 두 국가의 지도자들은 세계적인 반전시위들을 무시한 채 무고한 이라크 시민들에 대한 그들의 학살을 계속하고 있습니다.

지금이야말로 전 세계의 평화주의자들이 세계적 평화혁명을 위해 단결하여 이 두 나라의 정부들이 세계인들의 의지에 굴복하도록 강력한 캠페인을 벌일 때입니다. 이 캠페인을 효과적으로 수행하기 위해서는 다음 세 가지 전략이 필요합니다.

첫째, 전쟁에 계속적으로 항의하는 동시에 미국과 영국

의 평화주의자들은 그러한 군사적인 침략행위를 수행하기 위해 사용될 세금의 납부를 거부해야 합니다. 이것은 시민불복종운동입니다.

둘째, 평화주의자들은 다음 선거에서 이 전쟁을 지지하는 집권당에 반대 투표할 것이라는 사실을 매우 확실하게 선언해야 합니다. 이렇게 하면 그들은 선거에서 반드시 패배할 것입니다. 그리고 이는 단지 다음 선거뿐만 아니라 향후 49년 동안의 모든 선거에 적용해야 합니다. 그럼으로써 전쟁광 정치인들에게 그들의 정치적 수명이 끝장났다는 분명한 메시지를 주어야합니다.

셋째, 이것이 가장 중요한 것인데, 미국의 의지에 절대적으로 순종하며 자신의 사명을 철저히 배신하고 있는 유엔의 해산을 위해 로비활동을 해야 합니다. 그리고 각국에서는 자국의 정치인들에게 유엔으로부터 탈퇴하도록 요구해야 합니다.

유엔은 모든 국가가 동등한 권리를 갖는 미래의 세계연방정부를 대변할 새로운 국제기구로 대체될 수 있을 것입니다. 세계정부에는 자신의 국적을 포기하고 "세계시민"이라는 특수한 지위를 얻은 "시민군"으로 구성된 "세계평화유지군"이 배치될 것입니다. 그리고 이 새로운 국제기구에는 국가간 분쟁이 생겼을 때 해당 국민들이 그들의 정부가 결정한 것에 동의하고 있는지를 조사하는 위원회가 설치되어야 할 것입니다.

이라크와의 전쟁에서 미국이 사용하고 있는 거짓 구실

은 이라크를 "해방"하기 위해서라는 것인데, 그러나 실제로는 이라크인들 대부분이 자신들의 정부를 지지하고 있습니다. 지난번 선거에서 사담 후세인이 99%의 지지를 얻은 것이 엉터리 선거의 결과였다 하더라도, 전문가들에 의하면 이라크 유권자의 약 70%는 실제로 후세인을 지지하고 있다고 합니다.

이런 예에서 볼 수 있듯이, 분쟁상황에서는 오로지 이 새로운 세계정부에 의해 실시되는 국민투표만이 그 국민들의 진정한 의사를 확인할 수 있을 것입니다. 그러면 상대편 정부는 적국의 지도자가 불신 받도록 만들기 위해 사실을 왜곡하지 못할 것입니다. 현재 이스라엘은 야세르 아라파트를 테러리스트로 몰아붙이고 있는데, 실제로는 팔레스타인 시민의 90%가 그를 적극적으로 지지하고 있습니다.

지금 이라크에서 벌어지고 있는 극적인 상황들은 최소한 우리 인류에게 국제기구의 기능에 대해 재평가할 수 있는 기회를 제공해주고 미국의 허수아비에 불과한 유엔을 해체할 수 있는 길을 열어줄 수 있을 것입니다. 유엔은 진정으로 독립된 새로운 국제기구로 대체되어야 하며, 이것은 세계정부로 향하는 첫걸음이 될 것입니다.

전 세계의 평화주의자들은 모두 단결하여 각국의 정부들을 약화시키고 유엔의 붕괴를 촉진시킴으로써 새로운 국제기구를 탄생시켜야 합니다. 또 평화주의자들은 이러한 사상을 옹호하는 새로운 정치인들을 민주적인 방법으로 지원하고 선출해야 합니다. 그럼으로써 민족주의와 전쟁이라는 구시대의 유물들을 퇴출시켜 그것들이 진정으로 있어야 할 장소인 역사의 쓰레기통에 처넣어야합니다.

나는 모든 나라, 모든 인종, 모든 종교의 젊은 세대들에게 모두 단결하여 민족주의를 영원히 제거하는 진정한 세계혁명을 시작할 것을 촉구합니다. 민족주의는 누구나 수용할 수 있는 민족주의, 즉 지구라고 불리는 이 작은 푸른 행성의 모든 주민들이 하나라는 의식으로 대체되어야만 합니다.

엘로힘의 겸손

우리는 인류의 과학수준이 상승할수록 그와 병행해서 의식수준도 그만큼 상승하는 것이 중요함을 이해해야 합니다. 엘로힘이 지구의 식민지배자가 되지 않은 것은 바로 그들의 의식이 높기 때문이었습니다.

그들이 지구에 착륙하여 모든 지구인들을 노예로 삼는 것은 손가락 튕기듯이 쉬운 일일 것입니다. 엘로힘의 기술 앞에서는 지구상의 가장 큰 핵폭탄이나 미국의 최신 전략무기조차도 전혀 힘을 쓸 수가 없습니다. 우리는 이런 무기들을 발사할 틈조차 갖지 못할 것이며 전투기들을 발진시킬 시간도 갖지 못할 것입니다. 무슨 일이 일어나고 있는지 우리가 채 알기도 전에 모든 무기체계는 마비되어버릴 것입니다. 엘로힘이 정말로 지구를 침략하여 식민지로 만들려고 했다면 그들로서는 정말 쉬웠을 것입니다. 그러나 그들이 원한 것은 그런 것이 아니었습니다.

반대로 엘로힘은 우리에게 이렇게 말합니다. “우리는 여러분을 우리의 자녀들로 사랑합니다. 여러분이 우리가 여러분에게 해준 것을 기억하고 우리를 맞이해준다면 우리는 기쁨의 눈물을 흘릴 것입니다. 그리고 여러분이 진실로 원한다면 우리에게 대사관을 지어주십시오. 그 날은 우리 인생에서 가장 아름다운 날이 될 것이며, 또한 여러분에게도 가장 아름다운 날이 될 것이라고 기대합니다. 그러면 우리는 여러분을 도울 수 있는 얼마간의 지식을 전해드릴 수 있을 것입니다. 그러나 너무 많은 지식을 주지는 않을 것입니다. 왜냐하면 어떤 사람들은 그것을 부정적으로 사용할 수도 있기 때문입니다. 우리의 가장 큰 행복은 우리의 자녀들을 만나 그들의 사랑을 받게 되는 것입니다."

이보다 더 큰 겸손을 상상할 수 있겠습니까? 그들은 우리 인류를 그들의 모습을 본떠 창조하고 우리에게 의식하고 생각하는 힘을 부여했습니다. 그들은 우리 인류에게 예언자들을 보내어 우리의 삶이 아름다운 것이 될 수 있도록 우리의 발전을 도왔습니다. 그들은 지구상의 모든 것을 창조했으므로 우리의 의견을 물어보지 않고 그냥 쉽게 돌아올 수도 있었습니다. 지구는 그들의 정원이니까요. 그렇지만 그들은 이렇게 말합니다. "만약 그렇게 하는 것이 여러분에게도 기쁘다면 우리들을 위해 대사관을 건설해주십시오."

이것은 아프리카와 다른 모든 곳들을 침략했던 백인들이 보여준 행동과는 정반대입니다. 백인과 흑인과 황인종을 가리지 않고 그들이 창조한 모든 인간들에게 "우리를 맞이해주시지 않겠습니까?"라고 요청하는 것은 우리와는 완전히 다른 차원의 의식수준을 보여주는 것입니다.

우리가 그들을 맞이하기를 원하지 않고 대사관을 건설해

주지 않는다면, 그들은 우리의 의견을 그대로 존중해 돌아오지 않을 것입니다. 그들은 우리에게서 사랑을 기대하지만, 우리가 그들에게 사랑을 주지 않더라도 그들은 우리에게 사랑을 줍니다. 사랑은 아무런 기대 없이 주는 것이기 때문입니다.

그들은 위대한 메신저들을 우리에게 보내주었습니다. 그리고 그들은 그들의 자녀들인 예언자들도 우리에게 보내주었으며 그들의 빛도 우리에게 주었습니다. 그렇지만 그들은 우리에게 이렇게 말하지 않습니다. "우리가 여러분에게 모든 것을 주었으니 여러분도 우리에게 사랑을 주어야 합니다." 이것은 거래이지 사랑이 아닙니다.

반대로 그들은 이렇게 말합니다. "우리는 스스로를 의식할 수 있고 또 스스로 신이 될 수 있는 무한의 존재로 여러분을 창조했습니다. 만약 여러분이 우리를 맞이하기를 원한다면 우리는 정말 기쁘겠지만, 그것이 여러분의 의무는 아닙니다."

우리는 겸손에 관해 이 우주에서 가장 아름다운 가르침을 바로 엘로힘에게서 배우고 있습니다.

각성명상여행

www.mindtour.net

현자 라엘이 직접 주관하는 각성명상세미나가 해마다 각 대륙별로 개최되고 있습니다. 아시아대륙을 위해서는 매년 8월 유명한 휴양지의 호텔 등에서 이 행사가 열립니다.

각성명상세미나는 흥미진진한 라엘의 강의 외에 다양한 명상, 우리의 오감을 일깨우는 각종 워크숍, 다채로운 공연 등으로 이루어집니다.

많은 사람들이 이 세미나를 통해 자신과 우주에 대해, 그리고 진정한 사랑과 삶의 기쁨에 대해 새로운 눈을 뜨고 있습니다. 각성명상세미나에는 누구나 참가할 수 있습니다.

현자 라엘과 함께하는 각성명상여행에 함께 나설 분은 아래 연락처로 연락주시면 자세한 안내를 해드리겠습니다.

안내: 이해
휴대폰: 011-9559-1000
email: violangel@empal.com

라엘의 다른 저서

1. 우주인의 메시지 Ⅰ권, Ⅱ권
(100만 부 판매, 24개 언어로 번역)

2. 인간복제

3. 천재정치

4. 감각명상
* 별매: 감각명상 테이프 1,2권, 발성명상테이프

이 책들은 전국유명서점이나 인터넷을 통해 구입할 수 있습니다. 그리고 라엘리안 무브먼트에 관한 정보를 더 알고 싶으신 분은 www.rael.org 로 접속하십시오.

참 고

복제분야의 발전

• *인간복제*
http://www.humancloning.org/firsthumanclone.htm

• *노아의 방주*
http://www.egroups.com/message/rael-science-select/686? &start=682

• *영국은 인간복제를 받아들이고 있다*
http://www.egroups.com/message/rael-science-select/655?

• *복제의 스타들*
http://news.bbc.co.uk/low/english/sci/tech/newsid_437000/437391.stm
http://dailynews.muzi.com/cgi/lateline/news.cgi? p=62546&l=english&
http://www.p-i.com/national/pigs15.shtml
http://www.egroups.com/message/rael-science-select/649? &start=627

• *죽은 사람들을 부활시킨다*
http://www.globeandmail.com/offsite/Science/19991023/UMAMMN.html
http://www.discovery.com/exp/mammoth/990911dispatch.html
http://www.egroups.com/message/rael-science-select/420? &start=412

• *빠른 노화는 없다*
http://www.egroups.com/message/rael-science-select/677? &start=652

• *DNA 보존서비스*
http://www.humancloning.org/dnaaustralia.htm
http://www.savingsandclone.com/

• *신기술을 통해 복제된 일본 송아지 4마리*
피가로 잡지 2000년 1월 5일자(Le Figaro Magazine. Le 5 janvier 2000)

• *복제 쇠고기를 저녁식사로 ?*
http://www.abcnews.go.com/sections/science/DailyNews/clone_beef990909.html

생물학적 발견

- *인간복제*

http://www.abcnews.go.com/sections/living/Bioethics/bioethics.html
http://news.bbc.co.uk/hi/english/sci/tech/specials/anaheim_99/newsid_262000/262025.stm
http://www.sunday-times.co.uk/news/pages/sti/00/01/23/stinwenws01049.html? 999

- *인간게놈 해독 완료! 임무가 완성되다!*

http://www.abcnews.go.com/sections/living/Bioethics/bioethics.html
http://news.bbc.co.uk/hi/english/sci/tech/specials/anaheim_99/newsid_262000/262025.stm
http://www.sunday-times.co.uk/news/pages/sti/00/01/23/stinwenws01049.html? 999

- *영원으로 향한 길*

http://www.sciencedaily.com/releases/1999/08/990831080844.htm
http://www.egroups.com/message/rael-science-select/552
http://www.egroups.com/message/rael-science-select/627?

- *예외적으로 긴 수명을 지닌 변종쥐*

피가로 잡지 1999년 11월 19일자 Le Figaro Magazine, 19 novembre 1999

살인범의 두뇌: 의학적으로 병적인 두뇌

news.go.com/sections/living/InYourHead/allinyourhead.html

- *가상 식물*

http://news.bbc.co.uk/hi/english/sci/tech/newsid_771000/771145.stm

- *잠자는 뉴런깨우기*

http://news.bbc.co.uk/hi/english/health/newsid_447000/447973.stm

- *뼈와 각막의 배양*

http://news.bbc.co.uk/hi/english/health/newsid_719000/719673.stm
http://www.egroups.com/message/rael-science-select/585?

유전자 변형 생명체

• *도입*
http://www.egroups.com/message/rael-science-select/440?
http://news.bbc.co.uk/hi/english/sci/tech/newsid_482000/482467.stm

• *유전자변형 연어*
http://news.bbc.co.uk/hi/english/sci/tech/newsid_708000/708927.stm

• *제3세계를 위한 해결책은 ?*
http://www.egroups.com/message/rael-science-select/605? &start=597

• *심한 화상환자의 치료법*
http://www.wired.com/news/technology/0,1282,20874,00.html

• *유전자공학 덕분에 더 똑똑해진다*
http://www.egroups.com/message/rael-science-select/397? &start=395
Building a Brainer Mouse, Scientific American, April 2000. pp.62-68
Mickey Mouse, Ph.D. Scientific American, November 1999. p. 30.

• *기쁨을 주는 유전자변형 생명체*
http://www.egroups.com/message/rael-science-select/498? &start=470

• *내게 물을 주세요!*
http://news.bbc.co.uk/hi/english/sci/tech/specials/sheffield_99/newsid_446000/446837.stm

• *원숭이와 해파리의 결합*
피가로 잡지 1999년 12월 24일자 Le Figaro Magazine, le 24 décembre 1999

신기술

• *빛의 속도*
http://www.sciencedaily.com/releases/1999/10/991005114024.htm

http://news.bbc.co.uk/hi/english/sci/tech/newsid_655000/655518.stm
http://news.bbc.co.uk/hi/english/sci/tech/newsid_655000/655518.stm

- *DNA에 기초한 컴퓨터*

Québec Science, Volume 38, numéro 7, Avril 2000, p.30.

- *시각장애인을 위한 전자 눈*

80/low/english/sci/tech/newsid_606000/606938.stm

- *속이 전자칩으로 채워진 로봇강아지 '아이보'*

피가로 잡지 1999년 11월 6일자(Le Figaro Magazine, le 6 novembre 1999)

우주와 우주인들

- *미스터리서클*

http://www.egroups.com/message/rael-science-select/377? &start=364

- *꿈인가 곧 현실인가?*

http://www.egroups.com/message/rael-science-select/456?

- *새로운 행성*

http://www.egroups.com/message/rael-science-select/457

- *접촉을 위한 탐색*

http://www.egroups.com/message/rael-science-select/390?
http://www.egroups.com/message/rael-science-select/407?
http://www.egroups.com/message/rael-science-select/671?
http://www.egroups.com/message/rael-science-select/356?

창조의 아름다움

- *모기의 후각*

http://news.bbc.co.uk/hi/english/sci/tech/newsid_426000/426655.stm

- *동성연애 곤충들*

http://news.bbc.co.uk/low/english/sci/tech/newsid_481000/481394.stm

- *극히 작은 것을 보기 위한 코*

2000http://www.aibs.org/biosciencelibrary/vol46/sep.96.cover.info.html

성과 감각

• *성적인 인간사회*
La société pour la sexualité humaine: www.sexuality.org

• *성의 화학적 신비*
Les mystères chimiques de la sexualité: Le Figaro Magazine: Le 4 mars 2000.

• *잘못된 정보를 갖고 있는 젊은이들*
http://dailynews.yahoo.com/h/nm/19991018/hl/sex9_1.html

• *마스터베이션의 국가기념일*
http://www.egroups.com/message/rael-science-select/215?

명상과 평화

• *명상은 심장병을 예방한다*
http://www.abcnews.go.com/sections/living/InYourHead/allinyourhead_56.html
http://www.egroups.com/messages/rael-science-select/637

• *더 오래 살고 싶으십니까? 웃으십시오!*
http://www.egroups.com/message/rael-science-select/622?

• *세계 평화의 날*
http://www.egroups.com/message/rael-science-select/670?

• *명상의 효과가 과학적으로 증명되다*
최상렬(Sang Yuel Choi)/ Tel:82-2-536-3176/ Fax: 82-2-594-3363)

• *120살까지 살았던 고대 그리스인들 특별 연구, 1999년 7-8월*

라엘리안 무브먼트 관련 공식 사이트 주소

www.rael.org

www.clonaid.com

www.subversions.com

www.ufoland.com

Rael- Science 안내

Rael-Science 는 최신과학기사를 엄선하여 구독자에게 배달하는 무료 e-mail 서비스입니다. 구독 신청은 아래의 주소로 내용이 없는 e-mail 을 보내면 됩니다.

rael-science-select-subscribe@egroups.com (영어)
rael-science-select-subscribe@egroups.com (불어)

각국 라엘리안 무브먼트 주소록

Raelian Movement (International Headquarter)

P.O. Box 225
CH-1211 Geneva 8
Switzerland
E-mail: int.hq@rael.org
Tel: + 41 763733666
Press: +1-514-366-3734
Clonaid: + 1-702-497-9186

Argentina

Movimiento Raeliano de la Argentina
Avenida J.C. Lamon 27
6620 Chivilcoy
Provincia de Buenos Aires
Rep. de Argentina
Tel: 02346-15684387
Tel: 02346-425429

Australia

Australian Raelian Movement
G.P.O. Box 2397
Sydney NSW 2001
Australia
Tel: (02) 66 295 388
Fax: (02) 66 295 388
E-mail: australia@rael.org

Belgie/Belgique

Mouvement Raelienne de Belgique
P.O. Box 2065
B-2600 Antwepen
Berchem
Belgie
E-mail: belgique@rael.org

Benin

Mouvement Raelien du Benin
02 BP 1179 Cotonou,
Benin
Tel: (229) 30.52.82
Fax:(229) 32.34.18
E-mail: givam@yahoo.com

Brasil(Brazil)

Movimento Raeliano Brasil
Caixa Postal 9044
CEP 22272-970
Rio de Janeiro RJ
Brasil
E-mail:raelbrasil@starmedia.com

Burkina Faso

Mouvement Raelien du Burkina Faso
B.P. 833
Bobo Dioulasso
Burkina Faso
ou 04 B.P. 8224 Ouagadougou 04,
Burkina Faso
Tel: (226) 98.07.02
Fax:(226) 98.07.02
E-mail: manaka.douanio@ird.bf
ou E-mail: raelburkina@hotmail.com

Canada

Canadian Raelian Movement
C.P. 86, Succursale, Youville
Montreal (QC) H2P 2V2
Canada
E-mailspanish: daniel.turcotte@rael.org
E-mail english & french:
raelcanada@yahoo.com

Chile

Movimiento Raeliano de Chile
Casilla 390
Centro Casillas,
Santiago de Chile
Chile
E-mail: algonz36@hotmail.com

China

China Raelian Movement
c/o Japanese Raelian Movement
Tokyo-To,
Shibuya-Ku
Shibuya 2-12-12
Miki Biru 401
Japan 150-0002
Tel : (+81)3-3498-0098
Fax : (+81)3-3486-9354
Email: china@rael.org

Colombia

Movimiento Raeliano de Columbia
Transv. 39B# 70-83
Medellin
Colombia
E-mail: raelcolombia@city.net.co

Congo

Mouvement Raelien du Congo
BP 2872, Brazzaville
Congo Brazza
Tel: (242) 51.03.07
Fax:(242) 81.34.64

Cote d'Ivoire

Mouvement Raelien de Cote d'Ivoire
05 BP 1444
Abidjan 05
Cote d'Ivoire
Tel:(225) 20.37.03.32 dom
E-mail: boniyves@hotmail.com

Deutschland(Germany)

Deutsche Rael-Bewegung
Postfach 1252
D-79372 Muellheim
Deutschland
Tel: 49 (0)7631-16489
Fax: 49 (0)7631-16489
E-mail: lterstenjak@compuserve.com

Espana(Spain)

Aptdo de Correos 19113
08080 Barcelona
Espana
Tel : +696 76 66 68
E-mail: rael_espana@hotmail.com

France

Mouvement Raelien de France
B.P. 26
F-75 660 Paris Cedex 14
France
Tel: +33 (0)6 16 45 42 85
E-mail: france@rael.org

Gabon

Mouvement Raelien du Gabon
B.P. 22171
Libreville
Gabon
Tel: (241) 58.16.00 dom
Fax:(241) 58.14.47
E-mail: jr.ogoula@voila.fr

Greece

Greek Raelian Movement c/o IRR
P.O. Box 225
CH-1211 Geneva 8

Switzerland

Tel: +41 79 212 50 05
Fax: +41 79 0212 50 05
E-mail: int.hq@rael.org

Guadeloupe

Mouvement Raelien de Guadeloupe
BP 3105 Raizet Sud
97139 Abymes
Guadeloupe
E-mail: chelim_constant@yahoo.fr

Hawaii

Hawaiian Raelian Movement
P.O. Box 278
Kailua, HI 96734
USA
E-mail: kalamaohi@prodigy.net

Hong Kong

Hong Kong Raelian Movement
c/o Japanese Raelian Movement
Tokyo-To,
Shibuya-Ku
Shibuya 2-12-12
Miki Biru 401
Japan 150-0002
Tel : (+81)3-3498-0098
Fax : (+81)3-3486-9354
E-mail: hongkong@rael.org

India

Indian Raelian Movement
P.O. Box 2058
Kalbadevi Post Office,
Mumbai 400 002
India
E-mail:indianraelianmovement@
yahoo.com

Iran

Iranian Raelian Community
c/o Raelian Religion
P.O. Box 56, Station D, Toronto ON
M6P 3J5

Canada

Tel: 416-225-1853
Fax: 416-225-2744
E-mail:iran-info@rael.org

Ireland

Irish Raelian Movement
P.O Box 2680
Dublin 7
Ireland
Tel: +087 9291746
or 087 6261253
E-mail: irishraelian@oceanfree.net

Israel

Israeli Raelian Movement
P.O. Box 27244
Tel-Aviv Jaffa 61272
Israel
Tel: +972 (0)3 699 9869
Fax: +972 (0)3 699 3941
E-mail: rael_org@netvision.net.il

Italia

Religione Raeliana
C.P. 202
I-33170 Pordenone
Italia
E-mail: Religione.Raeliana@rael.org

Japan

Japanese Raelian Movement
Tokyo-To,
Shibuya-Ku
Shibuya 2-12-12
Miki Biru 401
Japan 150-0002
Tel : (+81)3-3498-0098
Fax : (+81)3-3486-9354
E-mail: hideaki6@rr.iij4u.or.jp

Korea (south)

Korean Raelian Movement
K.P.O. Box 399
Seoul 110-603
South Korea
Tel: +82-2-536-3176
Fax: +82-2-594-3363
E-mail : korea@rael.org

Martinique

Movement Raelien Martiniquaise
B.P. 4058 TSV
97254 Fort-de-France Cedex
Martinique

Maurice (Ile)

Mauritius Raelian Movement
4, Robinson Lane
Phoenix
Ile Maurice
Tel: (230) 627.4251
Fax: (230)627.4251 s/c Dantel Service
E-mail: mauritius@rael.org

Mexico

Movimiento Raeliano de Mexico
Apartado Postal #57-002
Mexico 06500 D.F.
Mexico
E-mail: nortoral@df1.telmex.net.mx

Nederland

Nederlandse Raeliaanse Beweging
Postbus 10662
2501 HR. Den Haag
Nederland
Tel: +31 (0)20-6686512
Fax: +31 (0)20-6686512
E-mail: netherlands@rael.org

Nepal

Nepalese Raelian Movement
GPO Box 10857
Kathmandu
Nepal
E-mail: ndiurnal@ccsl.com.np

New Zealand

New Zealand Raelian Movement
P.O. Box 1744
Shortland Street, Auckland
New Zealand
Tel: (07) 856 1666
Fax: (07) 856 4666
E-mail: nz.raelian@xtra.co.nz

Panama

Movimiento Raeliano de Panama
Aeropuerto Internacional de Panama
Zona #14
Panama
E-mail: ptymx@pty-co.pa.dhl.com

Peru

Movimiento Raeliano del Peru
Avenida Benavides 955 14/A
Miraflores, Lima
Peru
E-mail: msevilla@ec-red.com

Philippines (The)

Philippine Raelian Movement
UP Box 241
University of the Philippines
Diliman, Q.C.
Philippines 1101
E-mail: kingnamo@hotmail.com

Polska

Religia Raelianska w Polsce
c/o Iwona Adamczak
00-950 Warszawa 1
Polska
Tel: +48 (0)604 860 722
E-mail: rael_polska@go2.pl

Polynesie Francaise

Mouvement Raelien de la Polynesie Francaise
Emilie BALDASSARE
B.P. 543 MAHAREPA
98728 MOOREA
Polynesie Francaise
E-mail: emilie@mail.pf

Portugal

Movimento Raeliano Portugues
Apartado 2715
1118 001 Lisboa
Portugal
E-mail: raelportugal@hotmail.com

Reunion (Ile)

Association Raelienne de la Reunion
4, Robinson Lane, Phoenix
Ile Maurice
Tel: (262)44.59.86
Fax: (262)44.59.89
E-mail: arsamia@iname.com

Russia

Russian Raelian Movement
109391, a/ya 61
Moscow
Russia
Tel:+41 79 212 50 05
Fax:+41 22 343 06 56
E-mail: dmitry_rael@hotmail.com

Schweiz/Suisse/Svizzera

Mouvement Raelien Suisse
Case Postale 176
CH-1926 Fully
Suisse
Tel: + 41 (0)79 690 68 41
E-mail: info.ch@rael.org

Singapore

Singapore Raelian Movement
Block 6
Marine Terrace 09-226
Singapore 1544
E-mail: leslo@po.pacific.net.sg

Slovakia

Raelianske Hnutie na Slovensku
P.O. Box 117
820 05 Bratislava 25
Slovakia
Tel: +421 (0)905 184 684
E-mail: rael_slovensko@pobox.sk

Slovenia

Raeljansko Gibanje Slovenije
Vojkovo nab.23
6000 Koper
Slovenia
E-mail: rael.si@iname.com

South Africa

South African Raelian Movement
P.O. Box 1572
Boksburg 1460
Republic of South Africa

Sverige

Svenska Raeliska Rorelsen
Box 1026
10 138 Stockholm
Sverige
Tel: +46 (0)70 604 04 14
E-mail: sweden@rael.org

Taiwan

Taiwan Raelian Movement
P.O. Box 84-686
Taipei
Taiwan
Tel : +86 2 22344938
Fax : +86 2 22344938
E-mail: ysmjimmy@ms37.hinet.net

Tchad

Mouvement Raelien du Tchad
Asecna BP 5629
N'Djamena,
Tchad
E-mail : reacen@intel.td (Message)
Tel : (235) 52.55.26 bur
Fax : (235) 52.62.31 bur

Thailand

Thai Raelian Movement
P.O.Box 1556
Bangkok Post Office 10500
Thailand
E-mail: ninjanin@usa.net

Togo

Mouvement Raelien du Togo
B.P. 1476
Lome
Togo
Tel: (228) 22.12.00 dom
Fax: (228) 21.73.50

U.K.

British Raelian Movement
BCM Minstrel
London WC1N 3XX
England
Tel: +44 (0)20 8387 9273
E-mail: ebolou@yeye.freeserve.co.uk

U.S.A.

United States Raelian Movement
P.O. Box 630368
North Miami,
Florida 33163
U.S.A.
Tel: 305.936.9292
Fax: 305.936.9292
E-mail: eng dzgrabow@hotmail.com
E-mail: esp Paula_Cote@excite.com

Venezuela

Movimiento Raeliano de Venezuela
Segunda Sabana Urb. El Rincon
2nda Calle # 71
Bocono Edo. Trujillo
Venezuela
Fax: +58 72 521 621

Zimbabwe

Zimbabwe Raelian Movement
P.O. Box 666
Zengeza, Chitungwiza
Zimbabwe
Tel : (263) 702.21.21 dom
Fax : (263) 702.22.27

각성으로의 여행

1판 1쇄 발행/ 2004년 8월 6일
지은이/ 라엘
펴낸이/ 한국 라엘리안 무브먼트
번역/ 정윤표
펴낸곳/ 도서출판 메신저
주소/ 서울 서초구 반포동 강남고속버스터미널 8층 641호 (우137-726)
전화/ 02-536-3176
FAX/ 02-594-3363
출판등록/ 16-195(1988.8.1)
ISBN/ 89-85192-13-2 03150

(파본은 바꿔드립니다.)

값:10,000원